Zum Buch

Frank Natale, geboren 1941 in New York, gehört zu den Pionieren der humanistischen Psychologie. Er arbeitete und forschte in den sechziger Jahren unter anderen mit Jacob Moreno, Fritz Perls und Abraham Maslow. Nach leitender Tätigkeit bei Synanon gründete er Phoenix House in New York – heute das weltweit größte Zentrum für Drogentherapie.

Frank Natale lebt zur Zeit in Amsterdam. Seine Stärke liegt vor allem darin, die enorm komplexen Welten der Psychologie, der Metaphysik und der alten Magie in einen verständlichen und wirkungsvollen Zusammenhang zu bringen. Sein Ziel ist, Menschen optimal darin zu unterstützen, ihre Fähigkeiten zu entwickeln und ihren persönlichen Zielen entsprechend einzusetzen.

»Lebendige Beziehungen« ist seine erste Buchveröffentlichung im deutschsprachigen Raum. Weitere Veröffentlichungen sind in Vorbereitung.

Frank Natale

Lebendige Beziehungen

Die zwanzig Qualitäten der Liebe

Deutsche Erstausgabe
Übersetzt, bearbeitet und herausgegeben
von Markus Klepper

Die Deutsche Bibliothek – CIP-Einheitsaufnahme
Natale, Frank:
Lebendige Beziehungen : die zwanzig Qualitäten der Liebe /
Frank Natale. [Übers., bearb. und hrsg. von Markus Klepper]. –
Dt. Erstausg. – [Berlin] : Simon + Leutner, 1993
(Kreative Impulse)
ISBN 3-922389-39-2
NE: Klepper, Markus [Bearb.]

2. Auflage 1993

Verlag Th. Simon-Weidner, U. Leutner
Oranienstraße 24, 10999 Berlin
Umschlaggestaltung: U. Nachtrieb/H. Vegt
Texterfassung durch TNI und den Verlag
Konvertierung: Fotosatz Barbara Steinhardt, Berlin
Druck: Fuldaer Verlagsanstalt, Fulda

Inhalt

Widmung

Dieses Buch ist all jenen gewidmet, die sich auf den Weg gemacht haben und die willens sind, die Disziplin aufzubringen, zum Schöpfer zu werden. Es wendet sich an die, die bereit sind, Heiler und Metaphysiker zu werden – spirituelle Helden.

Es wendet sich auch an meine Brüder und Schwestern, die bereit sind zur großen Verwandlung – der Verwandlung vom Weg des Schwertes (dem Weg des Kriegers) zum Weg des Kristalls (dem Weg des Heilers). Ihr, die Ihr mutig genug seid, Euch dieser Herausforderung zu stellen, mögt diesen Text als Begleiter, Ratgeber und Orientierungshilfe nutzen. Wir stehen am Anfang einer neuen Reise, die uns zu einer höheren Dimension führt. Diese Verwandlung vom Krieger zum Heiler wird uns das Zeitalter des Herzens bringen, das dem Zeitalter der Wunder den Weg ebnen wird.

Wir sehen uns unterwegs!
Liebe, Licht und Freude

Frank Natale

Anmerkung des Herausgebers

Die englische Sprache eignet sich zur exakten Beschreibung von Phänomenen aus dem Bereich der Bewußtseins- und Persönlichkeitsentwicklung weit mehr als die deutsche. Viele sprachliche Unterscheidungen im Englischen lassen sich im Deutschen nur durch Umschreibungen wiedergeben oder um den Preis einer Wortwahl, die unserem alltäglichen Sprachgebrauch nicht entspricht. So etwa der englische Begriff **choice** (Wahl) in Abgrenzung zu **decision** (Entscheidung), oder to respond (antworten im Sinne von sich einlassen und spontan reagieren) in Abgrenzung zu **to react** (reagieren) und **to answer** (antworten), um nur zwei Beispiele zu nennen.

Im Deutschen »treffen wir die Entscheidung...« (ins Kino zu gehen), während wir im Englischen dies auch »wählen...« können, wir »reagieren« auf eine Situation, während wir im Englischen auch »darauf antworten« können usw.

Der Sprachstil von Frank Natale macht sich diese Differenzierungsmöglichkeiten der englischen Sprache in besonderem Maße zu Nutze. Er legt Wert auf Klarheit und konzentriert sich auf das Wesentliche. Häufig sind seine Aussagen so komprimiert, daß es sich lohnt, einzelne Sätze mehrfach zu lesen, um ihren vollen Sinngehalt zu erfassen.

Mein Anliegen bei der vorliegenden Übersetzung war es, diese Klarheit und Kompaktheit soweit als möglich zu erhalten. Gleichzeitig sollte das Buch gut lesbar und unserem Sprachgebrauch so weit als möglich angepaßt sein. Dies machte es an einigen Stellen erforderlich, auf Umschreibungen zurückzugreifen. In jedem Falle ist es für das Verständnis wichtig, die Definitionen zu Beginn eines jeden Kapitels zu beachten und ggf. die Unterschiede zum normalen Sprachgebrauch zu berücksichtigen.

Für ihre Unterstützung bei der Erarbeitung der deutschen Fassung danke ich Jay Wahlen, Thomas Simon-Weidner und Ulrich Leutner und ganz besonders Nila Sebastian.

Markus Klepper

Danksagung

Seit Jahren schon gab es dieses Buch in meinem Kopf – in Form der Stimmen meiner Lehrer. Jedesmal, wenn ich Studenten antwortete, tauchten die Lektionen von Muktananda, Dederich, Perls, Hubbard, Osho, Maslow, Erhardt, »Michael« und anderen in meinen Antworten auf.

Manchmal erschien auch eine andere Stimme. Sie glich eher der meines Vaters, meiner Mutter oder meines Sohnes. Schließlich identifizierte ich sie als meine eigene.

Es wurde nun leichter zu sprechen. Die Botschaft wurde immer fließender. Zehn Jahre lang sprach ich zu buchstäblich Tausenden von Menschen in den USA und Europa, ich sprach in Therapiesitzungen, Vorträgen, Workshops und Seminaren. Die Botschaft wurde klar.

Die Idee für ein Buch war da, aber ich hatte Widerstände, mehr als ein paar poetische Notizen zu Papier zu bringen. Ich glaubte, die Worte würden sterben, sobald sie niedergeschrieben seien. Sie würden ihre Bedeutung verlieren – ganz zu schweigen von der fixen Idee, Bücher seien das geheiligte Territorium von Intellektuellen.

Eines Morgens beim Frühstück sagte dann Neil Diamond, seit 1967 einer meiner besten Freunde: »Daß Du kein Buch schreibst, das ist so, als würde ich keine Platten machen! Mehr Menschen müssen erfahren, was Du zu sagen hast!« Als er darauf bestand, meine Arbeit sei zu gut, um nicht wahrgenommen zu werden, berührten mich seine Worte weit tiefer als mir nur zu schmeicheln. Das Buch verlor an Bedeutsamkeit, es wandelte sich zu einem einfachen Mittel der Kommunikation.

Ich verließ Neil an diesem Morgen in Hochstimmung. Ich hatte mich entschlossen, das zu vollenden, was – wie ich fühlte – ein wichtiges Buch werden würde. In der gleichen Woche erriet mein Freund Larry Silvey ganz offensichtlich meine Absicht, als er sagte: »Laß es uns machen!« Er brachte seine verlegerischen Fähigkeiten ein, sein Talent, die Aufzeichnungen, Konzepte und Einfälle von acht Jahren in einen flüssigen und verständlichen Zusammenhang zu bringen. Er war der erste, der bereit oder in der Lage war, meinen Text zu entziffern und sich auf ihn einzulassen.

Ich danke Tina Van Deusen, Fonda Shannon, Dwarika Morel, Gandha Fairs und Ralph Cissne für endlose Stunden, die sie damit verbrachten, den Text zu tippen, Korrektur zu lesen und mir Mut zu machen.

Und natürlich danke ich denen, die das meiste dazu beigetragen haben: den über 50 000 Studenten, deren Bereitschaft, offen und verletzlich zu sein und ihre Erlebnisse mit anderen zu teilen, mir erst ermöglichten, diese 20 energetisierenden Qualitäten zu erforschen.

Die nun folgenden Worte sind von mir empfangene, gesammelte und umgesetzte Gedanken meiner Lehrer und Studenten, meiner Freunde, meiner Familie und des Höheren Selbst.

Einleitung

Wir leben in bewegten Zeiten. Unsere Umgebung verändert sich manchmal gänzlich unvermittelt und total. Formen wandeln sich.
Erscheinungen wirbeln um uns herum wie die Mosaiken in einem Kaleidoskop. Bilder und Fassaden huschen vorbei wie Zeichen auf einer Anschlagtafel. Und in diesem Prozeß stetiger technologischer, gesellschaftlicher und evolutionärer Veränderung sind immer die einen von uns gerade dabei, eine neue Beziehung zu suchen, während die anderen gerade vor ihren Beziehungen davonlaufen.
Kein Wunder, daß in diesem Zeitalter großer Veränderung all dessen, was einem bekannt und vertraut ist, die Grundlagen von Beziehungen leicht in Vergessenheit geraten. Daher wundert es wenig, daß eine Menge unserer Beziehungen doch nicht so werden, wie wir sie uns vorgestellt haben. Es ist nicht überraschend, daß sich heutzutage viele von uns in Beziehungen wiederfinden, die toter sind als ein kalter Hamburger. Doch ohne Deine Beziehungen würdest Du gar nicht existieren. Die Qualitäten Deiner Beziehungen bestimmen in allen ihren Facetten die Qualität Deiner Existenz, sie bestimmen Dein Leben, so wie Du es kennst.
Die einzige Absicht dieses Buches ist Dir zu zeigen, wie Du diese Qualitäten lebendiger Beziehungen meistern kannst, gleichgültig ob sie in Deinen gegenwärtigen Beziehungen bereits vorhanden sind oder nicht. Mit diesem Buch kannst Du Dich »testen« und herausfinden, wie viele dieser Qualitäten Du Dir bereits erschaffen hast. Es zeigt Dir, wie Du zu den schon erreichten Qualitäten einige mehr oder gar alle hinzufügen kannst. Wenn Du mit diesem Buch »arbeitest«, wird sich die Art und Weise, wie Du Deine Beziehungen betrachtest, ändern. Es wird Dir helfen, diese Qualitäten zu meistern. Das bedeutet, die Wahl zu treffen und die innere Verpflichtung einzugehen, sie zu bekommen. Ein Meister

erschafft die Qualität von Lebendigkeit, indem er seine Realität kontrolliert und ihr zugleich erlaubt, sich durch sie kontrollieren zu lassen. Beim Tennis beispielsweise schlägt ein meisterhafter Spieler zunächst den Ball über das Netz. Dann, beim Return, bestimmt der Ball, wann und wie der Spieler ihn wieder treffen muß. Dieses Spiel von Schöpfung und Neu-Schöpfung in Deinen Beziehungen bedeutet: Lebendigkeit durch Meisterschaft.

Meisterschaft ist gleichbedeutend mit Lebendigkeit. Sie ist ein harmonisches Spiel, das zwischen einem Meister und seiner Schöpfung entsteht. Lebendigkeit entsteht aus aus dem Wechselspiel zwischen der Verwirklichung und Manifestation einer gelungenen Schöpfung und deren Rückwirkung auf ihren Schöpfer.

Das Ergebnis ist ein stetes und bewußtes Spiel zwischen Meister und Schöpfung. Dieses Spiel ist die Lebendigkeit, die für jede gesunde Beziehung essentiell ist.

Merke Dir, daß in diesem Buche die Worte Meisterschaft und Lebendigkeit gleichbedeutend gebraucht werden.

Die 20 Qualitäten lebendiger Beziehungen, wie sie in diesem Buch definiert werden, beziehen sich nicht nur auf persönliche oder romantische Situationen – obwohl wir diesen beiden Bereichen in unserem Leben eine Menge Aufmerksamkeit schenken. Sie gelten genauso für unsere Beziehungen zu Geld, Religion, Sex, Gesundheit, Arbeit und Autorität. Sie zeigen an, wie Du Dich auf jeden Teil Deines Lebens beziehst.

Die Qualität Deines Lebens in all den genannten Bereichen bildet Deine Selbstachtung. Daraus erwächst Deine persönliche Kraft, sie bestimmt Deine Integrität, Deine Ethik und Deine Maßstäbe. In all diesen Bereichen hast Du wesentlich mehr Wahlmöglichkeiten, als Du jetzt glaubst! Natürlich mögen diese Qualitäten in unterschiedlichem Grade in Deinem jetzigen Leben vorhanden sein. Einige sind vielleicht überhaupt

nicht vorhanden. Bitte denke nicht, daß sie alle da sein müssen. Dieses Buch ist nicht dazu da, um über Dich zu urteilen.
Du wirst neue Möglichkeiten entdecken, die Du vorher nicht gesehen hast. Du wirst feststellen, daß sie Dir (unerwartet) auf einmal zur Verfügung stehen. Die Chancen stehen gut, daß Du einfach glücklicher sein wirst – innerhalb oder außerhalb Deiner jetzigen Beziehungen.
»Lebendige Beziehungen« gibt klare Orientierungen, die Dir Zugang verschaffen zu 20 Schlüsseln, mit denen sich 20 Türen öffnen lassen. Je mehr Türen Du durchschreitest, um so positiver wird die Wirkung auf Dein Leben sein – um so zielgerichteter und effektiver wird es.
Auf der Suche nach diesen Qualitäten wirst Du lernen, Dir selbst gegenüber in immer größerem Maße bewußt zu werden. Das ist die größte Errungenschaft, die jeder von uns in jedem Augenblick für sich erreichen kann!
Die Beziehungen, die Du hast, mögen sehr lebendig sein, angeschlagen dahinhumpeln oder völlig am Ende stehen. Ich schlage vor, daß Du Dich nicht mit dem toten Zeug herumschlägst. Tote Beziehungen gibt es häufig – zwischen Kindern und ihren Eltern, Liebenden und ihren Partnern, Beschäftigten und ihren Arbeitgebern und und und… Dafür gibt es Gründe, aber sie sind hier nicht interessant, auch ihre Diskussion ist nicht notwendig. Vielmehr ist es wichtig und nötig, sich auf ein positives Ergebnis zu konzentrieren.
Mehr als 50 000 normale Amerikaner, Australier und Europäer haben das Seminar »Lebendige Beziehungen« mitgemacht. Immer wieder stellten sie dabei die gleiche Frage: »Wie erschaffe ich Lebendigkeit in meinen Beziehungen?« Einer der ersten Schritte, die ich sie lehrte, war, daß der Weg zu Lebendigkeit oder zu einer höheren Qualität der Beziehungen sicherlich nicht darüber führt, sich mit dem toten Teil zu befassen. Das wäre das Gleiche, als wenn ich ins Leichenschauhaus ginge, um Freunde zu finden.

Konzentriere Dich auf das Lebendige!

Es bringt nichts, all Deine Zeit damit zu verschwenden, herauszufinden, was alles mit Dir nicht stimmt. Wenn Du das wissen willst, findest Du sicher haufenweise Menschen in Deiner Umgebung, die Dir gerne ihre Version davon zum Besten geben. Der richtige Weg liegt darin, daß Du ganz genau darauf achtest und wahrnimmst, was alles mit Dir stimmt. Konzentriere Dich auf diesen Aspekt von Dir und kehre immer wieder dahin zurück!

Das bedeutet nicht, daß Du *meiden* sollst, was unerwünscht ist. Es geht darum, mehr an *Lösungen* als an *Auflösungen* zu denken.

Es geht darum, die Brücke zu wählen, die Dich über den Fluß bringen wird, näher dahin, wo Du wirklich sein willst – dahin wo Du bereit bist zu sein.

Konzentrierst Du Dich darauf, was alles nicht stimmt, wirst Du immer impotent, frigide und versteinert bleiben.

Es hilft Deinem eigenen Wohlergehen und Glück, wenn Du einsiehst, daß es falsch ist, sich auf den toten Teil zu konzentrieren, darauf, wo der Schmerz sich zu einer psychologischen »Komfortzone« gewandelt hat. Wenn Du Dich an Deinen persönlichen Schwachstellen festhältst, gehst Du Dir selbst aus dem Weg. Leider bekommen wir gerade dafür immer wieder Aufmerksamkeit und Zuwendung und halten dies fälschlicherweise für Liebe oder Freundschaft.

Wenn Du statt dessen Dein Aufblühen in Lebendigkeit beschleunigen willst, ist es wichtig, Deine Aufmerksamkeit ganz entschieden auf das zu lenken, was Du *bereit* bist, in Deinem Leben zu erreichen. Das ist die Brücke. Das ist die Verbindung. Dies ist das Bewußtsein, das Dich weiterbringt und Dich darin unterstützt, ans »andere Ufer« zu gelangen.

Du erschaffst Lebendigkeit, indem Du Dir anschaust, was gut ist, was richtig ist und Dir dann sagst:

»Wie kann ich das fördern?«
»Wie kann ich dies häufiger tun?«
»Ich will mehr davon!«
»Ich bin *bereit*, alles zu tun, was nötig ist, um das zu erreichen!«
»Ich bin *bereit* loszulassen, was ich habe, um das zu erreichen!«

Wenn Du damit aufhörst, Deine Zeit negativem Zeug zu widmen, wird all das, was nicht gewollt ist, anfangen zu verschwinden. Wenn Du es nicht dadurch »bewässerst«, daß Du ihm Deine Aufmerksamkeit widmest, oder wenn Du es einfach akzeptierst, werden seine Wurzeln faulen, und es wird durch Mangel an Zuwendung eingehen.

In einer lebendigen Beziehung geht das Sich-aufeinander-Beziehen, das Füreinander-offen-Sein ständig weiter. Wenn Du dies nicht mehr lebst, etwa um die Beziehung zu »erhalten«, bringst Du sie buchstäblich um.

In einer lebendigen Beziehung bekommt das Wort *Liebe* seine ursprüngliche Bedeutung zurück. Denn Liebe ist das einzig Bleibende, die einzige Wirklichkeit - erst wenn Du mit ihr in Kontakt warst, weißt Du, was Liebe ist. Einer der Wege, Liebe zu erleben, führt natürlich über Beziehungen. Genau deshalb jagen wir oft einem bestimmten Menschen hinterher, weil wir denken, wir seien verliebt, weil er bei uns die »richtigen Knöpfe drückt«, weil wir uns selbst durch ihn als Liebe oder in Liebe erleben können.

Das wird zum Problem, wenn wir anfangen, unser zukünftiges Glück nach dieser wunderbaren Erfahrung zu modellieren. Wir wollen sicherstellen, daß sie von Dauer ist. Denk aber bitte daran: Liebe ist Liebe; eine Erfahrung, die immer in der Gegenwart geschieht, jetzt! Sobald Du anfängst zu erleben, daß Du mit den Worten: »Ich liebe Dich« weit mehr über Dich selbst aussagst als über den, an den Du die Botschaft richtest, werden sich Deine Beziehungen verwandeln. Du erreichst einen Zustand *bewußter Liebe*.

Nur wenige Menschen konzentrieren sich auf die Qualität ihrer Beziehungen. Sie sind offenbar viel mehr an ihrer Dauer interessiert.

Jahrestage sind von daher große Ereignisse in Beziehungen. Wir kennen es aus unsrer eigenen Erfahrung, oder wir erleben es bei anderen, wie Du verurteilt, ja regelrecht verdammt werden kannst dafür, daß Du Beziehungen abbrichst, eine Verbindung aufgibst, einen Freund oder gar die Ehefrau oder den Ehemann verläßt. Dagegen wird kaum ein Gedanke darauf verschwendet, diejenigen zu verurteilen, die etwa ihren 17. Jahrestag feiern und hinter einem aufgesetzten Lächeln nur mühsam ihren Groll verstecken können.

Sie sind in ihrer eigenen Falle gefangen und schränken sich selbst ein. Sie treffen Entscheidungen nach dem Kriterium größtmöglicher Bequemlichkeit und Sicherheit. Sie stecken in toten, unproduktiven Beziehungen fest und vergiften dadurch auch alle ihre anderen Beziehungen. Es gibt keine anderen langfristigen Gründe für eine Beziehung als die Möglichkeit, immer wieder Neues zu erleben und zu erschaffen, einander zu lieben und zu dienen oder füreinander dazusein. Alle anderen Gründe oder vernünftigen Überlegungen werden sich im Lauf der Zeit verändern. Du weißt das, denn Du hast es erlebt.

Wenn Du Deine Beziehung immer wieder zu analysieren und zu erhalten versuchst, verliert sie die Qualität des lebendigen Sich-aufeinander-Beziehens; sie bleibt stecken. Nun hast Du »eine Beziehung«. Aus der Beschreibung einer Handlung wird die Festschreibung eines Zustands. Die Bewegung verlangsamt sich und kommt oft zu völligem Stillstand.

Möglicherweise bist Du bereits jetzt in der Lage in einigen Deiner Beziehungen zu erkennen, daß sie in einem solchen Muster des Sich-nicht-mehr-aufeinander-Beziehens erstarrt sind. Die Übungen in diesem Buch werden Dir helfen, das genauer festzustellen. Wenn Du Dich in einer bestimmten Beziehung zu einem anderen Menschen festgefahren fühlst, kann es sein, daß dieser Mensch Dir zum Beispiel Angst einflößt oder daß Du Groll gegen ihn hegst – der gleiche Mensch, von dem Du glaubst, daß Du ihn liebst, respektierst und genießt. Du bist

einer Idee, einer Schlußfolgerung aufgesessen und kommst davon nicht mehr los. Eine lebendige Beziehung ist eine Richtung, eine Bewegung, die nicht mit einer festgefügten Idee verwechselt werden darf.
Einer der Schlüssel, um eine lebendige Beziehung zu meistern, liegt darin, sich immer wieder neu auf das Grundlegende zu konzentrieren. Dazu mußt Du *in der Gegenwart* sein. Du mußt wach, aufnahmefähig und offen sein für Erfahrungen. Wenn Du Dich aber selbst definitiv festlegst oder es zuläßt, daß Du festgelegt wirst, dann sei Dir klar darüber, worauf Du Dich da eingelassen hast und vergegenwärtige Dir, daß Du und Deine Beziehung damit von der Lebendigkeit abgeschnitten sind. Was diese Beziehung anbelangt, bist Du tot.
Denk daran, Du kannst nichts definieren, ohne es in einen Zeitrahmen zu pressen. Du mußt es fixieren. Und dennoch befindet sich alles in dauerndem Wandel, bildet sich ständig neu – Du kannst es unmöglich genau definieren. Ein Pferd in Bewegung ist ein sich wandelndes Pferd. Jedes Mal, wenn Du versuchst festzustellen, wo es ist und welche Bewegung es gerade ausführt, ist es schon ein gutes Stück weiter. Jedes Mal, wenn Du eine Beziehung eingehst und sie definierst, hat sie sich bereits verändert. Selbstzufrieden umarmst Du Deine Idee, bastelst an Deiner Festlegung und sitzt da und zerbrichst Dir den Kopf, warum sie nicht funktioniert.
»Was ist schiefgelaufen?« fragst Du. Schiefgelaufen ist das, was meistens schiefläuft: Du hast nicht bedacht, daß Beziehungen immer weiter existieren, daß sie sich immer wandeln – genau, wie Dein Körper dies tut. Du kannst versuchen, sie einzusperren und sie innerhalb Deiner wohlkonstruierten Definition schön aufgeräumt zu halten. In Wirklichkeit habt ihr euch damit gegenseitig festgelegt. Ihr habt die Bedingungen geschaffen für totale Langeweile, Angst und schleichenden Tod.
Du kannst dieses Spiel spielen, viele tun das. Wenn Du das nicht glaubst, denk nur an all die »Wie rette ich meine Ehe?«-Schlagzeilen, die Du in Deinem Leben schon gelesen hast.

Du *mußt* dieses Spiel nicht spielen. Du kannst eine Menge mehr Spaß in Deinen Beziehungen haben. Solltest Du damit anfangen wollen, erkenne einfach, daß sich alle Deine Beziehungen ständig wandeln und genieße dieses Schauspiel!

Dieses Buch soll von Dir *benutzt* werden, um einen Blick auf Dich selbst zu werfen, um zu bestimmen, wo Du stehst und wo Du wirklich hin möchtest. Es soll Dir helfen, neue Qualitäten in Deinen Beziehungen zu verwirklichen und die zu verstärken, von denen Du jetzt schon weißt, daß sie zu wirklich lebendigen Beziehungen dazugehören.
Jedes Kapitel endet mit einem Arbeitsbogen zur Selbstentdeckung. Diese Arbeitsbögen geben Dir die Möglichkeit, Dinge an Dir selbst wahrzunehmen, die Du meidest, über die Du Dir nicht in dem Maße bewußt bist. Diese *erweiterte Bewußtheit* ist das Tor zu größerer Lebendigkeit, größerer Zufriedenheit und Meisterschaft in all Deinen Beziehungen. Diese Arbeitsbögen zur Selbstentdeckung geben Dir die Chance, mehr zu erschaffen und weniger zu jammern.

Um diese Lebendigkeit in Deinen Beziehungen zu schaffen oder zu stärken ist es nötig, bewußt zu wählen. Du mußt bereit sein, Dir Deiner Handlungen und Gedanken bewußt zu werden und sie zu verwandeln. Nimm Dir Zeit mit diesem Buch. Nimm Dir Zeit, auszuwählen und zu verwandeln. Und genieße die Ergebnisse!
Die Einführungen zu jedem Kapitel werden Dir ein wenig von meiner eigenen Lebenserfahrung zeigen. Ansonsten sind die Kapitel absichtlich frei von persönlichen Aussagen. Damit will ich vermeiden, daß meine eigenen Betrachtungsweisen Dein Verständnis blockieren.
Die Ideen, die in diesem Buch präsentiert werden, wurden mir zuteil von Wissenschaftlern, Psychologen, Meistern und erleuchteten Menschen aus vielen Kulturen. Sie entstanden auch in Kommunikation mit

meinem »Höheren Selbst« und anderen Wesenheiten, mit denen es mich in Kontakt gebracht hat.

Benutze diese Ideen! Sie gehören Dir! Deine alten Überzeugungen werden sich zurückziehen und Deine Begrenzungen sich auflösen! Strebe nach dem Höchsten in Dir und in all Deinen Beziehungen und hilf anderen dabei, das gleiche zu tun. Was am allerwichtigsten ist, genieße und feiere die Beziehungen, die Du wählst und meistere sie!

Ich wünsche Dir Liebe, Licht und Freude!

Natale

Kapitel 0

Das Wesentliche — Lebendige Beziehungen meistern

Dies ist das grundlegende Kapitel. Ich habe darin mein Bestes gegeben, um lebendige Beziehungen zu beschreiben. Ich habe versucht darzustellen, was es heißt, eine lebendige Beziehung zu meistern und gezeigt, warum die meisten Menschen Schwierigkeiten haben, ihre entscheidendsten Beziehungen lebendig zu erhalten. Bitte betrachte diese Beschreibung nicht als Definition. Es ist wichtig, daß Du von Anfang an lernst, das auseinander zu halten. Nur so wirst Du aus den folgenden Kapiteln den größtmöglichen Nutzen ziehen.

In jedem Kapitel wird eine von zwanzig Qualitäten der Meisterschaft in lebendigen Beziehungen erklärt. Diese Erklärungen sind Charakteristiken einer lebendigen Beziehung, sie sind nicht die lebendige Beziehung selbst.

Im Grunde sind eigentlich nur zwei dieser zwanzig Qualitäten absolut notwendig: »Erfolgreiche Kommunikation« und »Geistige Nähe«. Die anderen mögen vorhanden sein oder auch nicht. Beide waren sie in unterschiedlicher Ausprägung in den Beziehungen der Menschen spürbar, die ich von allen, die an meinen Seminaren teilgenommen haben, am meisten bewundert habe.

Kapitel 0

Das Wesentliche — Lebendige Beziehungen meistern

Meisterschaft: Eine innere Verpflichtung, nach Hervorragendem zu streben, Exzellenz zu erwerben. Ein Meister/eine Meisterin erschafft seine/ihre Beziehungen während diese Beziehungen gleichzeitig ihn/sie erschaffen.

Lebendig: Du stehst voll im Leben,
Du hast Geist,
Du lebst,
Du bist Teil der Existenz,
Du bist bist wach,
Du bist bewußt,
Du bist intelligent,
Du veränderst,
Du veränderst Dich.

Eine lebendige Beziehung: Liebe, die an nichts geknüpft ist. Liebe ohne Anhänglichkeit. Eine Umgebung, in der Individuen aufblühen. Offenheit und Aufmerksamkeit für das Wesen der anderen. In Beziehung sein.

In Beziehung sein: Sich beziehen - nicht besitzen. In Liebesbeziehungen und in all den Beziehungen, in denen Du das Sagen hast, magst Du leicht den Eindruck gewinnen, daß Du Deine Frau, Deinen Mann, Deine Mitarbeiter oder Deine Kinder besitzt. In Wirklichkeit aber sind Deine Frau oder Dein Mann, Deine Mitarbeiter oder Deine Kinder für Dich da, sie erweisen Dir ihren Dienst. Tatsächlich gehört Dir keine dieser Beziehungen.

Es ist wichtig, klar zu unterscheiden zwischen »in Beziehung sein« und »besitzergreifend oder kontrollierend sein«. Diese Unterscheidung dürfte leichtfallen. Die meisten Menschen werden von ihren Beziehungen in Besitz genommen. Sie sind besessen von ihrem Geld, von ihrer Karriere; sie werden von ihren Ehepartnern kontrolliert oder von ihren Eltern, oder sie sind im Besitz ihrer Kinder.

Die meisten Menschen leben nicht in der Form des »In-Beziehung-Seins«. Sie erkennen nicht, daß sie getrennt sind. Tatsächlich denken und handeln sie unbewußt so, als wären sie untrennbar miteinander verkettet. Wenn eine Eltern-Kind-Beziehung niemals über die Eltern-Kind-Phase hinauswächst, wenn sie über all die Jahre gleich bleibt, stirbt sie, gefangen im Melodrama von Kontrolle, Besitz und verzweifeltem Aneinanderklammern. Unglücklicherweise ist dies bei der Mehrheit der Eltern-Kind-Beziehungen der Fall – ein Leiden ohne Ende.

Wenn andererseits Eltern und Kinder anfangen, sich aufeinander zu beziehen, entsteht immer aufs neue Lebendigkeit. Dadurch wird es möglich, daß sich die Eltern-Kind-Beziehung so verwandelt, daß Du Mutter und Vater als zutiefst vertraute, alte Freunde wiederentdeckst. Du entdeckst sie als Freunde, die Dir von Deinem Leben in allen Einzelheiten erzählen können – mit einer Betroffenheit und Anteilnahme erzählen können, wie es keiner Deiner anderen Freunde vermag. Wenn Du anfängst, Beziehungen auf dieser Ebene zu leben, wirst Du Dich über Deine außergewöhnlichen, wundervollen Beziehungen freuen können.

Lebendige Beziehungen entstehen, wenn Du in Beziehung bist, statt Dein Leben in einer kontrollierenden, besitzergreifenden Weise zu leben. Statt in eine Definition oder in ein Schema innerhalb von Raum und Zeit gepreßt zu werden, sind sie frei und offen für Erfahrungen. Nimm diesen Unterschied wahr und behalte ihn ständig im Auge. Allmählich wirst Du lernen, diese Unterscheidung ganz gewohnheitsmäßig zu treffen. Deine Beziehungen werden anfangen, sich so zu entwickeln, wie Du es wünschst und nicht so, wie Du gerade noch bereit bist, sie hinzunehmen.

Aufmerksamkeit und Offenheit für das Wesen des anderen: Aufmerksamkeit oder Bewußtheit sind etwas anderes als zielgerichtete Gedanken. Sie sollten nicht verwechselt werden mit einer Bewertung von Handlungen anderer. Sie verlangen keine zielgerichteten Definitionen. Sie sind eher ein Zulassen dessen, was und wie dieser Mensch ist. Unter Aufmerksamkeit und Bewußtheit verstehe ich, was ich als »Nichtverstehbaren kollektiven Verstand« (Incomprehensible Collective Mind – ICM) bezeichne – nämlich eine Intelligenz, die noch nicht an Strukturen gebunden ist, ein Wiedererkennen, das nicht notwendigerweise in Worte gefaßt wird.

Ein Kind hat ein besseres Verständnis von Bewußtheit als die meisten Erwachsenen. Die spontane Kreativität von Kindern drückt sich etwa in ihren innerlich vorgestellten Spielgefährten aus oder in ihrer Fähigkeit, unsere Definitionen zu verlassen, um die Welt so zu sehen, wie sie es wollen. Doch langsam aber sicher verlieren sie ihre Bewußtheit und ihre Kreativität. Denn diese besonderen Qualitäten, mit denen sie geboren wurden, werden zuwenig genährt und gefördert. Die Kinder wachsen und fangen an, die Verhaltensweisen von Erwachsenen anzunehmen. Man bringt ihnen bei, ihr Denken darauf zu konzentrieren, was nötig ist, um ihr Überleben zu sichern.

Dies geschieht meist im Rahmen der elterlichen Erziehung. Erziehung ist ein Überlebenstraining-Job, den wir erst noch lernen müssen. Wir Eltern müssen lernen, bewußt und wirkungsvoll zu sein, ohne die Kreativität unserer Kinder, ihre Selbstachtung und Lebendigkeit zu beschädigen. Es ist kein Wunder, wenn Generationen von Kindern aufwachsen, die eine geringere Selbstachtung haben, als ihnen guttut, die ein wenig kreatives Leben führen und dabei in dumpfen, langweiligen und wenig stabilen Beziehungen festgefahren sind.

Es erfordert Bewußtheit und Wachheit, in einer lebendigen Beziehung zu sein. Es erfordert den Mut, sich zu verändern und auch den Mut zu akzeptieren, daß alles sich verändert, auch das, was wir lieben. Daran solltest Du Dich selbst immer wieder erinnern, denn Dir wurde etwas ganz anderes beigebracht. Wenn Du stets darauf achtest, wird es Dir im Laufe der Zeit in Fleisch und Blut übergehen. Du fängst dann an, mit dem unbewußten Definieren von Menschen aufzuhören. Du beginnst wahrzunehmen, daß Du nicht Dein Gegenüber bist. Du erlebst den anderen mehr als ein ganz neues Abenteuer. Du bist dankbar dafür, daß Du ab und zu seine Hand halten darfst oder daß er sein Wesen mit Dir teilt.
Wenn Du Dich in Bewußtheit übst, wirst Du schließlich entdecken, daß Du sehr wenig über den anderen weißt. Du erkennst, daß er gerade deshalb so aufregend ist.

Aufmerksamkeit und Offenheit für das Wesen des anderen: Aufmerksamkeit und Offenheit für das Wesen des anderen heißt zu akzeptieren, daß Du über diesen Menschen verschwindend wenig weißt. Du vergegenwärtigst Dir, daß ihr in Beziehung steht, um einander zu entdecken, nicht um einander zu definieren. Wenn Du das verstehst, beginnst Du, außergewöhnliche Beziehungen zu haben, Beziehungen, die abenteuerlich und kindlich sind. Vielleicht erlebst Du diese Qualität tatsächlich zunächst eher mit Kindern, denn sie sind »lebendig«. Kinder entscheiden sich natürlicherweise für das Leben. Sie haben noch nicht unbewußt das Sterbe-Programm gewählt. Sie haben noch nicht den kürzesten Weg zur Arbeit herausgefunden, sie sind ihn noch nicht 20 Jahre lang gefahren. Sie lassen sich auf dem Weg treiben, kommen immer wieder mal davon ab, laufen eine andere Straße und machen Entdeckungen. Sie denken anders. Sie sind aufmerksam. Sie sind bereit. Sie sind offen.
Willst Du lebendige Beziehungen meistern, so mußt Du Dir Deine Offenheit und Lebendigkeit zurückerobern!

Du mußt Dich dafür entscheiden, zu denken und lebendig zu sein. Wenn Du Deine Lebendigkeit zurückeroberst, wirst Du anfangen, den Menschen in Deinen Beziehungen zu erlauben, auch ihre eigene Lebendigkeit zurückzugewinnen. Du hast es nicht nötig, die ganze Zeit wissen zu müssen, was passiert. Am Anfang ist es ein wenig beängstigend, doch dann bringt es eine Menge Spaß. Auch die Angst wandelt sich um in etwas, das Du wirklich mögen wirst - in Begeisterung.

Eine Umgebung, in der Individuen aufblühen: Wir sprechen hier über eine Umgebung, nicht über einen bestimmten, festgelegten Ort. Umgebungen sind ausdehnbar. Sie sind veränderbar. Umgebungen sind ganz einfach um Dich herum, und Du wirst ein Teil davon. Du wirst eins mit ihnen. Du erlebst sie so, daß Du in ihnen bist.

Ein anderes Wesensmerkmal: Deine Umgebung ist - unabhängig davon, wie oft Du Dich hineinbegibst - niemals die gleiche. Nimm Dir einfach Zeit, sie zu erleben. Jeder Sonnenaufgang, jeder Sonnenuntergang ist anders - jeder Tag Deines Lebens. Das Gras ist ein bißchen länger. Du hörst, riechst und fühlst verschiedene Dinge. Dein einzigartiger gefühlsmäßiger Zustand hat viel damit zu tun, wie Du wahrnimmst und wie Du auf Deine Umgebung reagierst.

In Wahrheit bist Du ein Teilnehmer, nicht ein Beobachter. Du stehst in Beziehung mit Deiner Umgebung. Wie diese Beziehung aussieht ist abhängig von Deiner Wachheit gegenüber dem Geschehen um Dich herum. Um eine lebendige Beziehung zu erschaffen, brauchst Du eine Umgebung, in der Individuen aufblühen können. Es ist wichtig zu erkennen, daß in einem festgelegten Rahmen niemand wirklich blühen kann. Nur in einer offenen Umgebung kann ein Individuum wirklich ein Liebender sein, ein Freund, ein geschäftlicher Berater, ein Partner, ein Mitbewerber, ein Lehrer, ein Student und dabei immer noch ein Individuum bleiben.

Beachte dieses Wort »Individuum«. Für eine Beziehung braucht es mindestens zwei. Die Wahl eines Individuums, eine bestimmte Schule zu besuchen, einer bestimmten Religion anzuhängen, in einer bestimmten geographischen Zone zu leben oder einen bestimmten Lebensstil zu führen, verleitet uns leicht dazu, diesen Menschen zu typisieren. Nun ist er ein Moonie, ein Yuppie, ein Hinterwäldler oder ein Hippie. Wir sind darauf versessen, jedem Individuum, das wir treffen, ein Etikett überzustülpen. Auch wenn wir von dieser Kategorisiererei besessen sind: Die Individuen, auf die wir uns beziehen, sind immer einzigartig innerhalb ihrer gewählten Umgebung.

Wenn Du Menschen als Individuen erlebst, wandelt sich Deine gesamte Beziehungserfahrung dramatisch. Du entdeckst, daß die meisten Menschen, sobald sie sich mit anderen Menschen verbinden, sich als Gruppe denken. Du fängst an, wachsam zu sein, nicht immer von Dir als Ehepartner, als Elternteil, Freund, Angestellter, Teenager oder wie auch immer Du Dich bezeichnen magst, zu denken. Das sind Etiketten auf einer Dose. Das sind unbewußte Definitionen, die jede Kreativität und Lust einschränken. Denk daran: Egal, wieviele Menschen Dich umgeben, Du bist immer Du selbst. Wenn Du in einer Beziehung bewußt wählst, Du selbst zu sein, wirst Du lebendig sein. Du wirst Individualität erfahren. Die anderen Menschen werden auch die sein, die sie sind. Es wird einen ständigen Austausch von Gedanken, Gefühlen und Wachstum geben.

Solch eine Umgebung erlaubt Dir, einfach Du selbst zu sein: ein Individuum mit vielen Identitäten, vielen Beziehungen. Sie erlaubt Dir auch, andere auf dieselbe Art zu sehen. Es ist eine erfrischende Art, Dich dem zu widmen, was um Dich herum passiert.

Eine Umgebung, in der Individuen aufblühen: Aufblühen bedeutet, voller Energie zu sein und zu wachsen. Wenn Du in einer Beziehung bist, in der Du nicht voller Energie wächst, solltest Du nochmal genau untersuchen, warum Du sie weiterführst. Wenn Du in der Schule bist, und Du lernst nichts, was machst Du dann dort? Wenn Du in einer romantischen Liebesbeziehung weder Romantik noch sexuelle Befriedigung erlebst, was soll dann das ganze? Wenn Du eine Beziehung eingehst, um Spaß und Erholung zu haben, und Du handelst Dir nur schlechte Laune ein, was machst Du da? Wenn Du Deinen Beruf nur als einen Job erlebst, nicht aber als wichtige Arbeit, was machst Du dann dort? Wenn Du Mitglied einer organisierten Religion bist, und Du machst keine neuen spirituellen und geistigen Erfahrungen, was hast Du dann da noch zu suchen?

Was ist der Sinn aller Deiner Beziehungen? Zu welchem Zweck erhältst Du sie aufrecht? Willst Du elterliche Anerkennung? Die Anerkennung der Gruppe? Die spirituelle Bestätigung Deines Predigers, Gurus, Priesters, Rabbis oder Meisters?

Wenn Du Dich in Deinen Beziehungen nicht entwickelst, sind sie nicht wirklich lebendig. Eigentlich geht es in Beziehungen nur um Wachstum. Der Schlüssel, um lebendige Beziehungen zu meistern, ist die Absicht, mit voller Kraft zu wachsen. Das heißt, Du kannst in eine Beziehung hineinwachsen, und Du kannst aus ihr herauswachsen. Mark Twain verließ die Schule, als sie begann, mit seiner Entwicklung in Konflikt zu geraten, wie er sagte. Was Mark Twain anstrebte und wovon auch ich spreche, ist dasselbe: Aufblühen und Lebendigkeit.

Das bedeutet nicht, daß Du sofort aufspringst und alle Beziehungen abbrichst, in denen Du jetzt gerade fehlendes Wachstum feststellst. Denn Du hast offensichtlich und vielleicht unwissentlich zu dem gegenwärtigen Mangel an Lebendigkeit beigetragen. Es geht auch nicht darum zu jammern oder anzuklagen. Es geht darum, über Deine eigene Unfähigkeit, Deinen eigenen Mangel an Lebendigkeit hinauszukommen. Es geht darum, mit Dir selbst aufrichtig und mutig genug zu sein, um etwas dagegen zu tun. Das heißt, daß Du hinschaust, Dir wichtige Fragen stellst und sie ehrlich beantwortest:

»Welchen Beitrag könnte ich zu meiner Karriere leisten und tue es nicht?«
»Welchen Beitrag könnte ich zu meiner Ehe leisten und tue es nicht?«
»Welchen Beitrag könnte ich zu meiner Bildung leisten und tue es nicht?«
»Wie halte ich mich davon ab?«
Mit dieser neuen Ebene von Klarheit und Absicht kannst Du wählen, entweder Deinen Beitrag zu leisten und in diesen Beziehungen zu wachsen oder sie mit Würde abzuschließen.

Beziehung ist Liebe ohne Anhänglichkeit, Liebe, die nicht an Bedingungen geknüpft ist. Dies mag einfach klingen. Es ist aber gar nicht so einfach zu verwirklichen. Es ist ganz sicher nicht die Art, wie die meisten Menschen z.B. eine Liebesbeziehung eingehen und zu erhalten versuchen – ein Grund, warum so viele Ehen zerbrechen oder stagnieren.
Wenn Du Schwierigkeiten in Deinen Beziehungen erlebst, mag es sein, daß die tiefer liegende Barriere darin besteht, daß Du – wie die meisten Menschen – Dich selbst nicht als Liebe erfährst. Du hast Beziehungen geschaffen, die greifbar oder »real« sind und schleppst dabei die negativen Gedanken mit, die Du mit diesen Wirklichkeiten assoziierst.
Deine Beziehungen sind ein Spiegel Deiner selbst. Sie bieten Dir die Möglichkeit, Dich selbst auf greifbare, fühlbare Art und Weise zu erleben. Wenn Du denkst, in Deinen Beziehungen »stimmt etwas nicht«, ist es Zeit, damit aufzuhören, mit dem Finger auf Deine Frau, Deinen Mann, Dein Kind oder Deinen Chef zu zeigen. Es ist Zeit, nach innen zu schauen und Dir zu sagen: »Sie sind Spiegelungen meiner selbst. Was also tue ich?« Oder: »Was habe ich die ganze Zeit getan, das die anderen dazu bringt, so zu sein?« Es ist eine Gelegenheit zu sehen, wer Du bist – und zu wachsen. Es ist eine Chance, Dich selbst als Liebe zu

erleben, als Liebe, die Du auf einer nicht greifbaren Ebene wirklich bist, wenn keine negativen Gedanken sich einmischen.

Beziehung ist Liebe ohne Anhänglichkeit, Liebe, die nicht an Bedingungen geknüpft ist. Einfach ausgedrückt: Sobald Liebe definiert und unbewußt an irgendetwas oder irgendjemanden gebunden wird, hört sie auf, Liebe zu sein. Liebe genügt sich selbst. Sie kann nicht an irgendetwas festgemacht werden. Sie ist unfaßbar, ungreifbar. Liebe ist ein Bewußtseinszustand.

Dein Wunsch, sie greifbar zu machen, hemmt diese wunderbare Bewegung, so als gäben wir einer Schlange plötzlich Beine.

Sobald Du Liebe an etwas oder jemandem festmachst, mach Dir das bewußt und nimm die Bedingungen wahr, die Du an diese »gebundene Liebe« knüpfst.

Als Du geboren wurdest, liebten Deine Eltern Dich bedingungslos. Dann dämmerte ihnen langsam die Verantwortung, die ihnen mit dieser Aufgabe des »Elternseins« zugewachsen ist. Als Du Dir ihrer Elternrolle bewußt wurdest, erlebtest Du ihre Liebe zu Dir mit einem Mal an Bedingungen geknüpft. Sie wurde zu: »Ich liebe Dich, wenn Du gute Noten nach Hause bringst!« – »Ich liebe Dich, wenn Du Deine Hausaufgaben machst!« – »Ich liebe Dich, wenn Du zur rechten Zeit ins Bett gehst!« Das ist es, was Du mitbekamst, ob es nun so gesagt wurde oder nicht. An dieser Stelle begannst Du zu fühlen, daß Dir die einzige Liebe, die Du kanntest oder auch wolltest, plötzlich unter den Füßen weggezogen wurde. Vorher liebten sie Dich einfach bedingungslos. Dein bloßes Dasein war genug. Du warst – einfach so wie Du warst – genug. Ihre Liebe war nicht an irgendetwas gekoppelt. Sie war einfach da. Bis zum heutigen Tag setzen die meisten Menschen jenes zerstörerische Muster mit ihren eigenen Kindern, Ehepartnern und Geliebten fort.

Mütter und Väter müssen anfangen zu sagen: »Wir lieben Dich! Wir werden Dich immer lieben. Aber wir haben auch diese Aufgabe, die unerläßlich für Dein Überleben ist, und wir brauchen Deine Mitarbeit. Unsere Aufgabe heißt, Eltern zu sein. Das bedeutet, Dir beizubringen, Dich erfolgreich zu konzentrieren, das Lebensnotwendige zu lernen und den Schaden, den Du dabei erleidest, möglichst gering zu halten. Und wir wollen, daß auch Du einen Teil dieser Verantwortung übernimmst. Gemeinsam werden wir unser Bestes tun!«

Das ist bewußte Kommunikation. Das ist bewußte Liebe. Liebe wird nicht am Elternsein festgemacht. Liebe ist Liebe. Elternsein ist Elternsein. Deine Kinder werden das hören und es zunächst vielleicht nicht verstehen. Doch wird die Zeit kommen, da sie dankbar dafür sind, daß sie die Gelegenheit bekommen haben, zu ihrer eigenen Identität beizutragen.

Leider ist dies nicht die Norm. Traditionsgemäß kommunizieren Eltern unbewußt: »Werde endlich vernünftig!«, »Komm endlich selbst klar!«, »Hör auf, Dich wie ein Kind zu benehmen!«, »Du hörst ja nie auf mich!«, »Was habe ich falsch gemacht?«, »Hör auf zu heulen, oder ich gebe Dir einen Grund dafür!«

Du mußt aus diesen »Kommunikationsklischees« ausbrechen, denn sie haben die Wirkung einer Zeitbombe. Sie sind in höchstem Maß zerstörerisch für jede Beziehung, nicht nur für die zwischen Eltern und Kindern. Mach Dir klar, daß Liebe, sobald sie an etwas gebunden wird, aufhört, bewußte Liebe zu sein. Sie wird zu unbewußter Liebe, unbewußter Manipulation oder gar zu aggressiver oder unterwürfiger Ausbeutung. Wenn Du den Unterschied zwischen bewußter Liebe und unbewußter Liebe in Deinen Beziehungen erkannt hast, kannst Du anfangen, eine neue Lebendigkeit sowohl in ihnen wie auch in Dir selbst zu erschaffen. Wenn Du Dich mit den einzelnen Qualitäten in lebendigen Beziehungen in den folgenden Kapiteln beschäftigst, vergegenwärtige Dir immer wieder:

EINE LEBENDIGE BEZIEHUNG IST LIEBE OHNE ANHÄNGLICHKEIT,
EINE UMGEBUNG, IN DER INDIVIDUEN AUFBLÜHEN, AUFMERKSAMKEIT UND OFFENHEIT FÜR DAS WESEN DES ANDEREN, IN BEZIEHUNG SEIN.

Qualität 1

Verantwortlich sein gegenüber einander nicht füreinander

Kurz nachdem mein Sohn Jason 16 Jahre alt geworden war, unterhielten wir uns beim Essen über seine Freunde. Einer, den ich sehr schätzte, hatte Hausarrest, weil er seinen Eltern so oft die Autos gestohlen hatte, daß sie sich nicht mehr anders zu helfen wußten, als ihn einzusperren. Ein anderer war gerade dabei, sich zu verheiraten – das Ergebnis einer Teenager-Schwangerschaft.

Wir redeten auch über seine anderen Freunde, erkannten an, wenn sie ihre Sache gut machten, ebenso wie Jason. Ich fragte ihn: »Was meinst Du, warum bist Du so ein tolles Kind geworden?«

Er antwortete ohne Zögern: »Weil Du mich mein eigenes Leben hast leben lassen!«

Jason und ich achten meist sehr bewußt auf gegenseitige echte Verantwortlichkeit. Wir haben Vereinbarungen und es kommt vor, daß einer von uns eine davon bricht. Aber meist halten wir sie ein. Da wir vorsichtig damit sind, einer Vereinbarung zuzustimmen, sind wir einigermaßen sicher, daß wir beide sie dann auch einhalten.

Die meisten von uns lernen, sich für andere verantwortlich zu fühlen. Obwohl wir alle guten Willens sind, führt diese Art von Verantwortlichkeit unausweichlich zu Ärger und Groll. Kinder antworten schließlich darauf mit Anklagen gegen ihre Eltern, weil sie sich eingeschränkt fühlen oder keine Chance sehen, ihre Fähigkeiten unter Beweis zu stellen. Mit Jason hatte ich großes Glück. Seine Bereitschaft, selbständig zu sein, hat uns beiden erlaubt, zwei sehr verschiedene, höchst aktive Lebensweisen in Übereinstimmung zu bringen, ohne uns allzu viele Einschränkungen aufzuerlegen.

Auch wenn ich dieses Prinzip als Teil meiner Arbeit verfeinert habe, so lernte ich zuerst von meiner Mutter, Vereinbarungen einzuhalten. Sie hatte bestimmte Vereinbarungen – so wie Mütter sie eben haben. Wenn sie mir diese klarmachte, hielt ich sie ein. Ich wußte, daß ich mir sonst Schwierigkeiten einhandeln würde. Auf einer tieferen Ebene lernte ich, daß dies eine Form war, mich den Menschen gegenüber, die für mich sorgten, verantwortlich zu zeigen. Es war zugleich eine Möglichkeit, ihr meine Liebe zu zeigen, ohne meine Freiheit und Würde aufzugeben.

Natürlich gab es auch Dramen in meiner Familie samt der damit verbundenen Schuld, Wut und sogar Gewalt. Im Laufe der Zeit lernte ich, daß immer dann, wenn diese Symptome sich ausbreiten, Menschen ihre Vereinbarungen nicht eingehalten haben. Sie haben sich statt dessen insgeheim dafür entschieden, ihre Vereinbarungen zu brechen, oder sie erschaffen Spiele, in denen Vereinbarungen gebrochen werden, um ein bißchen Aufregung in eine Beziehung zu bringen, die ansonsten langweilig ist.

Wenn Menschen ihre Vereinbarungen einhalten, erleben sie all diese Dramen nicht. Sie haben Zeit, sich auf ihre Lebendigkeit und ihre Abenteuer zu konzentrieren. Dies hat in der Beziehung mit Jason gut funktioniert. Wir waren beide in der Lage, unsere eigene Entdeckungsfreude zu befriedigen, ohne einander einzuschränken, als eine Geste der Liebe und des Respektes füreinander.

Qualität 1

Verantwortlich sein gegenüber einander — nicht füreinander

Gegenüber einander verantwortlich sein: Die Bereitschaft, sich spontan und aufrichtig aufeinander einzulassen, statt füreinander berechenbar zu sein.

Einem anderen gegenüber verantwortlich zu sein, heißt auch genau und sorgfältig zu sein.

- ❍ Sorgfalt ist eine Form von Liebe
- ❍ Sorgfalt geschieht, wenn ihr einander wichtig nehmt, wenn ihr füreinander da seid.

Wenn Dir jemand etwas bedeutet,

- ❍ gehst Du sorgfältig mit ihm um.
- ❍ bist Du präzise.
- ❍ verzichtest Du darauf, zu »klatschen« oder Informationen zu »färben« und damit zu verfälschen.
- ❍ verzichtest Du auf Beschönigungen.
- ❍ bist Du geradeheraus.

Reife und bewußte Liebe erlaubt Dir, Du selbst zu sein. Wenn Du andere auf diese Weise liebst, bist Du aufrichtig mit ihnen.
Leider wirst Du in unserer Gesellschaft eher abhängige und unbewußte Liebe finden, die Unehrlichkeit und Selbstverleugnung erfordert und hervorbringt.
Gleichgültig, wie gut unsere Absichten auch sein mögen, wir haben oft Schwierigkeiten, unsere Vereinbarungen einzuhalten. Es kommt meist deshalb zum Bruch, weil wir es immer wieder für nötig halten, zuvielen Vereinbarungen unbewußt zuzustimmen.

Darum

❍ Mach Deine Vereinbarungen einfacher.

❍ Treffe Vereinbarungen nur in den Bereichen, die für das **Überleben** Deiner Beziehungen notwendig sind.

❍ Geh niemals mehr als drei Überlebensvereinbarungen ein, gleichgültig um welche Beziehung es sich handelt.

Wenn jeder gegenüber dem anderen verantwortlich ist, erschaffen wir Freiheit, Unterstützung und Spaß in unseren Beziehungen.

❍ Diese Belohnung erwächst ganz natürlich aus der Erfahrung, seine Vereinbarungen einzuhalten.

Leider folgen die meisten von uns einer weit verbreiteten aber falschen Gewohnheit. Statt uns auf eine lebendige und wachsende Beziehung ohne feste Form einzulassen, versuchen wir, die Beziehung so zu gestalten, wie wir glauben, daß sie zu sein hätte. So versuchen wir, überkommene Beziehungsmuster aufrecht zu erhalten und klammern uns daran mit der Inbrunst eines Blutegels. Statt Freiheit zuzulassen, versuchen wir zu kontrollieren. Wir fühlen uns gezwungen, uns in gegenseitiger Berechenbarkeit aneinanderzuketten.
Dies endet dann damit, daß wir uns veranlaßt sehen, Verantwortung füreinander zu übernehmen. Vereinbarungen verkümmern zu Gründen, unsere Vereinbarungen nicht einzuhalten. So entsteht Sklaverei und Stagnation, Schuld und Wut – alles andere als Spaß.

Wenn Du das Höchste in Deinen Beziehungen anstrebst und Dir gleichzeitig klar machen kannst, **wo Du Dich in diesem Moment befindest**, erschaffst Du bewußt erzeugte Spannung und vermeidest Angst und eine unbewußte »Tunnelperspektive«.

Die Klarheit darüber, was Du bereit bist, in Deinen Beziehungen zu erreichen, während Du zugleich anerkennst, wo Du Dich im Augenblick befindest, birgt das Geheimnis für das Erschaffen lebendiger Beziehungen.

Wenn wir uns unsere Beziehungen wirklich genau anschauen, werden die meisten von uns feststellen, daß wir einfach nicht gelernt haben, diese Klarheit zu erschaffen.

Deshalb finden wir keine Übereinstimmung. Ohne Klarheit ist keine Übereinstimmung möglich.

Wir neigen dazu, unsere Beziehungen abzutöten. Damit töten wir zugleich die Chance, Lebendigkeit auf natürliche Weise zum Erblühen zu bringen. Schließlich werden wir unduldsam und unzufrieden mit dem, was wir haben. Bei der geringsten Meinungsverschiedenheit oder Enttäuschung fangen wir an loszuschreien und drohen, einander zu verlassen.

Wenn Vereinbarungen einfach und klar sind, schafft dies soviel Freiheit und Vertrauen, daß unsere Beziehungen davon profitieren.

Dadurch entstehen auch Humor und Leichtigkeit.

❍ Gegenüber einander verantwortlich zu sein ist lebenswichtig.

Auch wenn sich die Mühe wirklich lohnt, dauert es eine Weile, bis Du gelernt hast, gegenüber dem anderen verantwortlich zu sein. Du hast dies einfach nicht geübt. Du hast modellhaft gelernt, von jemand anderem kontrolliert zu werden oder dem anderen Rechenschaft abzulegen.

❍ In einer lebendigen Beziehung hältst Du Deine Vereinbarungen ein.

Wenn Du feststellst, daß Du das nicht schaffst, ist es nötig, Deine Vereinbarung neu zu formulieren oder aber sie völlig fallenzulassen.

❍ Schau Dir Deine Vereinbarungen regelmäßig an und bringe sie auf den aktuellen Stand, wenn Du Deine Beziehungen lebendig halten willst.

Selbstentdeckung

Qualität 1

Verantwortlich sein gegenüber einander — nicht füreinander

Gegenüber einander verantwortlich sein: Die Bereitschaft, sich spontan und aufrichtig aufeinander einzulassen, statt füreinander berechenbar zu sein.
In der Gegenwart!
Jetzt!

1. Benenne drei Menschen, *für* die Du im Lauf Deines Lebens verantwortlich geworden bist. Nimm wahr, ob Du diese Verantwortung aufgrund Deiner eigenen Wahl übernommen hast.

ja oder nein

______________________________ __________

______________________________ __________

______________________________ __________

Wenn Du die Verantwortung *nicht* gewählt hast, sei nun bereit, sie loszulassen, oder treffe jetzt eine Wahl!

2. Benenne drei Menschen, die *für* Dich verantwortlich sind. Nimm wahr, ob sie dies selbst gewählt haben.

______________________________ __________

______________________________ __________

______________________________ __________

Sei dazu bereit, die, bei denen Du nicht sicher bist, ob sie dies frei gewählt haben, zu fragen. Tu dies, ohne Schuld zu erzeugen oder Vorwürfe zu machen.

3. Nun finde drei Menschen, denen *gegenüber* Du verantwortlich bist. Nimm wahr, wie Du Dich fühlst!

____

____

____

Erkenne Dich nun selbst an!

4. Was passiert, wenn Du Vereinbarungen triffst und einhältst? Führe drei Vereinbarungen an und die Ergebnisse, die Du damit erschaffen hast!

Ich habe vereinbart, ______________________________

____

Die Ergebnisse sind ________________________________

____

Ich habe vereinbart, ________________________________

____

Die Ergebnisse sind ________________________________

____

Ich habe vereinbart, ________________________________

____

Die Ergebnisse sind ________________________________

____

Erkenne Dich nun als Schöpfer/in an!

5. Zähle drei Beziehungen auf, in denen ihr gegenüber einander verantwortlich seid! Nimm wahr, wie Du Dich fühlst!

____

____

Sei bereit, ihnen mitzuteilen, wie Du Dich dabei fühlst!

6. Zähle drei aktuelle Überlebensvereinbarungen auf (eine Vereinbarung, deren Nichteinhaltung bewirkt, daß Du die Beziehung beendest) und mit wem Du sie getroffen hast.

Ich habe vereinbart, ______________________________

____

mit ____

Ich habe vereinbart, ______________________________

____

mit ____

Ich habe vereinbart, ______________________________

____

mit ____

Nun lies Dir Deine drei Überlebensvereinbarungen durch! Nimm wahr, wie Du Dich fühlst! Geh dann die bewußte Verpflichtung ein, sie den betreffenden Menschen auch mitzuteilen oder sie zu erneuern und zu aktualisieren, so daß Du sie klar kommunizieren kannst.

Qualität 2

Sich einlassen und existentiell leben

Ich kam mit grauem Star auf die Welt und wurde als »blind« eingestuft. Ich war nicht in der Lage, längere Zeit zu lesen. Wenn ich Inhalte über Religion, Psychologie und Philosophie lesen wollte, pflegte ich kurze Sätze zu lesen, mich zurückzulehnen und mir das Gelesene bildlich vorzustellen. Ich erinnere mich, daß Sartre mich faszinierte. Die Tatsache beeindruckte mich, daß er nicht einfach nur über Existentialismus schrieb, er lebte ihn. Auch ich lebe so. Dies erlaubt mir, in der Gegenwart zu sein – ohne all die Menschen und Dinge, an die wir uns immer wieder klammern.

Ich habe es immer geliebt, existentiell zu leben. Für mich heißt das, im Augenblick zu leben, dort wo Bewegung ist, wo Lebendigkeit ist. Immer wenn ich mich zu sehr auf die Zukunft oder die Vergangenheit konzentriere, flieht das Jetzt und ich erlebe buchstäblich einen Prozeß des Absterbens. Ich erinnere mich selten an die Einzelheiten meiner Beziehungen, was meine Freunde und Geliebten oft aufregt. Ich vergesse Geburtstage, Dinge, die wir einander gesagt haben, Filme, die wir zusammen gesehen haben, aber ich erinnere immer das Wesentliche, das zugrundeliegende Gefühl, die Essenz dieser Beziehung. Ich erinnere mich immer an die Liebe und vergesse die negativen Begebenheiten – manchmal zum Erstaunen meiner Freunde, die noch immer in Schuld, Angst oder Unsicherheit verweilen und vergessen haben, daß wir einander lieben. Ich habe die Wahl getroffen, glücklich zu sein. Ich hatte viele wundervolle Freunde und Geliebte, die sich mit mir und ohne mich verändert haben.

Ich erinnere mich, wie ich als 16jähriger Junge immer wieder in der New Yorker U-Bahn in die Augen von Tausenden von Menschen blickte und mir sagte, ich werde alle diese Leute kennenlernen. Genau das tue ich heute.

Mich einzulassen bedeutet für mich auch die Bereitschaft, den Sprung ins Unbekannte zu wagen und gerade das zu tun, was niemand erwartet. Ich erschrecke mich gerne. Als Junge sprang ich von Dach zu Dach, trieb mich mit den »falschen Leuten« rum und tanzte mit 17 professionell im New Yorker Palladium. Zu dieser Zeit nannte man mich »The Kid«. Ich lief von zu Hause weg, schniefte Koks mit Count Basie, probierte andere Drogen wie LSD, bevor sie verboten wurden, machte mich an Frauen ran, die zweimal so alt waren wie ich, arbeitete in geschlossenen Zellen mit zum Tode Verurteilten. Heute lebe ich ziemlich konservativ, weil ich eine Menge Schwierigkeiten hatte: mit dem Gesetz, mit meinen Ärzten, meinen Finanzen, Freunden und Kollegen. Aber bis zum heutigen Tage riskiere ich einiges und ich liebe es! Es ist Leben! Jemand, der niemals in Schwierigkeiten war, hat niemals gelebt!

Freunde von mir sagen oft, ich würde in einem »anderen« Zustand umherwandeln, entweder tief in Gedanken versunken oder wie ein Kind. Es stimmt, meist lebe ich in einem Zustand der Verwunderung. Es stört mich, wenn irgendwelche Ereignisse mich aus diesem Zustand im Jetzt herauswerfen. Ich bin immer in Bewegung, auf Reisen, treffe ständig neue Menschen. Ich gehe an Bord eines Flugzeuges, verlasse eine Realität und lande in einer anderen, verwundert wie ein Kind, das in der Erregung und Unsicherheit einer neuen Erfahrung lebt. All das hält mich in der Gegenwart – der Qualität von Zeit schlechthin. Die Gegenwart ist die einzige Zeit, die wirklich existiert. Sie drückt die einzig wirkliche Qualität von Zeit aus.

Alle meine Lehrer lebten in der Gegenwart. Karl Pribram, ein Mann von hohem wissenschaftlichem Rang, ist mit seinen 70 Jahren spielerischer als die meisten Jugendlichen, die ich treffe.

Baba Muktananda, ein unglaublich kraftvoller spritueller Meister, war einer der unschuldigsten und verspieltesten Lehrer, den ich je kannte. Seine kindliche Energie vermittelte immer Weisheit. Um uns einlassen zu können, müssen wir in der Gegenwart sein. Um im Jetzt zu sein, müssen wir loslassen, was wir haben. Das ist nicht immer leicht. Manchmal ist es sogar schmerzhaft. Ich habe materiellen Wohlstand aufgegeben, Wohnorte gewechselt und viele Krankheiten in mir geheilt. Ich habe Abhängigkeiten losgelassen, die Sucht nach Zigaretten, Drogen, Zucker... Ich habe Frauen, die ich liebte, losgelassen, so daß sie und ich wachsen konnten, Freunde sind aus meinem Leben verschwunden. Derzeit lasse ich sogar meinen Sohn los, damit er seine eigene Lebendigkeit entdecken kann, auch wenn mir seine Abwesenheit Schmerz bereitet.

Erinnere Dich, der Schlüssel zur Gegenwart liegt im Loslassen und Aufrichtigsein. Ich wurde katholisch erzogen und litt an all der Schuld, die ein naives Verständnis dieser Religion mit sich bringt. Aber ich habe dadurch gelernt, ehrlich zu sein. Manchmal brutal ehrlich, so wie Christus es war.

Vieles im Leben ermutigt nicht gerade zu Aufrichtigkeit. Wenn ich ehrlich war, wurde ich geschlagen, bestraft, erniedrigt und bedroht. Selten wurde ich belohnt. Ehrlichkeit bedeutete immer, daß jemand verletzt werden würde – wenn nicht ich, dann jemand, den ich liebte.

Eines Abends kam ich nach einem aufregenden Tag nach Hause. Meine Mutter schaute mich von oben herab an und fragte, was ich gemacht hatte. Ich antwortete: »Peter und ich waren hinter der Scheune bei den Hühnern. Wir nahmen unsere Pimmel raus und jagten sie und versuchten, sie ihnen reinzustecken...« Meine Mutter fiel völlig schockiert zu Boden; sie hielt sich ihr Herz und kreischte: »Oh, mein Gott!«, wie es – wie ich heute weiß – italienische Mütter nun mal tun. Von diesem Tag an war mir klar, Wahrheit kann töten. Von da an antwortete ich immer, wenn ich gefragt wurde: »Was hast Du heute gemacht?« – »Oh, nicht viel, Mama!« Sie schaute sich dann meine Augen und Hände an, ob noch alles beieinander war und sagte: »Geh wasch Dich! Wir essen gleich!« Ich kam nie dazu, mit ihr die Erregung zu teilen, die es vollendet über Dächer zu springen, sich zu prügeln oder Shit zu rauchen. Wir versäumten die Freude aufrichtiger Kommunikation. Nach ihrem Tod entschied ich, mich nie wieder dieser Chance zu berauben. So bin ich heute sehr ehrlich mit geliebten Menschen, auch wenn es weh tut.

Alle meine Lehrer waren aufrichtig und sehr gegenwärtig. Sie respektierten Aufrichtigkeit sehr, einige von ihnen bewußt, so wie Muktananda, der wie jetzt ich darüber lehrte und schrieb, oder Pribram, von dem ich nicht sicher bin, ob er jemals so darüber nachdachte. Er ist einfach so. Es gibt viele andere in meinem Leben, die diese Qualität veranschaulichen und ich liebe sie alle aufrichtig. Das ist es, was sich einlassen meint: in jedem Augenblick mit allem in Liebe zu sein.

Qualität 2

Sich einlassen und existentiell leben

Die Bereitschaft, sich einzulassen: Die Fähigkeit, aus der Gegenwart heraus spontan und aufrichtig zu antworten und nicht nur zu reagieren.

Existentielles Leben: Deine Richtung finden und einschlagen, statt lediglich am Endergebnis orientiert zu sein. Echt und authentisch sein, ohne falsche Fassaden, ohne bestimmte Form.

Existentielles Leben ist eine Qualität, die erlebt werden muß. Dazu ist es nötig daß Du

- ❍ offen bist für Erfahrungen und Veränderung.
- ❍ Deine Beziehungen in der Gegenwart lebst.
- ❍ Dich sowenig wie möglich von der Erinnerung bestimmen läßt.
- ❍ im Hier und Jetzt lebst.
- ❍ Deinen Beziehungen erlaubst, sich zu verwandeln, sei es mit Dir oder ohne Dich.

Wenn Du in einer lebendigen Beziehung bist, wirst Du Dir mehr und mehr bewußt, daß Leben existentiell ist.

Diese Beziehung ist eine Erfahrung von Augenblick zu Augenblick, sie befindet sich in kontinuierlichem Wandel.

Wenn Du in einer lebendigen Beziehung bist

- ❍ erwartest Du nicht, daß jeder bei Dir bleibt.
- ❍ läßt Du Menschen gehen und ihre eigenen Erfahrungen machen.
- ❍ weißt Du, daß Menschen immer in **Dein** Leben treten, um Dir **ihren** Beitrag zu leisten.
- ❍ teilt Ihr miteinander und achtet darauf, daß alles, was Ihr Euch gebt, vollständig und abgeschlossen ist.

Du kannst Dich nicht über die Gegenwart hinausbegeben. Du kannst nur in ihr sein. Auf dieser Ebene der Erfahrung ist das Jetzt zugleich die Zukunft.

Die Angst, die Du fühlst, ist Deine Lebendigkeit.

- Mach sie zu Deinem Freund und nenne sie Erregung.
- Schau der Tatsache ins Auge, daß das Leben ein Wagnis ist. Es ist existentiell. Wenn es gefährlich wird, kannst Du immer noch zurück
- in die Vergangenheit.
- in Deine Komfortzone.
- zu dem, was Dir vertraut ist.

Deine Lebenserfahrung ist immer präsent. In der Vergangenheit zu leben bedeutet dagegen, den Tod zu treffen, bevor Du stirbst. Es bedeutet zugleich, jeden und alles, worauf Du Dich beziehst, zu töten.

- Aus der Vergangenheit heraus in Beziehung zu sein bedeutet, sich dem Tod hinzugeben.
- In der Gegenwart in Beziehung zu sein heißt, sich dem Leben hinzugeben.

Du hast die Wahl.

- Die Kunst besteht darin, nicht vor der Angst zurückzuweichen.

Viele von uns wollen das nicht, wollen in der Komfortzone bleiben, auch wenn dieser Bereich voller Schmerz und Leiden ist.

- Existentielles Leben macht uns Angst, weil es wirklich gefährlich sein kann.
- Bleib auf dem steinigen Weg, nach einer Weile wird es Dir nicht länger Angst einflößen.
- Du spürst Erregung, Aufregung, Lebendigkeit!

Du mußt Dich immer wieder daran erinnern, in der Gegenwart zu bleiben, denn fast alle um Dich herum kleben an der Vergangenheit.

Ich bestreite nicht, daß Nostalgie auch etwas Lustiges sein kann. Solange Du Dich bewußt dafür entscheidest, ist es in Ordnung, in die Vergangenheit zurückzugehen – **vorausgesetzt, Du verwechselst diese gelegentlichen Ausflüge nicht mit Deinem wirklichen Leben.** Benutze sie nicht, um der Gegenwart aus dem Weg zu gehen.
Die Vergangenheit ist ein Überbleibsel. Sie ist vorbei. Nutze sie als Gelegenheit, Dir klarzuwerden: **Das Leben ist niemals vorbei! Es entwickelt sich lediglich auf neuen Ebenen weiter.**
❍ Vertraue Deiner Lebendigkeit. Erlaube jedem Moment Deines Lebens, in die Vergangenheit zu gleiten, ohne ihn festhalten zu wollen.

Die Fähigkeit, sich spontan auf etwas einzulassen, statt zu reagieren, erfordert eine Menge Bewußtheit und Übung, bevor sie verinnerlicht wird.
Sie ist eine bewußte Fähigkeit.
Ich habe jahrelang geübt, bis ich schließlich in der Lage war, einfach loszulassen. Dieses Loslassen erlaubte mir wahrzunehmen, daß die Fähigkeit, mich einzulassen untrennbar damit verknüpft ist, in der Gegenwart zu sein.
Sie ist untrennbar damit verbunden, **in der Gegenwart zu vergessen.** Wenn Du beginnst, Dich wirklich einzulassen, lebst Du mehr und mehr aus der Gegenwart heraus. Du wirst immer weniger von Deiner Erinnerung beeinflußt.
Mach Dir keine Sorgen! Du vergißt weder Deine Fähigkeiten noch Deine Erfahrungen. Du läßt lediglich die Bedingungen und Einschränkungen los, an die sie geknüpft waren.
Dich einzulassen heißt auch, Dir klar darüber zu werden, daß Du niemals aus dem Grund wütend bist, aus dem Du glaubst, es zu sein.
Wenn Du in der Gegenwart bist, kannst Du nicht wütend sein. Denn Du kannst Dich in der Gegenwart der unumstößlichen Tatsache einfach

nicht mehr verschließen: **Das Leben ist eine immer neue Erfahrung. Das Leben ist ein Wunder.**

❍ Wutausbrüche sind immer eine Reaktion darauf, was wir in der Vergangenheit unvollendet gelassen haben, sei es bezüglich einer Sache oder mit einem Menschen.

Dein Wutausbruch mag sich in dem Moment vielleicht gegen den Menschen richten, der Dich jahrelang geärgert hat, bevor Du ihn dann letztendlich anbrüllst. Aber Du hast diesen Ausbruch so lange zurückgehalten und hast damit sein Verhalten gebilligt.

❍ Wenn Du merkst, daß Du anfängst zu reagieren, halte inne! Sei bewußt!

❍ Konzentriere Dich auf das, was passiert! Beobachte es ganz genau!

Es ist niemals das, was es zu sein scheint. Es mag vielleicht von einer Geschichte kommen, die vor einer Woche passiert ist oder auch vor 25 Jahren. Es entsteht jedoch nie einfach durch das, was in diesem Augenblick passiert.

In der Gegenwart kann es keine Wutausbrüche geben. In der Gegenwart gibt es nur Vergnügen und Lebendigkeit.

Die Psychologie wie auch die Religion wissen seit langem, daß Wahrheit die einzige Möglichkeit ist, in die Gegenwart zu gelangen.

❍ Wahrheit bringt Dich augenblicklich in Harmonie mit Deiner Umgebung.

Die meisten Religionen und Therapien erzählen Dir das nicht. Sie überlassen es Dir, das herauszufinden. Sie gehen davon aus, daß Du nicht intelligent genug bist, die Information entsprechend zu würdigen und zu benutzen. So kann es Dir passieren, daß Du auch nach jahrelangem kostspieligem Schülerdasein Deinem Wunsch nach einer lebendigen Beziehung nicht näher gekommen bist.

Die Wahrheit bringt Dich immer in die Gegenwart und läßt alle Aufgeregtheit verschwinden. Du brauchst nur zu lernen, aufrichtig zu sein. Leider ist auch das nicht so einfach, wie es sich anhört. Was die Wahrheit angeht, so gibt es zwei Geheimnisse:

❍ Das Klischee: »Es ist immer zu Deinem Vorteil, die Wahrheit zu sagen«, ist falsch. In Wahrheit ist es immer zu Deinem Vorteil, **Dir selbst** die Wahrheit einzugestehen.

❍ Es geht in Wahrheit um die Fähigkeit, **Dir selbst schneller die Wahrheit einzugestehen** – bevor Du anfängst, Dich auf irgendetwas oder irgendjemanden zu beziehen. Dann kannst Du Dich einlassen, statt zu reagieren.

❍ Wenn Du Dich einläßt, ist das Leben auf Deiner Seite.

❍ Die Fähigkeit, Dich einzulassen, ist der Schlüssel zur Meisterschaft in Deinem Leben.

Wenn Du Dich einläßt, erfährst Du, daß Du nicht für die Reaktionen der anderen verantwortlich bist. Und – was ebenso wichtig ist – Du merkst, wenn jemand anderes sich auf Dich einläßt, und Du weißt es zu schätzen.

❍ Es ist deshalb schwierig zu lernen, Dich einzulassen, weil der Verstand nicht in der Gegenwart denkt.

❍ Der Verstand ist in der Gegenwart frei von Gedanken.

❍ Gedanken beziehen sich immer auf die Vergangenheit und auf die Zukunft.

Wir haben gelernt, unser Denken in Begriffen von Vergangenheit und Zukunft so zu benutzen, daß wir mit unserer Umgebung zurechtkommen. Im Laufe der Zeit vergessen wir dann, wie es ist, gedankenlos zu sein, so wie wir dies als Kinder oft erlebten. Kinder leben mehr im Jetzt als wir. Sie gleiten einfach von einer Erfahrung zur nächsten, von einem Augenblick zum anderen. Deshalb sind sie auch viel eher bereit, ihre Umgebung, so wie sie gerade ist, zu akzeptieren.

Dir wurde beigebracht, Dein Leben aus der Vergangenheit heraus oder in Hinblick auf die Zukunft zu gestalten. Beides hat wenig mit Deiner Realität zu tun, wie sie in diesem Augenblick ist.

Tatsächlich baut sich die Zukunft auf der Vergangenheit auf. Das bedeutet, Du erschaffst die Vergangenheit in neuen Formen wieder. Genau das ist der Grund dafür, daß die meisten Menschen in Langeweile alt werden. Es kann Dir sogar passieren, daß die Bewegung in Deinen Beziehungen immer mehr nachläßt, bis sie schließlich mit quietschenden Bremsen zum Stillstand kommt, bar jeder Lebendigkeit. Sie gehen zugrunde.

❍ Nicht in der Gegenwart zu sein ist ein Prozeß schleichender Lähmung.

❍ Gegenwart bedeutet Lebendigkeit.

Du hast die Wahl!

Selbstentdeckung

Qualität 2

Sich einlassen und existentiell leben

Die Bereitschaft, sich einzulassen: Die Fähigkeit, aus der Gegenwart heraus spontan und aufrichtig zu antworten, statt nur zu reagieren.

Existentielles Leben: Deine Richtung finden und einschlagen, statt lediglich am Endergebnis orientiert zu sein. Echt und authentisch sein, ohne falsche Fassaden, ohne bestimmte Form.

1. Finde drei Beispiele, wie Du auf eine Person oder auf eine Situation in der letzten Woche *reagiert* hast. Warum hast Du reagiert, statt Dich einzulassen und spontan zu antworten? Woran hat es Dich erinnert?

____

____

____

Sei dazu bereit, die vergangenen ursächlichen Gedanken, die diese Reaktionen hervorgerufen haben, loszulassen. Nimm wahr, wie Du Dich fühlst!

2. Denk Dir drei spontane Antworten aus, die anders ausgefallen wären als Deine Reaktion. Übermittle sie, wenn Dir das angemessen erscheint.

____

____

____

3. Schätze Dich selbst ein: Wie oft antwortest Du in der Gegenwart in Deinem jetzigen Leben?

|________|________|________|________|

0 % 25 % 50 % 75 % 100 %

4. Wo und mit wem bist Du bereit, in der Gegenwart zu sein? Finde drei Beispiele!

Wo	Mit wem

Schließe nun Deine Augen und stell Dir diese drei Erlebnisse vor.

5. Wann fällst Du am ehesten in die Vergangenheit zurück? Finde drei Beispiele!

Wenn dies keine angenehme Erfahrung für Dich ist, schau nach, was Dir Angst macht und laß es los.

6. Gestehe Dir nun die Wahrheit ein über irgendetwas. Nimm wahr, wie Du Dich fühlst. Praktiziere dies täglich!

Qualität 3

Gedanken sind schöpferisch

Aufgrund der Erzählungen meiner Mutter weiß ich, daß ich als Säugling immer wieder anfing, plötzlich so qualvoll zu schreien, daß sie angerannt kam und sicher war, da sei jemand, der mich geschlagen hatte. Ich erschuf mir späterhin immer wieder Ereignisse, die mit diesem Anfang übereinstimmten. Ich war kein böser Junge – nein, ich war ein liebes Kind. Ich war allerdings neugierig und abenteuerlustig und geriet so ständig in Schwierigkeiten und wurde ziemlich rebellisch. Man schickte mich zum Dekan, weil ich nicht einverstanden war, daß mein Kunstlehrer meine Bilder bearbeiten wollte. Ich wurde zu Zuchthaus auf Riker's Island verurteilt, weil ich in einer Zeit Marihuana geraucht hatte, als die Mehrheitsmeinung davon ausging, daß dies unweigerlich zu Heroin führe.

Heute weiß ich, daß kein Künstler die Kunst eines anderen übermalen sollte und daß Marihuana zu nichts anderem führt als zu großartigem Sex und unkontrollierbarem Gelächter.

Ich weiß, daß ich zu lebendig war, zu wissensdurstig, zuviel Forscherdrang besaß. So begann eine harte Zeit für mich. Ich bekam Schwierigkeiten mit einer Autorität nach der anderen. Ich fing an, negativ zu denken. Ich lebte in einer negativen Umgebung, mit den Straßenbanden im Brooklyn der 50er Jahre, wo unter dem Einfluß der Mafia festgelegt wurde, wer die Rolle des Spielers, des Diebes oder des

Schlägers übernahm. Gewalt und Rassenvorurteile waren an der Tagesordnung. Ich begann, mich mit den Verlierern zu identifizieren, hörte die Musik von Ray Charles »Geboren um zu verlieren« und zog mir Billy Holiday's endloses Repertoire von Opfer-Songs rein. All das war noch fein verpackt in christlich-jüdische Moral, die mich nur weiter verkrüppelte.

Ich war durchaus sehr kreativ in allem, was ich tat. Dieser Einfallsreichtum half mir zu überleben. Ich konnte mich immer anpassen und überlebte so die Negativität. Ich bewegte mich mit großer Geschicklichkeit in dieser negativen Welt und lebe jetzt ebenso in einer positiven.

Mein Leben war ein Abfolge von »kleinen Toden« und »Wiedergeburten« – die Jahre in Brooklyn, die Drogenjahre, die kriminellen Jahre. Eines Tages begann meine innere Stimme zu sagen: »Es gibt mehr als das!« Ich befand mich in der U-Bahn auf dem Weg zu meinem ersten Job, um in einer Kartonfabrik Schachteln herzustellen. Es war Sommer, sehr heiß. Der Schweiß stand mir auf der Stirn. Die Leute hockten aufeinander wie Sardinen in einer Dose – und das Tag für Tag für Tag. Ich sagte mir: »Die Leute machen immer dasselbe, von morgens bis abends!« An diesem Tag leistete ich einen Schwur. Ich hatte einen »kreativen Gedanken«: daß dies nicht der Zukunft entsprach, die ich wollte. Also schwor ich mir: »Ich werde niemals einen wirklichen Job haben!« Und ich habe bis heute keinen. Ich erinnere mich, daß ich dachte: »Schachteln machen ist langweilig und wenn ich befördert werde, werde ich anderen dabei zusehen, wie sie Schachteln machen, und das muß noch viel langweiliger sein.«

Mein Entschluß, zu kündigen und nach Manhattan zu reisen war eine große Enttäuschung für meinen Vater, der mir diesen Job verschafft hatte, damit ich lernte, worum es im Leben ging. Wie immer wurde meine Wahl für pure Rebellion gehalten. Ich fing an, ein Muster zu erkennen: »Rebellion funktioniert!« Also begann ich gegen meine negative Umgebung zu rebellieren. Für diese Entscheidung wurde ich von Freunden zusammengeschlagen, die dazu von den Aufpassern der Gegend gezwungen wurden. Ich war dabei, die gängigen Muster aufzubrechen.

Ich verließ diese Welt, zog nach Manhattan und fing ein Abendstudium am New Yorker Community College an und besuchte dann das Fashion Institut für Technologie. Mein Vater war zutiefst verletzt. Er dachte, ich hätte ihn verlassen. Ich erzählte ihm nie, daß die Leute, die er bewunderte, mich gedemütigt und zusammengeschlagen hatten, weil ich mich geweigert hatte, für sie zum Einbrecher zu werden. Wenn ich ihn besuchen gehe, stehen meine alten Freunde und ehemaligen Vorbilder dort heute immer noch an derselben Ecke. Sie sind die ganze Zeit dort stehengeblieben und tun, was immer von ihnen verlangt wird, ohne jeden selbstbestimmten kreativen Gedanken.

Nach den Jahren an der Universität folgten Jahre in Kalifornien, dann die Arbeit am Phoenix House, dann TNI und nun meine Arbeit in Europa.

Ich erlebe das Phänomen der Synchronizität, der Gleichzeitigkeit von Ereignis und Denken. Ich weiß, wann die Dinge anfangen, sich zu ereignen und jedes Mal, wenn ich diese Macht ignoriere oder leugne, meldet sich jene subtile, leise Stimme in meinem Kopf. Meine Realität beweist dann immer, daß sie recht hat. Es ist die gleiche ruhige Stimme, die vor 30 Jahren in der stickigen, heißen U-Bahn zu mir sprach. Heute ist es jedoch nur noch eine einzige Stimme. Diese innere Stimme ist ein stets kreativer Gedanke. Wenn heute etwas auftaucht, was ich in der Vergangenheit als negativen Gedanken bezeichnet habe, weiß ich, daß es einen Grund dafür gibt, und ich suche nach dem Wert. So gibt es für mich keine negativen Ergebnisse mehr.

Ich erlebe so oft synchronistische, kreative Gedanken, daß es fast schon unangenehm ist. Deshalb hüte ich mich meist, sie mitzuteilen.

Es gibt einfach soviel Mangel- und Anstrengungsbewußtsein, daß reaktive und negative Geister um mich herum regelrecht explodieren, wenn ich sie doch mitteile. Es ist, als würdest Du großen Wohlstand vor Neid und Kritik verstecken.
Letztlich gibt es nur einen, der meinen Weg von Brooklyn zu schöpferischem Bewußtsein wirklich anerkennt, und ***das bin ich selbst!***

Qualität 3

Gedanken sind schöpferisch

❍ Du erschaffst Dich und andere mit Deinen Gedanken.
❍ Deine Wirklichkeit und Deine Beziehungen existieren nicht unabhängig von Dir.
❍ Die Welt und das Universum existieren nicht unabhängig von Dir.
❍ Du bist ein Teil und damit Schöpfer Deiner Beziehungen.

Die Art, wie Du etwas betrachtest, bestimmt was es ist. So, wie Du etwas anschaust, erschafft Du es.
Das physikalische Universum wandelt sich dauernd. Dieser Wandel ist abhängig von Deiner Betrachtungsweise.
Deine Wahrnehmung der Dinge erschafft ihre Qualitäten. Leben und Tod sind keine Gegensätze. Geburt und Tod sind Teil eines Prozesses, der Leben genannt wird.
❍ Lebendigkeit wird dadurch erschaffen, daß Du so schnell wie möglich durch die »kleinen Tode« des Lebens hindurchgehst.
❍ Sei bereit, Dein Leben in vollen Zügen zu leben, und Du wirst zufrieden sterben.
Jeder, der Angst vor dem Tod hat, hat Angst vor dem Leben.

Konzentriere Dich darauf, wie Du Dein Leben, Deine Beziehungen und diesen Planeten haben willst, und Du wirst dies alles erschaffen.

❍ Du erschaffst Dein Leben so, wie Du es erlebst.

Du erschaffst und erlebst Deine Beziehungen genau so, wie Du denkst, daß sie sich abspielen werden. Wenn Du sagst, daß Du es haßt, Deine Eltern zu besuchen, wird es Dir bei ihnen nicht gefallen. Wenn Du denkst, daß das Leben ein Kampf ist, wirst Du sterben und das bewiesen haben.

❍ Gedanken entstehen nicht im Gehirn.

Woher, denkst Du, hast Du die Gedanken, die Du denkst? Du mußt sie empfangen haben. Und die, die Du aus Deinem Unbewußten hervorholst, sind jene, die Du bereits empfangen hast und die in Deiner Erinnerung aufbewahrt sind.

Was Du zu tun hast, ist:

❍ empfange neue Gedanken,

❍ höre nicht auf zu empfangen,

❍ laß überkommene Gedanken los!

Es ist naiv, davon auszugehen, daß Gedanken in Deinem Gehirn entstehen. Das ist etwa so, als würdest Du annehmen, die Menschen, die Du im Fernsehen beobachtest, befänden sich tatsächlich im Fernsehgerät. Je höher Deine Antenne, um so mehr Stationen kannst Du empfangen. Stell eine Satellitenantenne auf Deinen Dachboden, und Du kannst die Fernsehprogramme der ganzen Welt empfangen. Wenn Du aber nur eine kleine Antenne hast, empfängst Du gerade mal drei örtliche Programme; wenn Du dann denkst, das ist alles, was es da draußen gibt, bist Du einfach unwissend.

❍ Öffne Deinen Verstand.

❍ Reinige Dein Gehirn.

❍ Laß die alten Glaubenssätze, die Dich nicht unterstützen, gehen.

Sobald Du anfängst, jene Glaubenssätze loszulassen, die neue Gedanken daran hindern einzuströmen, wirst Du anfangen, Gedanken anzuziehen, die eine Lebendigkeit erschaffen, wie Du sie seit Deiner Kindheit nicht mehr erlebt hast.
Leere Dein Gehirn. Du brauchst lediglich loszulassen und für neue Gedanken empfänglich zu sein, die Dich und Deine Beziehungen in der Gegenwart erschaffen.

Auch Deine Gefühle werden von Dir erschaffen, so wie Du sie wahrnimmst und erlebst. Wenn Du Gefühle bewußt erlebst, verwandelt sich Angst in Erregung.
Angst ist ungelebte Erregung. Sobald Du eine bestimmte Furcht gemeistert hast, wird sie zu Erregung. Dann bewegst Du Dich weiter und ängstigst Dich wieder, indem Du etwas tust, das noch furchterregender ist.
Wenn Du in Deinen Beziehungen sagst: »Ich bin zweimal verletzt worden und das reicht. Ich gehe!«, so ist das, wie wenn Du sagst: »Ich habe zwei Tennisstunden genommen. Mir reicht es! Ich gehe!«
Die Art und Weise, wie Du ein Gefühl definierst, bestimmt, wie dieses Gefühl sein wird. Es ist so, wie Du es wahrnimmst.
Wenn Du bewußt bist, hört Langeweile auf, Langeweile zu sein. In dem Augenblick, da Du bewußt wirst, wird Langeweile zu Gelassenheit. Denn es hängt nur von Deiner Betrachtungsweise ab, wie Du es nennst. Langeweile *ist* Gelassenheit.
Langeweile bedeutet zu denken, daß es nichts gibt, was wert ist, getan zu werden. Gelassenheit ist die Gewißheit, daß es nichts gibt, das nicht wert ist, getan zu werden.
Langeweile und Gelassenheit sind im Grunde das gleiche Gefühl. Es hängt einfach davon ab, wie bewußt Du bist und wie Du über dieses Gefühl denkst.

So, wie sich Angst in Erregung umwandelt, wie Langeweile zu Gelassenheit wird, kann Einsamkeit, die Du bewußt wahrnimmst, zu All-ein-sein werden.
Es gibt eigentlich keine Einsamkeit. Einsamkeit hängt davon ab, wie Du es erlebst, allein zu sein. Viele Menschen haben schreckliche Angst davor. Aber wenn Du der Einsamkeit wirklich ins Auge siehst, verwandelt sie sich und wird einfach zu Alleinsein.
Zu Einsamkeit wird sie erst durch die Brille Deines Verstandes.

Wir sind reiner Gedanke.
Unsere Beziehungen werden von unserem Verstand geschaffen. Sie existieren nicht unabhängig von unseren Gedanken.
Wenn Du weißt und direkt erlebst, daß Du all Deine Beziehungen erschaffst, erschaffst Du Integrität in all Deinen Beziehungen.
Wenn Du Verantwortung für Deine Gedanken übernimmst, entwickelt sich Integrität. All die sogenannten »Umstände« oder Deine Eltern werden unwichtig. Deine Kinder sind plötzlich nicht länger ein »Umstand«, der Dich hindert oder einschränkt.
Gedanken wie »Wir mußten heiraten« und »Wir blieben wegen der Kinder zusammen« werden zu altmodischen Denkweisen.
Die Opferhaltung verschwindet.
Du bist nicht länger vom Pech verfolgt oder ein Kind des Glücks. Statt dessen erlebst Du die Freude und Macht, Deine Beziehungen selbst zu erschaffen.

Schöpferisches Denken versetzt Dich in die Lage, Dir klar zu werden, was Du willst und was Du beabsichtigst.
Du bist Dir klar über Sinn und Zweck Deiner Beziehungen. Dies versetzt Dich in die Lage, das, was Du beabsichtigst, wissentlich herbeizuführen.

Schöpferisches Denken erschafft Mitgefühl als Ausdruck von Liebe.
Es führt zugleich zur Anerkennung Deiner Beziehungen und ihrem Beitrag zu Deinem Leben.

Schöpferisches Denken erschafft geistige Nähe.
Es erzeugt eine akzeptierende und liebevolle Haltung in Deinen Beziehungen, ein miteinander Teilen der gleichen Ideen und Erfahrungen.

Selbstentdeckung

Qualität 3
Gedanken sind schöpferisch

1. Benenne drei Beziehungen, an denen Du teilhast.

2. Zähle drei Beziehungen auf, in denen Du Beobachter bist.

3. Beschreibe etwas, das Du so sehr gefürchtet hast, daß es sich in Deinem Leben manifestiert hat.

Erschaffe nun neue Gedanken, um diese negative Manifestation geistig loszulassen!

4. Zähle drei Gelegenheiten auf, in denen sich Angst in Erregung verwandelt hat.

Erkenne dieses Verhalten nun bewußt an!

5. Zähle zwei Beispiele auf, wie Du die Angst vor dem Tod dazu benutzt, Leben zu vermeiden.

Gehe die bewußte Verpflichtung ein, mutig zu sein und Dich für das Leben einzusetzen.

6. Zähle drei Begebenheiten auf, in denen Du selbst Deine Gefühle erschaffen hast, um etwas zu erreichen, was Du wolltest.

Erkenne jetzt Deine Kraft an!

7. Benenne zwei Gefühle, die Du verwandeln kannst. Warum?

Qualität 4

Du hast die Wahl zu denken

Ich weiß heute, daß die Gedanken, die ich wähle, meine Wirklichkeit formen. Alle Beziehungen, die ich wähle, habe ich auch. Wenn ich wähle, gesund zu sein, bin ich gesund. Wenn ich wähle, krank zu sein, bin ich krank.

Mein Leben war voller unvollkommener Beziehungen, bis ich die Wahl getroffen habe, sie jeweils nach meinen Möglichkeiten zu vollenden. Ich schicke Postkarten an Menschen, die nie zurückschreiben. Ich mache immer wieder kurze Besuche in New York, um die Beziehung zu meinem alten Vater zu erhalten, der nicht für ewig körperlich präsent sein wird. Ich schreibe Briefe an meinen Sohn oder rufe ihn in Hawaii an. Ich verschicke Postkarten an Freunde in aller Welt, die uns miteinander verbinden, ohne daß eine Antwort nötig wäre. Ich meditiere, um mit meinem Höheren Selbst in vollkommener Beziehung zu bleiben. Diese kontinuierlichen Vervollkommnungen halten meinen Geist frei – frei von negativem Geplapper, welches meine Wahl nur beschränken und behindern würde.

In meinem Leben gab es oft Momente, in denen ich bewußt die Wahl traf zu denken – um zu überleben.

So behandelte ich mich 8 Jahre lang mit Aufputschmitteln, um meine Pupillen zu erweitern, so daß meine Augen trotz grauem Star soviel sehen konnten, daß ich studieren und in der Schule mithalten konnte. Jahre später befragte ich meinen Arzt dazu. Er stellte fest, daß er mir auch harmlose Tropfen hätte verordnen können, die das gleiche Ergebnis erzielt hätten.

So gab ich vor, ein harter Kerl zu sein, um damals die Schulhöfe von Brooklyn zu überleben. Ich war dazu eigentlich viel zu schüchtern und zu sensibel. Um die Dinge noch schwieriger zu machen, war ich zu einer Zeit mit dem Namen Francis gesegnet, als gerade eine populäre Filmserie lief, deren Hauptfigur »Francis, der sprechende Maulesel« war. Täglich gab es damals irgendjemanden, der es nicht lassen konnte, mich mit »Iaa, Iaa, Iaa, Francis!« zu necken. Ich wehrte mich, wurde jedoch meist zusammengeschlagen. Dann überzeugte ich meine Eltern davon, daß ich eine schwarze Motorradlederjacke haben müsse. Ich malte »Frankie«, einen Totenkopf und zwei gekreuzte Knochen auf die Rückseite. Von diesem Tag an wurde ich ein harter Kerl. Das empfindsame, mitfühlende Wesen tauchte erst viele Jahre später wieder auf, als mein Sohn geboren wurde und diesen Teil von mir brauchte.

Ich entschloß mich auch einmal, meine Ernährung völlig umzustellen, um mich vor zu niedrigem Blutzucker, Herzkrankheiten, Übererregung und Schuppenflechte zu schützen. Es gab viele Anzeichen: wilde Stimmungsschwankungen, Notaufnahmestation, eine Neigung zu bestimmten Krankheiten in meiner Familie. Aber als ich eines Tages mit starken Schmerzen im Brustkorb – die ich für eine Herzattacke hielt – auf der Intensivstation lag, sagte mir der Arzt: »Es ist Ihre Bauchspeicheldrüse und wenn Sie so weitermachen, werden Sie Diabetes bekommen!« – Sofort meldete sich mein Verstand: »Meine Mutter hatte Diabetes.« Ich erinnerte mich, wie sehr ich ihr die dauernden Dramen um ihre Gesundheit übelgenommen hatte. Ich fing an, mich selbst zu heilen, indem ich bewußt die Wahl traf, ihr zu verzeihen und orientierte fortan mein Eßverhalten daran, meiner Ernährung zu dienen, statt es wie einen Sport zu betreiben.

Es entsprang auch der Wahl zu denken, daß ich meine Klappe hielt, um der Gewalttätigkeit meines Vaters zu entgehen. Mein Vater war Amateurboxer und seine Fäuste saßen locker. Meine Schwester wurde immer geschlagen; sie wurde sogar einmal im Kühlschrank eingesperrt. Trotzdem ging sie immer wieder hin und holte sich noch mehr ab. Ich wurde nur selten von ihm geschlagen. Aber eines Tages machte ich meinen Mund doch auf und widersprach ihm und er spuckte mir ins Gesicht. Die Erniedrigung war unerträglich. Von diesem Tag an hatte ich 20 Jahre lang keinen Vater mehr. Dann las ich eines Tages in einem Buch über Buddha: Er saß im Kreise seiner Schüler. Sucher stellten ihm nacheinander Fragen. Plötzlich stand ein Mann auf, ging zu Buddha und spuckte ihm ins Gesicht. Die Schüler wollten ihn angreifen, aber Buddha beruhigte sie, schaute dem Mann in die Augen und sagte: »Hast Du sonst noch was zu sagen?« Plötzlich verstand ich, daß mein Vater auf die einzige Art kommunizierte, zu der er fähig war. Ich entschloß mich, ihm zu verzeihen und ihn zu lieben und habe dies von diesem Moment an immer getan.

Ich hatte immerhin 20 Jahre dazu gebraucht, in denen ich leugnete, einen Vater zu haben, um an diesen Punkt zu kommen. Die Kunst besteht nunmehr darin, bereit zu sein, schneller zu denken. Heute löst mein Verstand einen Konflikt in etwa 20 Minuten. Meine Familie, Freunde oder Geliebten reagieren darauf oft etwas verwirrt. Sie beschuldigen mich, meine Meinung zu schnell zu ändern. Es stimmt, ich ändere wirklich oft meine Meinung. Es ist meine Wahl!

Qualität 4

Du hast die Wahl zu denken

Die Wahl zu denken: Eine Möglichkeit oder eine Alternative, die weit darüber hinausgeht, lediglich Entscheidungen zu treffen.
Die Erfahrung, voll freudiger Erregung auf Unbekanntes zuzugehen, keine Angst vor dem Unbekannten zu haben.
Verursachen.
Erschaffen.
Überleben.

Wahl bedeutet, frei auszuwählen. Sie ist intuitiv. Sie ist überlegt. Sie kommt von Dir. Vielleicht wird sie von Gründen gespeist, die Du gar nicht kennst. Sie ist Freiheit in diesem Augenblick, ohne Gründe.

Die Entscheidung hat Gründe, sie ist vorbestimmt und vorhersagbar. Sie kommt von außen. Sie entsteht aus Betrachtungen von anderen, Rücksichtnahmen auf andere; sie bringt Verantwortlichkeiten und Verpflichtungen mit sich.

Solange wir leben, bestimmen immer unsere Gedanken unsere Beziehungen. Ursprünglich ist unser Denken schöpferisch. Nach und nach werden wir erwachsen, und **wir gehen Schritt für Schritt vom schöpferischen Denken zu defensivem Denken über. Wir hören auf, frei auszuwählen. Schließlich wählen wir nur noch das Überleben**.
Die Wahl, lediglich zu überleben, treffen wir meist sehr früh; etwa dann, wenn wir mit unserer Umgebung anscheinend nicht erfolgreich genug zurechtkommen und kritisiert werden. Wir fangen an, uns Gedanken zu machen wie: »Ich bin nicht gut genug«, »Ich bin im Unrecht«, oder »Ich bin nicht in Ordnung«. Die Liste solcher Gedanken ist lang, und Du kannst sicher Deine eigenen hinzufügen.

Eine lange Folge solcher negativer Gedanken bringt uns unweigerlich in einen Zustand, der es uns unmöglich macht, eine innere Wahl zu treffen. **Statt uns mit dem Leben durch bewußte Gedanken zu verbinden, erschaffen wir Verhaltensmuster, um das Leben zu vermeiden.**

Die Seminare und Kurse von TNI zeigen immer wieder, daß wir unsere Macht zurückgewinnen können, indem wir die innere Wahl treffen zu denken. Diejenigen, die diese Wahl jetzt treffen, nehmen sehr viel stärker wahr, wenn andere ihr gesamtes Leben damit verbringen, Verlust und Unbequemlichkeit zu vermeiden.

❍ Die Wahl zu denken ist gleichbedeutend mit der Wahl zu leben. Es ist das, was uns als Mensch einzigartig macht.

Die Entscheidung, Denken zu vermeiden, ist eine Entscheidung für Krankheit und Tod. Es bedeutet, sich dafür zu entscheiden, die Gedanken anderer zu denken. Es bedeutet, nur ein Anhängsel im Leben eines anderen zu sein.

Wenn Du wählst, als eigenständiges Wesen zu denken, zeigst Du folgende zehn Eigenschaften:

1. Du bist Dir klar über Deine Vergangenheit, Gegenwart und Zukunft. Du bevorzugst Klarheit gegenüber nur vagen Vorstellungen von Dir selbst.
2. Du schätzt Freiheit, und Du erlebst sie als Verantwortlichkeit. Du setzt sie niemals ein als einen Freibrief gegen andere.
3. Du übernimmst die volle Verantwortung dafür, alle Ergebnisse in Deinem Leben selbst zu erschaffen und zu erhalten. Du spielst nicht das Opfer, jammerst nicht, klagst nicht an und hältst auch nicht Ausschau nach jemandem, der Dein Leben für Dich erschafft.
4. Du strebst nach dem Höchsten in Dir und spielst das Spiel des Lebens mit hundertprozentigem Einsatz. Du bist bereit, etwas zu riskieren, statt auf Sicherheit zu setzen, in der Komfortzone dahinzudämmern und nur so zu tun, als würdest Du am Leben teilhaben.

5. Du bewegst Dich ständig in der Gegenwart. Du strebst nach Vollendung und verzeihst lieber, als an toten oder zugrundegehenden Beziehungen festzuhalten. In der Gegenwart zu sein ist Dir wichtiger als die Vermeidungsspiele zu verewigen, die voller Groll dem Vergangenen verhaftet sind.

6. Du hast langfristige Beziehungen. Du wählst, zu vertrauen und zu akzeptieren, daß sich Deine Beziehungen ständig verändern. Du siehst, daß dieser Wandel wertvoll und natürlich ist.

Wandel und Veränderung sind Dir wertvoller als eine Unmenge kurzfristiger Beziehungen, die Du verläßt, sobald die geringsten Unbequemlichkeiten auftauchen oder die Du zerstörst, bevor sie sich verwandeln können.

7. Veränderung regt Dich an. Du erlebst Wandel als die Fähigkeit zu bewußter Erfahrung jenseits von festen Formen. Das Gegenteil davon würde bedeuten, Veränderung zu fürchten, Dich gegen sie zu sperren und defensiv zu sein, weil Du Veränderung als das »Ende« erlebst.

8. Du bist mutig und authentisch. Du hältst Deine ethischen Überzeugungen und Deine Ehre auch dann aufrecht, wenn sie bedroht werden. Du bist nicht auf unehrliche Weise »nett« aus Angst. Du weißt, daß Deine Wahrheit das Tor zu Deiner Zukunft ist.

Du bist mutig und authentisch, statt Deine Macht an andere abzugeben oder Dich in beliebigen Meinungen, in Glaubenssätzen und Gefühlen zu verlieren oder aber an einem chronischem Gefühl von Minderwertigkeit und Hilflosigkeit zu leiden.

9. Du gehst die innere Verpflichtung ein, nach dem Höchsten zu streben und Meisterschaft in allem zu erlangen, was zu tun Du Dir aussuchst. Du weißt Deine Fähigkeiten zu schätzen und erkennst auch die Fähigkeiten anderer an.

Du bist das Gegenteil derer, die – bar jeder eigenen wirklichen Fähigkeit, Übung oder Erfahrung, bar jeglichen Verständnisses – andere richten und »ins Unrecht setzen«. Du unterscheidest Dich von all jenen, für die es nur anstrengend und ermüdend ist, etwas zu lernen und sich Fähigkeiten anzueignen, statt dies mit Leidenschaft und Erregung zu tun.

10. Du vertraust Deinem Körper, Deinem Verstand, Deinem Geist und Deiner Umgebung. Du weißt, daß Zweifel sich immer dann in »Selbstvertrauen« verwandelt, wenn Du bereit warst, ihn vollständig zu durchleben.

Du erkennst, daß diejenigen, die es vorziehen, nicht zu denken, Angst haben: Angst vor sich selbst, Angst vor anderen und Angst vor den »größeren Mächten«, von denen sie glauben, beherrscht zu werden. Du weißt, daß sie sich damit dem Unvermögen ausliefern und eher zu »blindem Vertrauen« neigen als zu Selbstvertrauen.

Das Leben konfrontiert uns ständig mit Alternativen. **Die Wahl, die wir treffen, bestimmt unsere Selbstwahrnehmung.**

Wir Menschen sind die einzigen Lebewesen, die in der Lage sind, unseren eigenen Verstand, unsere Intelligenz und Lebendigkeit zu verleugnen und zu verraten.

Das Ausmaß, in dem wir unseren Verstand trainieren oder ihn verneinen, bestimmt nicht nur unsere Beziehung zu uns selbst, zu unserer Familie und dem Land, in dem wir leben. Es beeinflußt letztendlich auch die Lebendigkeit der gesamten Menschheit und dieses Planeten.

Wahl ist Schöpfung. Sie verkörpert das Leben selbst. Wir haben die Freiheit, zu sein, wer immer wir sein wollen, wenn wir uns erst der Möglichkeit der Wahl bewußt sind. Wir können wählen, uns selbst zu modellieren, genauso, wie wir aus einem Gesteinsbrocken eine Statue heraushauen können. Uns steht dabei sämtliches Gestein zur Verfügung. Wir können ebenso einen Christus modellieren, wie einen Hitler oder einen Gandhi, ein unbewußtes Opfer oder einen bewußten Schöpfer.

Unsere Aufgabe ist es, die unerwünschten Gesteinsbrocken zu beseitigen und auf unser bewußtes Selbst in unserem Innern zu hören: wie es danach schreit, verwirklicht zu werden und sich der Welt zu zeigen. Wenn wir diese Aufgabe nicht annehmen, leben wir weiter - wie Unkraut und Treibholz als unbewußte Opfer - auf die zweifelhafte »Gnade« unserer Umgebung angewiesen.

❍ Du mußt die Gesteinsbrocken beseitigen.

❍ Du mußt Schicksal und Vorsehung überwinden.

❍ So wie ein Bildhauer mit seinen Händen arbeitet, mußt Du wählen und Deinen Verstand einsetzen, um Dein bewußtes Selbst zu erschaffen.

❍ Du bist schöpferisch, kein Spielball, der der Gnade fremder Mächten unbewußt ausgeliefert ist.

Jeder von uns ist ein fähiges, schöpferisches Wesen mit dem Potential, ein schlechter Ehepartner oder ein wundervoller Liebhaber zu sein, ein ernster Geliebter oder ein fröhlicher Begleiter, ein gewöhnlicher Felsbrocken oder ein großes Kunstwerk. Alles steht jedem von uns zur Verfügung. Es steht Dir zur Verfügung! Sei wachsam und bewußt!

Unsere Gehirne empfangen ununterbrochen eine unüberschaubare Anzahl von Gedanken. Diese Gedanken sind bereits vorhanden, d.h., sie existieren im Jetzt, gleichzeitig, außerhalb unseres Gehirns. Wir filtern diese vielen Gedanken und legen fest, welche wir erschaffen und gezielt verursachen wollen.
Wenn wir uns für die bewußte Wahl entscheiden, gehen wir über das landläufige Verständnis hinaus. Wir bewegen uns hin zu einer Alternative, die über Entscheidung hinausgeht.
Die Wahl, unsere Beziehungen zu erschaffen, schließt auch die Bereitschaft ein, über das hinauszugehen, was wir nur für uns selbst wollen. Sie beinhaltet eine innere Verpflichtung, unsere eigenen Begrenzungen und Barrieren zu überschreiten.

❍ Innere Verpflichtung hängt untrennbar mit Wahl zusammen. Das bedeutet innere Verpflichtung ohne Anstrengung und Mühe.

Für Spaß, Verspieltheit und erfüllende Beziehungen, die nirgendwohin zu gehen scheinen, bekomme ich wenig Unterstützung von außen. Statt dessen werde ich ermutigt, bedeutungsvolle, ernsthafte, mit Verpflichtungen überladene Beziehungen einzugehen, die irgendwohin führen. Meine Wahl, mich so zu beziehen, wie ich es tue, wird dauernd in Frage gestellt und herausgefordert – für mich ist sie jedoch die Lebendigkeit selbst. Es ist meine Erfahrung und es funktioniert gut für mich, meine Freunde und meine Geliebten.

Die Wahl zu denken bringt Dir geistige Klarheit und sichere Orientierung. Du ziehst es vor, etwas zu wissen, statt zu glauben.
Mein Sohn Jason weiß, daß ich sein Vater bin. Er denkt nicht darüber nach. Es steht außer Frage, außer Betrachtung, außerhalb von Wertung. Wir sind sicher, Vater und Sohn zu sein. Deshalb haben wir Probleme und Ziele, die aus diesem speziellen Zusammenhang entstehen. Wir sind bereit, sie zu haben und genießen sie im Zusammenhang unserer Beziehung. Wir sind sicher. Glaube ist nicht nötig.
❍ Wenn Du durch Deine eigene Erfahrung Wissen erlangst, gehst Du über Glaube hinaus.

Wenn Du Dich in Deinen Beziehungen von Glaube zu Wissen bewegst, verschwinden 90 % Deiner Probleme. Die Probleme, die übrigbleiben, können ohne Anstrengung und Mühe gelöst werden.
Glaube ist nur dann vonnöten, wenn Erfahrung fehlt, wenn Sicherheit fehlt.

Glaubst Du an...

❍ Gott?
❍ Ehe?
❍ Demokratie?
❍ Liebe?
❍ UFOs?
❍ Politik?
❍ Astrologie?
❍ Vitamine?

Wenn Du einmal die Wahl getroffen hast zu denken und etwas wirklich erfahren hast – zum Beispiel Gott –, transzendierst Du Deinen Glauben. Du gehst über die Form hinaus, Du gehst über das, was organisierte Religion, was Gurus, Priester, Rabbis und Minister Dir erzählen, hinaus.

Du überschreitest den Durchschnitt, verläßt den Einzelhandel und bekommst »es« en gros.

Unmittelbare Erfahrung führt Dich direkt zu Gott, und Du kennst Gott, wie Du Dich selbst kennst.

Glaube ist nicht mehr nötig.

Dann hat es keinen Einfluß mehr auf Dich, wenn Dir jemand erzählt, daß es Gott nicht gibt.

Niemand stürzt Dich mit seiner Logik, seinen zusammengeschusterten Rationalisierungen oder angedeuteten wissenschaftlichen Fakten in Unsicherheit.

Das gleiche gilt für Liebe, für Freundschaft und Freude. Du bist jenseits vom landläufigen Verständnis, jenseits von Entscheidung, von Glauben, Institution, Biologie und Form. Niemand kann Dich davon überzeugen, daß Deine unmittelbare Erfahrung nicht existiert.

Viele Menschen treffen keine klare Unterscheidung zwischen der unmittelbaren Erfahrung selbst und der Erinnerung daran.

Wir sollten das tun! Es ist der Unterschied, der etwa darin besteht, ob man jemanden liebt und ihm das sagt oder aber, ob man aus der Erinnerung heraus lebt, ihn einst geliebt zu haben.

Die Wahl zu denken bedeutet:

❍ buchstäblich Schöpfung. Sie ist metaphysisch, formlos, leicht, unbeschränkt und grenzenlos.

❍ anzuerkennen, daß Gedanken metaphysische Dinge sind, die die Macht haben, Materie zu erschaffen oder zu zerstören.

❍ die Verpflichtung, schöpferisch zu sein, bereit zu sein, jede Form anzunehmen, die nötig ist, um Beziehungen aufzunehmen und darin zu sein.

❍ die Bereitschaft, überhaupt etwas zu sein.

Mit dieser Erkenntnis von Gedanke und Schöpfung sind alle Beziehungen möglich, perfekt und verfügbar. Alles ist bereits vorhanden; alle Beziehungen existieren bereits. **Aus diesem Grund wirst Du jegliche Beziehung, die Du wählst, auch haben. Aus diesem Grund hast Du genau die Beziehungen, die Du jetzt hast**. Du wählst sie – auch die zukünftigen.

Ob Dein Gedanke bewußt oder unbewußt ist, immer triffst Du die Wahl. Auch wenn Du Dir der Schöpfung Deiner Beziehungen nicht bewußt bist, heißt dies nicht, daß Du sie nicht erschaffst. Du wählst sie einfach unbewußt, und Du wirst mit großer Wahrscheinlichkeit fortfahren, unerwünschte, unbefriedigende Beziehungen zu erschaffen, wenn Du nicht die Wahl triffst zuzuhören – bewußt dem zuzuhören, was ich Dir zu sagen habe.

Wir neigen dazu, an unseren Glaubenssätzen und Entscheidungen festzuhalten. Wir glauben daran, auf diese Weise »realistisch« zu sein. Jedoch ist alles, was als »realistisch« definiert wird, bereits geschehen.

Es ist somit bereits Teil der Vergangenheit geworden. Wenn Du sagst: »Laß uns realistisch sein!«, »Laß uns vernünftig sein!«, geht es Dir um Zustimmung zu Deinen Glaubenssätzen, Entscheidungen, Deinem Realismus, Deinem Standpunkt, Deinen vergangenen Erfahrungen. Diese Haltung läßt wenig Raum für Veränderung. Sie verhindert ein Gegenwartsbewußtsein.

In einer auf Vernunft gegründeten Beziehung zu sein bedeutet zugleich, in einer toten Beziehung zu sein. Es ist nicht nur begrenzt und einschränkend, es ist auch verdammt langweilig.

❍ Wenn Du aus Deinen Überzeugungen heraus handelst, aus dem »Vernünftigsein«, dann handelst Du immer auf Grundlage der letzten Lüge.

Vernünftige Menschen sind Lügner. Sie sind unehrlich. Vernünftige Beziehungen sind deshalb verlogen. Wegen dieser Unaufrichtigkeit passiert es, daß sie auseinanderfallen. Sie lassen dabei genug Anklagen zurück, um die Überzeugungen und Vernunft ihrer Teilnehmer zu befriedigen. Beziehungen, die auf Überzeugung und Entscheidung aufgebaut sind, verändern sich einfach so: Heirat, Scheidung, Heirat, Scheidung. Heirat und Scheidung ereignen sich gemäß der Veränderung der beteiligten Personen innerhalb der jeweils gegebenen Form.

Beziehungen, die nicht auf Überzeugungen und Vernunft gegründet sind, sondern auf innerer Wahl beruhen, sind schöpferisch. Hier findest Du Liebende, Freunde und Begleiter. Die Menschen, die daran teilhaben, **erschaffen neue Formen** und verändern sich mit ihnen.

Beobachte Kinder, denn auch Du hattest einst ihr Bewußtsein. Sie werden eines bestimmten Spiels müde, aber sie wählen mit den gleichen Spielgefährten ein neues Spiel. Die Spielgefährten sind ihnen wichtiger als das Spiel.

Wenn Erwachsene keine Lust mehr haben, ein bestimmtes Spiel wie zum Beispiel das Ehe-Spiel oder Liebhaber-Spiel zu spielen, wählen sie geschieden, verlassen oder fallengelassen zu werden. Egoistischerweise schätzen wir das Spiel mehr als diejenigen, mit denen wir es gespielt haben.

Die Wahl zu denken beinhaltet:
- ❍ erschaffen
- ❍ wissen
- ❍ hervorbringen
- ❍ erneuern
- ❍ erfinden
- ❍ mitteilen.

Nimm etwas Neues wahr an dem, was Du bereits kennst, etwas, das Du zuvor noch nicht bemerkt hast!
Hör genau hin und stelle Dir alle Deine Beziehungen bildlich vor als schöpferische Umgebungen und Räume, die für Dich etwas Neues bieten – etwas, das Du vorher nicht sehen konntest, was Du aber verstehst und weißt!
Dann verändern sich die Spiele und Formen – die Menschen in den Beziehungen bleiben und der Wandel geschieht.
In einer Beziehung zu sein, ohne zu wählen, ist wie Auto zu fahren, ohne zu wissen, wie es geht. Du hast einen Unfall nach dem anderen und gibst die Schuld dem Auto oder den anderen Fahrern. So ergeht es Dir dann auch mit Deiner Beziehung. Du fängst an, lange ermüdende Erklärungen für Deine Unfälle abzugeben. Etwa solche:
- ❍ »Ehe funktioniert eh nicht!«
- ❍ »Ich bin unfähig, wirkliche Nähe zuzulassen!«
- ❍ »Es ist hart, ein Teenager zu sein!«
- ❍ »Es ist noch schwieriger, Vater oder Mutter zu sein!«
- ❍ »Ich bin ein Opfer meiner Scheidung!«
- ❍ »Ich bin ein Sexualpartner, der benutzt und mißbraucht worden ist!«

Die Liste wird ständig länger, oft durch ebenso detaillierte wie langweilige Einzelheiten. Ohne die Wahl zu denken hast Du nur die Wahl, ein Opfer zu sein. Solange Du nichts tust, dies zu verändern, wirst Du immer das Leben eines anderen leben. Du wirst immer ein Statist oder ein Requisit im Film eines anderen sein.

Die Wahl zu denken erlaubt Dir, die Unterscheidung zu treffen zwischen:

❍ unmittelbarer Erfahrung und der Erinnerung an Erfahrung,

❍ Wissen und Bildung,

❍ einem Buch und einem meisterhaften Lehrer,

❍ bewußter, absichtsvoller Kommunikation und dem Wunsch, sich mitzuteilen,

❍ mit den Menschen zusammen zu sein, die Dich erschaffen haben und – »Deine Eltern« zu besuchen.

Wenn verheiratete Männer gefragt werden: »Liebst Du Deine Frau?«, werden sie meist antworten: »Ja, ich liebe meine Frau!«

Was sie aber in den meisten Fällen wirklich meinen, ist: »Ich lebe mein Leben gemäß der Erinnerung daran, meine Frau geliebt zu haben.« Oder noch nichtssagender: »Ich lebe mein Leben in Übereinstimmung mit den zufälligen, vergangenen Erfahrungen, mit meiner Frau das Leben genossen zu haben!«

Nimm wahr, wie vernünftig es wirkt, wie tot es ist. Unglücklicherweise endet diese Art von Vereinbarung meist mit: »Ich lebe mein Leben entsprechend meiner Überzeugung: Ich liebe Dich. Die unmittelbare Erfahrung davon ist selten und ich treffe die Wahl, beides nicht voneinander zu unterscheiden!«

Dein gesamtes Leben wird von der Erinnerung an eine Erfahrung beeinflußt. Dies führt zu

❍ Schuldgefühlen,

❍ Du erlebst es als anstrengend und mühsam, in einer Beziehung zu sein.

❍ Du fühlst Dich festgefahren, Du hast das Gefühl, am falschen Platz zu sein.
❍ Du bist kritisch und richtend.

Deinen Beziehungen mangelt es an:
❍ Integrität
❍ Lauterkeit
❍ Mitgefühl
❍ Wertschätzung
❍ Freude und Lebendigkeit.

Die nächste Frage, die Dir in den Kopf kommt, sollte sein: »Wie kann ich mehr unmittelbare Erfahrung haben?«
Die Antwort mag nicht leicht sein. Aber sie ist einfach.
❍ Du triffst die Wahl, Deine Beziehungen zu erschaffen, bis Du in der Lage bist, kontinuierlich und bewußt zu wählen.

Du wirst herausfinden, daß diese Art zu leben nicht immer sehr beliebt ist. Die Opfer unserer Gesellschaft haben einen Namen für die Kehrseite von Wahl. Sie nennen sie **Ablehnung**.
Die Alternative ist einfach. Entweder wählst Du einen Menschen, der immer da ist und auf Dich wartet, oder Du riskierst etwas und wählst einen Menschen, der lebendig ist und der Dir nicht die ganze Zeit zur Verfügung steht, weil er auch damit beschäftigt ist, sein Leben zu genießen.
Es ist leicht, sich in der Erinnerung an Erfahrungen zu verlieren. Du liest zum Beispiel im Restaurant eine Speisekarte, und Du rufst Dir den Genuß eines bestimmten Gerichtes in Erinnerung, das Du schon einmal woanders gegessen hast. Du bestellst es, obwohl dieses Restaurant für ganz andere Spezialitäten bekannt ist, und glaubst, daß es immer so gut schmecken muß und bist dann von der schlechten Qualität enttäuscht.

Leider betrachtet der größte Teil der Menschheit das Leben als ein sehr bescheidenes Menü, das den meisten auch noch viel zu teuer ist. Sie bestellen nicht einmal, sondern lesen nur die Speisekarte.
Dies ist leider die Wahrheit für all diejenigen, die sich nicht für »das Leben als Festschmaus!« entschieden haben.

Triff die Wahl, den Unterschied zwischen der Speisekarte und der Speise kennenzulernen.

Ab so etwa dem 40. Lebensjahr beherrscht bei den meisten Menschen die Erinnerung an Erfahrungen die unmittelbare Erfahrung selbst. Schließlich wird fast jede unmittelbare Erfahrung unter der Erinnerung an Erfahrung begraben.
Nur wenige der Menschen, die Dir begegnen, sehen neu und frisch aus. Alles scheint ihnen gleich oder ähnlich. Kreativität verschwindet. Wenn Du nicht bewußt die Wahl triffst, zu denken und durch Erfahrung zu wachsen, wirst Du Dich bald in den Reihen der aufrecht wankenden Toten wiederfinden.
Sobald ich bei mir feststelle, daß mir das mal wieder passiert ist, wage ich den Sprung: finde eine neue Karriere, eine neue Geliebte, ein neues Zuhause. Das letzte Mal war es der Umzug nach Europa. Die meisten meiner Freunde runzelten ungläubig die Stirn. Ich aber lächelte aus Freude an wirklicher Erfahrung.
Um es einfach zu sagen: alle Speisen dieser Welt stehen Dir zur Verfügung, falls Du sie wählst. Lebendige Beziehungen und Deine Fähigkeit, sie zu erschaffen, gehen immer Hand in Hand.
Es ist Deine Wahl.

Selbstentdeckung

Qualität 4
Du hast die Wahl zu denken

Die Wahl zu denken: Eine Möglichkeit oder eine Alternative, die weit darüber hinausgeht, lediglich Entscheidungen zu treffen.
Die Erfahrung, voll freudiger Erregung auf Unbekanntes zuzugehen, keine Angst vor dem Unbekannten zu haben.
Verursachen.
Erschaffen.
Überleben.

1. Zähle drei wichtige Begebenheiten auf, in denen Du die Wahl getroffen hast zu denken.

____

____

____

Erlebe Deine Macht und Deine Bereitschaft zu überleben.

2. Reagierst Du noch immer auf das Gefühl, nicht gut genug zu sein?

❍ nein ❍ ja, wenn ja, wann?

Erlaube Dir, Dich zu beurteilen.

3. Wann fühlst Du Dich reaktiv in Deinen Beziehungen und Deiner Umgebung?

Akzeptiere nun, daß Du der Grund dieser Wirkungen auf Dein Leben bist.

4. Wann glaubst Du, **ein Opfer der Umstände** zu sein?

Akzeptiere nun, daß Opfersein ein Konzept ist, das Du erschaffen hast.

5. In welchen Beziehungen befindest Du Dich aufgrund Deiner **bewußten Wahl**?

6. Zähle auf, was Du in Deinen Beziehungen auf der **physischen Ebene** bereit bist zu erschaffen; z.B. bezüglich Deiner körperlichen Erscheinung, einem Auto, dem Zuhause, dem Geld etc.

7. Zähle auf, was Du in Deinen Beziehungen auf der **Ebene von Fähigkeiten** bereit bist zu erschaffen; z.B., zu Hause, bei Deiner Arbeit, beim Spiel, beim Sex...

8. Zähle auf, was Du in Deinen Beziehungen auf der **Bewußseinsebene** bereit bist zu erschaffen; z. B. bist Du empfindsam, lustig, vertrauensvoll, spirituell, unterstützend? etc.

9. Wähle bewußt, die entscheidende Macht in Deinem Leben zu sein, wähle bewußt, zu denken und zu überleben. Formuliere nun diese Wahl mit Deinen eigenen Worten!

Qualität 5

Unterstützung und Anerkennung

Wie fast alle machte ich meine erste Erfahrung des Unterstütztwerdens mit meiner Mutter. Sie war eine klassische italienische Mama, die gut für mich sorgte. Auch mein Vater sorgte gut für uns. Ich mußte mich nie um irgendetwas kümmern; es war alles da. Bis heute liebe ich es, wenn für mich gesorgt wird, solange dies nicht mit mütterlicher Kontrolle verbunden ist.

Seit meiner Kindheit hatte ich viele Geliebte, die alle auf gewisse Art für mich da waren und mich unterstützten. Mit den meisten bin ich noch immer befreundet. Sie wurden zu Geschäftspartnerinnen, Freundinnen und Vertrauten.

Wenn jemand, ob Frau oder Mann, für mich da war, so vergesse ich das nie. Nicht einmal von Leben zu Leben. Unterstützung überdauert Zeit. Ich liebe jene, die für mich da gewesen sind, erkenne sie an und bleibe in Kontakt mit ihnen.

Es ist unmöglich, hier all die Geschichten wiederzugeben. Es gibt verschiedene Männer und Frauen, die für mich da waren und mit denen ich noch immer in Verbindung stehe: Michael, der seine eigene Sicherheit riskierte, um sicherzustellen, daß ich in der Lage war, für meine sterbende Frau zu sorgen. Veeresh und Vinny, die über Tausende von Meilen hinweg für mich da waren, als 1979 »Kollegen«

in New York dabei waren, mich fertigzumachen. Elaine, die mich in ihr exklusives soziales Netzwerk aufnahm und mich während meiner Scheidung bemutterte. Tina, die mich und Jason liebte und für uns sorgte trotz der Feindseligkeit, die ihre Familie ihr dafür entgegenbrachte. Neil, der mich immer darin unterstützt, ich selbst zu sein. Geri und Fonda, die weit mehr für mich waren als persönliche Assistenten. Kat in Atlanta, die fröhlichste Person, die ich kenne. Sandra in London, die großzügigste Menschin, die ich kenne. Vikki Fray, meine schwarze Mutter, die mir schrieb, als ich einsam und verängstigt im Knast saß. Bo, der TNI Skandinavien erschaffen hat. Wilbert, der die Arbeit in den Staaten fortführt. Arjava, der TNI Deutschland aufgebaut hat, Hala und Ayman, die mich in ihre Familie aufgenommen haben. Jerry, mit dem ich großartige Segelabenteuer im Golf erlebte.

Die Hunderte von Freunden und Geliebten in der Humaniversity, im Phoenix House und Habilitat. Howard »Slick« Josepher, der immer ein Gleichgesinnter ist. Gandha, die mich perfekt dupliziert. Meine Schwester Roberta, die all die Schläge zu Hause einsteckte. »Michael« Hughes, mein spiritueller Führer, der in diese Zeit zurückkehrte, um mich für das Jenseits zu erwecken. Baba Muktananda, mein spiritueller Meister, der mich für die Liebe öffnete, der mich lehrte, daß ich meine gesamte Existenz erschaffe und der mir aufgab, meine Sucht fallenzulassen. Chuck Dederich, mein erster Lehrer, der auf meinem »Fels« herumhämmerte und mich für andere Lehrer öffnete. Osho Rajneesh, mit dem ich zutiefst verbunden bin durch seine wundervollen Sannyasins. Pribram, Watts, Maslow, Perls. Und mein Sohn Jason, der weiterhin mein bester Lehrer ist.

Ich will hier ganz besonders all den TNI-Ausbildern und -Vertretern in der ganzen Welt meine Anerkennung zollen. Ihr seid wahrhaft »spirituelle Helden«, ohne Euch wären wir nichts. Ihr seid der Wind unter unseren Schwingen, durch Euch fliegen wir!

Viele andere, viele Leben, viele Formen, viele Wirklichkeiten, ich liebe Euch alle!

Qualität 5

Unterstützung und Anerkennung

Unterstützung: Anderen dienen, etwas zukommen lassen, anderen Hilfe leisten, ihnen Unterstützung gewähren, ohne zu urteilen, ohne zu werten – ein zeitloser Akt.

Anerkennung: Die Fähigkeit, bewußt wahrzunehmen und öffentlich mitzuteilen, was und wen Du schätzt. Die Menschen wahrnehmen, die zu Deinem Leben beitragen.

Es gibt viele Gründe für eine Beziehung. Egal, was auch immer die Gründe für die Beziehungen in Deinem Leben sein mögen, Du hast beides erschaffen: die Beziehung und den Grund. Du hast sie erschaffen.

❍ Sei Dir bewußt darüber, daß die Gründe sich verändern werden.

❍ Sei Dir klar, daß Du immer wieder verwirrt und aufgebracht sein wirst, wenn Du das nicht wahrhaben willst.

Menschen verändern sich, besonders diejenigen, die bewußt, intelligent und lebendig sind. Auf lange Sicht wird sich jeder Grund für Deine Beziehung mit anderen Menschen verändern. Mit einer Ausnahme: **Unterstützung ist die Qualität, die eine lebendige Beziehung auf Dauer erhält, wenn sie bewußt gegeben und empfangen wird.** Die klassischen Gründe, eine Beziehung einzugehen, sind Romantik, Geld, Macht, Jugendlichkeit und Sex. Alle diese Gründe haben ihren

Wert. Sei Dir jedoch bewußt, daß sie ihre Anziehungskraft mit der Zeit verlieren. **Erwarte nicht, daß sie ewig dauern**. Genieße sie einfach. Und wenn sie anfangen zu verblassen, sei dankbar, daß Du sie erleben durftest. Halte nicht daran fest.

Unterstützung bedeutet auch »füreinander zu sorgen«. Unterstützung ist weit wichtiger als all die Gründe für Beziehungen, die in Kneipen, in persönlichen Kleinanzeigen oder Partnerschaftsvermittlungen immer wieder auftauchen.

Unterstützung ist das, was in Deinen Beziehungen letztendlich von bleibendem Wert für Dich ist.

❍ Erkenne, daß Unterstützung der einzige Grund ist, der überdauern wird. Sie ist das verbindende Element einer langdauernden Beziehung.

❍ Lerne, daß Unterstützung einer Beziehung ihren wahren Wert verleiht.

❍ Sei Dir klar darüber, daß alle anderen Gründe nicht überdauern werden. Sie werden sich wandeln, so wie Du Dich wandelst und wie auch Deine Partner sich wandeln.

Wenn alle anderen Gründe nach und nach wegfallen oder hinfällig werden, achte auf Deine Gefühle! Wenn Du Dich aufregst oder sitzengelassen fühlst und voll Wut und Ärger bist, dann versuchst Du, Dich an etwas festzuhalten, was es gar nicht mehr gibt. Sei dankbar dafür, daß Du es mit diesem Menschen erleben durftest, wie kurz oder lange es auch immer war. Und wenn ihr füreinander da wart, euch gegenseitig unterstützt habt, werdet ihr immer Freunde bleiben. Sorge dafür, daß Unterstützung – ebenso wie deren Anerkennung und Wertschätzung – in allen Beziehungen vorhanden ist, die Dir wichtig sind.

Anerkennung zu geben verwandelt Deine Erfahrung mit Dir selbst und mit Deinen Beziehungen.

Wenn Du Deine Eltern als Ursprung und Quelle Deines Lebens und Deiner Lebendigkeit anerkennst, wirst Du selbst lebendiger. Sie machten

Dir das größte Geschenk, das Du je erhalten hast: Deine Lebendigkeit. Sie gaben Dir Deine Fähigkeit, zu sehen, zu riechen, zu schmecken, zu berühren, zu fühlen und zu denken. Sie gaben Dir alles.

Anerkennung zu geben ist das Geheimnis allen Fortschritts. Denn wenn Du anerkennst, wo Du bist, bist Du dort schon nicht mehr. Es liegt in der Natur des Bewußtseins, sich weiterzubewegen. Je schneller Du Dich weiterbewegst, um so schneller schreitest Du fort.

Sobald Du beginnst, Deine Mutter und Deinen Vater als Deine Schöpfer anzuerkennen, hören sie auf, sich wie Eltern zu verhalten; sie werden zu Deinen ältesten und besten Freunden.

Der Wunsch nach Befriedigung ist sicherlich das häufigste Motiv für Beziehungen. Eine hervorragende Gelegenheit, sich diese Befriedigung zu erschaffen, liegt darin, sich gegenseitig bewußt zu unterstützen und füreinander zu sorgen.

Jemandem zu dienen bietet die Chance,

- ❍ zu geben
- ❍ zu ermutigen
- ❍ zu helfen
- ❍ zu unterstützen
- ❍ zu nähren
- ❍ zuzustimmen
- ❍ und für all dies Anerkennung zu zollen.

Zu den unbewußten, einschränkenden Programmen und Konditionierungen, mit denen viele von uns zu tun haben, gehört es, Unterstützung negativ zu erleben, als eine Form von Sklaverei. Dadurch verpassen wir die Chance, Befriedigung zu erfahren.

Wenn wir diesem Dilemma innerlich verhaftet sind, ist Unterstützung gleichbedeutend damit, für jemanden zu arbeiten, Pflichten erfüllen und gehorchen zu müssen, benutzt zu werden, für jemanden Leistung erbringen zu müssen, ja oft sogar, gegen den eigenen Willen mit dem anderen schlafen zu müssen. Sobald Du Dir aber klar machst, daß bewußtes Dienen Befriedigung, Erfüllung und Vergnügen schafft, wirst Du dies auch erleben. Du wirst es niemals als selbstverständlich voraussetzen, noch wirst Du es unbemerkt vorüberziehen lassen.

Wenn Unterstützung auf negativen Glaubenssätzen und Erfahrungen aus der Vergangenheit beruht, zeigt sich das in Deinen Beziehungen auf folgende Art und Weise:

1. Du fühlst Dich anderen unterlegen. **Du erlebst, daß Du nicht in der Lage bist, eine ebenbürtige Beziehung einzugehen**.

2. Du erlebst, daß Du gerade noch gut genug bist, für jemanden zu arbeiten, nicht aber mit ihm.

3. Du respektierst, liebst und bewunderst die Menschen, für die Du arbeitest, meistens nicht.

4. Du bist voller Groll gegen Deine Pflichten, statt sie als selbstgewählte Verantwortlichkeiten zu begreifen.

5. Du bist ängstlich und gehorsam, statt bereit und unterstützend zu sein.

6. Du machst Deiner Familie, Deinen Freunden und Geschäftskollegen ständig etwas vor. Du gibst vor, so zu sein, wie Du denkst, daß sie Dich haben wollen. Du bist nicht bereit, das Risiko einzugehen, so akzeptiert zu werden, wie Du bist.

7. Du dienst Menschen in Autoritätspositionen, weil Du in Angst vor ihrer Kontrolle und Macht lebst, anstatt mit ihnen zusammen zu sein und von ihnen zu lernen, weil Du Dir dies ausgesucht hast.

8. Du orientierst Dich am Mangel statt am Wachstum.

9. Du erfüllst Deine Aufgaben so, daß es gerade reicht. Du erlebst es nie, gut oder manchmal gar großartig zu sein.

10. Im allgemeinen versuchst Du, zu erhalten und zu verteidigen, statt Dich neuen Erfahrungen zu öffnen und zu wachsen.

Solange Du Unterstützung durch die Brille negativer Glaubenssätze siehst, erschaffst Du Dir nichts als Isolation, Einsamkeit, Mangel, Langeweile und ein Gefühl von Ausgebranntsein – und schließlich größte Unzufriedenheit: **Unterstützung verwandelt sich in Leiden**.

Wenn Du dagegen Unterstützung in der Gegenwart bewußt erlebst, erfährst Du Dich auf gänzlich andere Weise:

1. Du trägst zur Lebendigkeit anderer und damit auch zu Deiner eigenen bei.
2. Du hilfst Menschen in dem Wissen, daß sie fähig, liebenswert und großzügig sind. Du hilfst ihnen, sich selbst so zu erleben, weil Du es ihnen mitteilst.
3. Du unterstützt Menschen darin, nach dem Höchsten in sich selbst zu streben, auch wenn sie sich ihrer eigenen Fähigkeit noch nicht bewußt sind.
4. Du ermutigst Menschen, die Du unterstützt, zu leben, Risiken einzugehen und frei zu werden – auch wenn sie anderes für sich wählen als Du.
5. Du nährst. Du teilst, was Du hast. Du weißt, daß von allem mehr als genug da ist.
6. Du dienst dem Menschen, der Dich für sich auswählt. Du begreifst, daß Dein Dienen für ihn eine persönliche Erweiterung darstellt.
7. Du bist bereit zu geben, weil Du Dir klar darüber bist, daß alles, was Du gibst, auch Dir gegeben worden ist.
8. Du bist denen, die Du unterstützt, ein Begleiter.
9. Du verbesserst und korrigierst, ohne daß dazu eine Genehmigung derer, die Du unterstützt, nötig wäre.
10. Du sagst »Ja« zu den Menschen, die Du unterstützt.
11. Du verzeihst denen, die Du unterstützt.
12. Indem Du andere unterstützt, machst Du besondere, außergewöhnliche Erfahrungen, *Gipfelerfahrungen* (nach einem Ausdruck von Maslow).

Erinnere Dich daran, daß alle anderen Gründe für eine Beziehung sich in dem Maße verändern werden, wie Du Dich selbst veränderst. Bedenke deshalb:

❍ Wenn Du eine sexuelle Beziehung eingehst: Was wirst Du tun, wenn Dein sexuelles Verlangen nachläßt?

❍ Wenn Deine Beziehung eine Quelle finanzieller Sicherheit darstellt: was machst Du, sobald Du unabhängig bist?

❍ Wenn Du Dich verliebst: was machst Du, wenn Du Dich wieder entliebst?

❍ Wenn es bei Deiner Beziehung um Geld geht, um Sex, Ansehen, Ruhm, Macht, eine Familie oder Wissen ...

Sei Dir klar darüber, daß sich all diese Gründe verändern können.

❍ Du hast vom Tag Deiner Geburt an Bedürfnisse und Wünsche. Du wirst sie immer haben. Nimm einfach wahr, was Du wirklich bereit bist zu haben.

❍ Vergegenwärtige Dir den dauernden Wert, der in der Unterstützung liegt und übe sie in Deinen Beziehungen.

Hier einige grundsätzliche Möglichkeiten, etwas für eine befriedigende Beziehung zu tun:

1. **Hör auf**, zu geben und zu verwehren. **Fang an**, zu unterstützen und zu empfangen!
2. **Erschaffe eine befriedigende Beziehung zu Dir selbst**, ehe Du dies von jemand anderem erwartest.
3. Denk daran: »sich zu verlieben« ist keine solide Basis für eine Beziehung – Unterstützung ist es.
4. Hör auf, »Dich zu verlieben«. Akzeptiere statt dessen die Botschaft »Ich liebe Dich« und sage damit: »Du hast mich dadurch unterstützt,

daß Du mich mit meinem liebevollen, fähigen Selbst in Kontakt gebracht hast. Dieses Selbst trifft jetzt die Wahl, Dich zu lieben!«

5. Erkenne den Beitrag und die Unterstützung der anderen zu Deinem Leben immer an und teile Deine Dankbarkeit mit.

Selbstentdeckung

Qualität 5
Unterstützung und Anerkennung

Unterstützung: Anderen dienen, etwas zukommen lassen, anderen Hilfe leisten, ihnen Unterstützung gewähren, ohne zu urteilen, ohne zu werten – ein zeitloser Akt.

Anerkennung: Die Fähigkeit, bewußt wahrzunehmen und öffentlich mitzuteilen, was und wen Du schätzt. Die Menschen wahrnehmen, die zu Deinem Leben beitragen.

1. Anerkenne vor Dir selbst und auch öffentlich immer wieder die Dinge und Menschen in Deinem Leben, die Du schätzt. Benenne jetzt einige.

2. Nimm wahr, wer Dich in der Vergangenheit unterstützt hat (Deine Mutter, Dein Vater, Deine Lehrer usw.). Erkenne ihren Beitrag zu Deinem Leben an.

Teile ihnen Deine Anerkennung mit!

3. Nimm ebenso wahr, wer Dich gegenwärtig unterstützt: Dein/e Partner/in, Dein Kind, Deine Freunde, Dein Arbeitgeber, Deine Angestellten, usw. Anerkenne ihren Beitrag zu Deinem Leben.

Teile ihnen Deine Anerkennung mit!

Qualität 6

Vertrauen und geistige Nähe

Ich bin dauernd auf Reisen und setze mich ständig Veränderung aus. Deshalb muß ich mir und anderen vertrauen können. Das Leben, das ich mir ausgesucht habe, kann ich ohne Vertrauen nicht leben. Ich verbringe mein Leben mit den Menschen, die ich mir aussuche. Das macht es mir leicht zu vertrauen. Ich vertraue zunächst immer so lange, bis es einen triftigen Grund gibt, es nicht mehr zu tun. Was ist die Alternative? Voller Angst zu sein? Skeptisch zu sein? Vertrauen bezieht sich auf alles, was Du im Augenblick tust. Es geht darum, Nähe und Verbundenheit zu spüren, ganz gleich wo und mit wem Du zusammen bist.

Irgendwann wurde mir klar, daß Menschen immer nur das tun, wozu sie in der Lage sind. Ich erkenne, daß meine Geliebte in der Lage ist, eine Liebesaffäre zu haben. Ich vertraue ihr und schließe diese Möglichkeit mit ein. Meine Freunde können sich von mir abwenden. Alles ist möglich.

Als ich mit Junkies und anderen Drogenabhängigen arbeitete, wurde mir klar, daß sie nicht die Wahrheit sagten. Sie erzählten »ihre« Wahrheit und waren auch wirklich überzeugt von dem, was sie sagten. Wenn sie etwas sagten, dann meinten sie es auch so. Dann, ein paar Augenblicke oder eine halbe Stunde später, fingen sie plötzlich an zu zweifeln, sie bekamen Angst und brachen ihr Wort. Bei Junkies und Alkoholikern kannst Du das oft beobachten. Es ist nicht gegen Dich persönlich gerichtet. Ich brauchte Jahre, um dies zu verstehen. Ich konnte stunden-, wochen-, ja sogar jahrelang mit ihnen arbeiten mit dem Gefühl, daß sie ihre Sache gut machten. Dann kam ganz überraschend ein Anruf mit der Nachricht, sie seien in irgendeinem Flur tot aufgefunden worden - gestorben an einer Überdosis.

So etwas traf mich tief im Herzen; es tat verdammt weh. Ich heulte und jammerte, konnte nicht schlafen, machte mir Vorwürfe, war verwirrt und brannte innerlich aus, bis ich eines Tages verstand, daß das mein Ego war. Alles, was sie taten, war eben, sich wie Junkies und Alkoholiker zu verhalten. Ich weiß jetzt, daß Vertrauen auf die Gegenwart gerichtet ist. Der Fehler, der Irrtum ist, in die Zukunft zu vertrauen.

Nachdem ich 13 Jahre so gearbeitet hatte, beschloß ich, etwas anderes zu tun. Nun reise ich, halte Vorträge, leite Seminare und Kurse. Immer wieder sind Menschen schockiert, wenn sie hören, daß ich selbst früher mit Drogen und Alkohol Probleme hatte. Sie sind überrascht festzustellen, daß ich gesund und intelligent bin und über intakte Gehirnzellen verfüge. Es überrascht sie vor allem, daß ich heute so gut lebe. Einige bezweifeln sogar meine Suchtvergangenheit. Sie verstehen einfach nicht, daß die Menschen nur das tun, wozu sie in der Lage sind. Ich bin zu vielem in der Lage. Ich war sogar ein sehr fähiger Drogenabhängiger.

Eine Geschäftsfreundin von mir in Tulsa kommt immer zu spät. Nach einigen stressigen und anstrengenden Hetzjagden mit ihr, um etwa ein Flugzeug zu erreichen, nannte ich immer eine Abflugzeit, die eine halbe Stunde früher lag, als es tatsächlich der Fall war. Von diesem Tag an konnte ich darauf vertrauen, daß sie zu spät kam und ich trotzdem mein Flugzeug in Ruhe erreichte.

In den Fünfzigern gab es eine erstaunliche Studie über 27 chronische Zuspätkommer. Sie hatten vor allem Schwierigkeiten, morgens auf-

zustehen, selbst mit mehreren Weckern. Dies erweckte die Neugierde der Forscher. Bei näherer Untersuchung stellte sich heraus, daß alle 27 Teilnehmer verspätet auf die Welt gekommen waren.

Manchmal handeln Menschen auf eine bestimmte Art und Weise ohne zu wissen warum. Darum vertraue ich darauf, daß niemand wirklich konsequent ist und daß wir vieles von dem, was wir tun, nicht völlig verstehen. Vertrauen besteht aus einer Reihe von Zweifeln, mit denen Du lebst. Schließlich erreichst Du einen Punkt, an dem Du bei der Wahrheit angelangt bist. Es ist dann nicht länger eine Sache von Vertrauen oder Mißtrauen; es geht um das, was sich aufgrund Deiner Erfahrung als wahr erweist.

Was geistige Nähe angeht, so mache ich es mir damit leicht. Ich nehme sie sofort wahr. Wenn sie stark und wahrhaft ist, vertraue ich darauf, diesen Menschen aus einer anderen Zeit bereits zu kennen. Wir haben schon vorher miteinander gelebt. Wenn die Verbindung sehr stark ist, beginnt für mich das Spiel, mein Unbewußtes zu durchforsten nach vergangenen Identitäten. Sie waren alles, Geliebte, Töchter, Söhne, Ehefrauen, Mitstreiter, die mir beistanden, bis hin zu Lehrern, etc. Meist hat unsere aktuelle Beziehung etwas damit zu tun, was wir in dieser Beziehung zu erledigen haben und manchmal gibt es nichts zu erledigen, es gibt nichts zu tun, als einander zu lieben, um die Beziehung zu vollenden. Nichts zu heilen, nichts zu erschaffen, einfach zu sein – dies ist wahre geistige Nähe.

Qualität 6

Vertrauen und geistige Nähe

Vertrauen: Das Element bewußten Zweifels in einer Beziehung – im Unterschied zu unbewußtem Zweifel.
Bewußtes Zweifeln entsteht durch die dauernde Umwandlung von Zweifel in Vertrauen.

Geistige Nähe: Beschäftigung mit der gleichen Idee oder dem gleichen Gedanken; sich mögen oder lieben. Geistige Nähe schließt ein hohes Maß an Übereinstimmung mit ein.

Integrität: Der Zustand, vollständig zu sein, aufrichtig und echt. Deine Integrität wird dadurch bestimmt, wie sehr Deine gewählten Werte und Verhaltensweisen miteinander übereinstimmen.

In unserer Gesellschaft gibt es viele Gründe, warum es uns an Vertrauen in unseren Beziehungen mangelt. Wir neigen dazu, so viele Regeln und Erwartungen aufzustellen – ausgesprochene und unausgesprochene –, daß eine Beziehung schnell zu einem Spiel wird, bei dem niemand gewinnen kann, gleichgültig, wer mit uns in Beziehung ist.
Wenn Eure Beziehung mit übertriebenen Erwartungen befrachtet ist, kann jede Handlung, die Deinen eigenen Regeln folgt, die Regeln des anderen verletzen.
Ein zweiter Grund für Zweifel und Mißtrauen in unseren Beziehungen liegt darin, daß die meisten von uns keine bewußte Vorstellung davon haben, wie man Vertrauen schafft.
Tatsächlich fühlen sich die meisten Menschen wohler und bequemer in Beziehungen mit »blindem Vertrauen«, als wenn sie Vertrauen bewußt erschaffen.

Die Erfahrung von Vertrauen stellt sich in dem Moment ein, wo Du feststellst, daß sich Zweifel wandelt zu Vertrauen

- ❍ gegenüber der Außenwelt, die Deine Erwartung erfüllt,
- ❍ gegenüber Dir selbst, der Du aus gutem Grund gezweifelt hast.

Du solltest Deine Zweifel ausdrücken und mitteilen, statt sie voller Angst oder Scham zurückzuhalten. Wenn Du sie mitteilst, wird es zunächst meist unbequem. Du wirst aber schließlich feststellen, daß Du Dich in Deiner Beziehung zu einer höheren Ebene von Vertrauen und Befriedigung hinbewegst.

Vertrauen ist der Rahmen einer langfristigen Beziehung. Durch langanhaltendes Vertrauen entsteht Intimität. **Intimität braucht Vertrauen, denn Intimität ist nicht möglich, ohne etwas zu riskieren.**

Du hast oft die Erfahrung gemacht, daß Intimität immer wieder zu Verletzungen führt. Das liegt in der Natur der Sache, denn miteinander vertraut sein heißt:

- ❍ sichtbar zu sein
- ❍ verwundbar zu sein
- ❍ Ablehnung zu riskieren
- ❍ Freiheit zu entdecken
- ❍ zu berühren
- ❍ zu verzeihen
- ❍ aufrichtig zu sein.

Intimität und Vertrautheit sind weder sicher noch einfach. Ohne Vertrauen kann jedoch keine Vertrautheit entstehen.

Für die Lebendigkeit Deiner Beziehungen ist Vertrauen unabdingbar. Erst Vertrauen schafft die Bereitschaft, zu riskieren und Fehler zu korrigieren.

Selbstvertrauen erlaubt Dir, mit wem auch immer Du es wählst, willentlich vertraut zu sein. Ich habe diesen Bewußtseinszustand erreicht und ermutige alle, diesen Duft von Frieden und Zufriedenheit zu entdecken.

Vertrauen schafft Zuneigung und geistige Nähe: Ihr beschäftigt euch mit den gleichen Vorstellungen und Gedanken.

❍ Geistige Nähe und Vertrauen sind die Voraussetzung, um Heilungserfahrungen in Beziehungen zu erleben.

❍ Vertrauen, das sich in Handeln ausdrückt, wird zu Integrität. Integrität ist ein Zustand der Vollkommenheit.

Sei Dir Deiner Zweifel bewußt und geh wach in sie hinein. Dadurch verwandelst Du sie in Selbstvertrauen. Wir alle kennen Gedanken wie:

❍ »Laß Dich nicht zu sehr ein; die Liebe könnte schon bald vergehen; Du könntest verletzt werden.«

❍ »Zeige nicht Deine wahren Gefühle; niemand wird Dich so lieben, wie Du wirklich bist... Sie werden Dich verlassen!«

❍ »Du brauchst eine Menge Geld, um Dich sicher zu fühlen, aber wenn Du eine Menge Geld hast, wird man es Dir wegnehmen oder Dich nur um des Geldes willen lieben.«

Wenn Du bewußt bist und bereit, solche Gedanken und Zweifel zuzulassen, verwandelst Du sie in höhere Zweifel. Schließlich bist Du in der Lage, Dich dem letzten Zweifel zu stellen, dem wahrhaftigen Vertrauen. Der Weg zu wahrem Vertrauen führt über Zweifel. Unterdrücke Deine Zweifel nie, sonst wirst Du **mißtrauen**. Vertrauen entsteht aus Zweifeln, nie durch deren Unterdrückung. Es entsteht, wenn Du bereit bist, den Zweifel bis zu seinem Ursprung zu durchleben.

Zweifel und Vertrauen sind untrennbar. Sie sind gegensätzliche Pole der gleichen Erfahrung: Deiner Wahrheit.

Es gibt Zeiten, da vertraust Du einfach, weil es mehr Spaß macht und zu Deiner Lebendigkeit beiträgt. Dein Vertrauen ist dann Deine Wahl. Du spürst den belohnenden Zustand, den wir Vertrauen nennen. Wenn Du den Zweifel vermeidest, vermeidest Du Dich selbst. Du kannst auf diese Weise nicht zu der Erfahrung von Selbstvertrauen gelangen. Statt dessen

wirst Du Dich auf blinden Glauben verlassen. Du wirst nach den Wahrheiten von anderen leben, statt Deine eigenen zu erlangen.
Vertrauen ist immer ein Phänomen der Gegenwart. Es ist da, wenn Du sagen kannst:

- »Alles ist gut, wie es ist«, statt: »Es wird schon alles seine Richtigkeit haben.«
- »Ich vertraue Dir«, statt zu fragen: »Wirst Du mir in Zukunft vertrauen?«

Mit dieser Bewußtheit kannst Du den Zweifel in Dir und anderen einfach beobachten.

- Du identifizierst Dich nicht damit.
- Du wirst davon nicht gestört.
- Zweifel sind da, und Du beobachtest sie. Du wirst nicht zu Deinen Zweifeln.

Du wirst sogar feststellen, daß Dein Zweifel das Tor zu neuen Entdeckungen, neuen Erfahrungen ist. Dadurch entsteht schöpferische Größe.
Zweifel ist wesentlich, um Vertrauen zu erlangen. Denn er ist ein Instinkt, eine Wahrnehmung. Schäme Dich nicht des Zweifels. Zweifeln bedeutet nicht, daß Du andere ins Unrecht setzt. Es bedeutet, daß es für Dich einiges zu tun gibt. Es bedeutet, daß Du die Zweifel erforschen und mitteilen mußt.

- Zweifle den Zweifel nicht an. Vertraue dem Zweifel. Du kommst von einem Ort des Wissens.
- Ignoriere den Zweifel nicht. Untersuche den Zweifel und werde Dir klar darüber, was Du anzweifelst.
- Mißtraue dem Zweifel nicht. Vertraue Dir selbst.

Zweifel ist nicht Skepsis. Skeptiker und Zyniker halten ständig Ausschau nach dem, was nicht stimmt. Sie setzen sich selbst in die Position des Opfers.

Wir wissen nicht genug, um skeptisch zu sein. Im Vergleich zu der Entwicklungszeit unseres Bewußtseins sind wir gerade erst vor wenigen Augenblicken erschienen. Mit Blick auf unseren Planeten sind wir die »neuen Kinder im Revier«.

Wenn Du vertraust, bist Du lebendig, natürlich und spontan. Du begegnest dem Unbekannten voller Leichtigkeit. Du wirst immer intelligenter. Schließlich hast Du gelernt, die Unterscheidung zwischen Vertrauen und Glaube zu treffen – die Unterscheidung zwischen Deiner Wahrheit und der Wahrheit anderer.

Unbewußte Menschen leben in unbewußten Beziehungen. Sie brauchen den Glauben.

❍ Immer wenn Du jemandem oder etwas anderem entgegen Deiner eigenen Erfahrung traust, dann glaubst Du nur.

❍ Glaube fällt auf das Dogma eines anderen herein. Es kann ein guter erster Schritt sein. Wenn Du Dich aber nur auf Glaube verläßt, wirst Du Dein Vertrauen in Dich selbst verlieren.

Unbewußte Menschen brauchen gefühlsmäßige und sentimentale Versprechungen von ihren Partnern und Führern. Dies sind geliehene Erfahrungen. Sie ersetzen Glaubwürdigkeit durch bloßen Glauben. Vertrauen jedoch ist eine Erscheinung der Gegenwart. Es stimmt nur in der Gegenwart, es kann nicht geliehen werden.

Wenn Du gefragt wirst, ob Du jemandem in Zukunft trauen wirst, kannst Du nur sagen: »Ich weiß es nicht«, oder Du lügst.

Wenn Du anfängst, Deine eigene Wahrheit zu leben, fängst Du an, Boden zu gewinnen. Du wirst solange kein Selbstvertrauen erwerben, solange Du Dein Leben nach den Regeln und Einschränkungen von anderen lebst. Du wirst nicht erleben, daß Du selbst originell und einzigartig bist - und doch bist Du es!

Bewußte Menschen sind intelligent, sie erleben sich als originell. Sie vertrauen ihrer eigenen Erfahrung, zu der sie durch ihre eigene Autorität gelangen. Sie leben in lebendigen Beziehungen. Sie sind authentisch und strahlen Zuversicht aus. Dies ist ihre Belohnung dafür, sich immer wieder zu verändern. Ich brauchte 40 Jahre, um herauszufinden, daß Sicherheit für mich in meiner Fähigkeit liegt, mich einzulassen und zu verwandeln.

Vertrauen ist wesentlicher Bestandteil von Kreativität. Ohne Vertrauen gibt es keine Kreativität. Denn um etwas zu erschaffen, mußt Du zerstören, was Du bereits hast.

Du mußt bereit sein, Erfahrungen zu machen und das Risiko einzugehen, Deine Zweifel zuzulassen und öffentlich zu machen.

Wenn Du kein Vertrauen zu Dir selbst hast, kannst Du nicht schöpferisch sein. Denn wenn andere Dir dann erzählen, daß Du »es falsch machst«, wirst Du schnell dazu bereit sein, es auch so zu machen wie alle anderen.

Selbstvertrauen war immer schon der Schlüssel zu Größe. Jeanne d' Arc wurde nicht durch ihre spirituellen Visionen so großartig, sondern dadurch, daß sie es wagte, sich selbst, ihrem inneren Selbst zu vertrauen.

Ohne Selbstvertrauen wäre Jesus Christus im Verborgenen geblieben. Sein größtes Wunder war seine Fähigkeit, sich selbst zu vertrauen und diesen inneren Christus Millionen von Menschen mitzuteilen. Christus verwandelte das Gewöhnliche ins Außergewöhnliche. Ohne Vertrauen wäre dies nicht möglich gewesen.

Selbstvertrauen ist ein wesentlicher Bestandteil in allen Deinen Beziehungen. Es erlaubt Dir, die Ekstase zu fühlen, zu erleben: »Ich habe das gut gemacht«.

Selbstentdeckung

Qualität 6

Vertrauen und geistige Nähe

Vertrauen: Das Element bewußten Zweifels in einer Beziehung – im Unterschied zu unbewußtem Zweifel. – Bewußter Zweifel entsteht durch die dauernde Umwandlung von Zweifel in Vertrauen.

Geistige Nähe: Die Beschäftigung mit den gleichen Vorstellungen und Gedanken, sich mögen oder lieben. Geistige Nähe schließt ein hohes Maß an Übereinstimmung mit ein.

Integrität: Der Zustand, vollständig zu sein, aufrichtig und echt. Deine Integrität wird dadurch bestimmt, wie sehr Deine gewählten Werte und Verhaltensweisen miteinander übereinstimmen.

1. Welche unausgesprochenen Regeln und Erwartungen hast Du aufgestellt, die Dich daran hindern, in Deinen Beziehungen Vertrauen zu haben? Zähle drei davon auf.

____

____

____

Sei bereit, sie loszulassen.

2. Wovor hast Du am meisten Angst, wenn Du diese unausgesprochenen Regeln und Erwartungen mitteilst?

Sei bereit, diese Ängste in Erregung zu verwandeln.

3. Nimm Situationen Deines Lebens wahr, in denen sich Zweifel in Vertrauen wandelten. Benenne drei davon.

Erkenne Deine Fähigkeit dazu jetzt an!

4. Benenne drei Menschen/Dinge, denen Du in Deinem jetzigen Leben nicht traust. Warum nicht?

Sei bereit, mehr Klarheit darüber zu erlangen und Deine Wahrheit zu entdecken.

5. Benenne drei Bereiche/Menschen in Deinem Leben, wo Du »blindes Vertrauen« erlebst.

Nimm wahr, wie Du Dich fühlst, wenn Du Dir nun anschaust, wie diese Beziehungen wirklich sind.

6. Benenne drei Ereignisse, in denen Deine Zweifel der Zündfunke für Kreativität waren.

Sei Dir jetzt klar, daß Deine Fähigkeit zu zweifeln intelligent ist.

7. Benenne drei Beziehungen in Deinem momentanen Leben, in denen Du geistige Nähe erlebst.

Teile dies den entsprechenden Menschen so bald wie möglich mit.

Qualität 7

Erfolgreiche Kommunikation

Was ich am meisten an erfolgreicher Kommunikation mag ist, daß Du davon high wirst. Manchmal, wenn ich etwas vortrage, kommuniziere ich so gut, meine Absicht ist so klar, daß ich spüre, wie diese Energie meine Wirbelsäule hinaufsteigt. Ich werde heiter. Was ich tue ist: erschaffen. Wie beim Malen oder Bildhauen erschaffe ich einen Gedanken im Geist des Zuhörers, ein Maß an Klarheit, das ihn dazu bringt, das Gesagte für sich wiederzuerschaffen und darauf zu antworten.

Es geht darum, eins zu werden mit der Umgebung, in der Du Dich befindest. Ich habe dies schon immer getan, seit ich ein Straßenkind in Brooklyn war, als Schuljunge am College, als verängstigter Junge, der den Knast überlebte, ohne ermordet oder vergewaltigt zu werden. Später, nachdem ich all die Negativität überlebt und mich geheilt hatte, nahm ich meine größte Herausforderung im Bereich von Kommunikation an: Ich wurde Leiter eines staatlichen Gefängnisprojekts in Nevada. Ich lebte damals in der Künstlerkommune von Synanon in San Francisco, als Chuck Dederich, der Gründer, uns besuchte. Er beschrieb das »Nevada State Prison Project« und suchte nach Freiwilligen, die in die Gefängnisse gehen und Encounter-Gruppen leiten sollten. Meine übliche Besessenheit, neue Erfahrungen zu machen, brachte mich dazu, meine Hand zu erheben und zu sagen: »Ich werde gehen!« Bevor ich wußte, was geschah, applaudierten mir die anderen. Dann kam der Schock, als ich mir klar wurde, daß ich mich gerade freiwillig dazu gemeldet hatte, mich in einen Knast einsperren zu lassen und Encounter-Gruppen mit Kriminellen zu machen.

Das Team, dem ich mich in Nevada anschloß, wurde mit den verschiedensten Kriminellen – von Dieben bis hin zu Mördern – in einen Raum eingeschlossen. Zunächst hatte ich Angst. Doch aufgrund meiner eigenen kurzen Knasterfahrung und meinem Humor gelang es mir, Dinge zu sagen, wofür diese Männer Dich normalerweise umbringen würden. Schließlich wurde ich der Leiter des Projektes und erhielt die Erlaubnis, mit Insassen der Todeszellen zu arbeiten. Ich arbeitete mit Männern, die in einer winzigen Zelle lebten, ohne irgendeine Möglichkeit der Haftentlassung. Sie lebten ihr gesamtes Leben in dieser Zelle. Alles, was sie erwarten konnten, war, eine Stunde am Tag in einer Reihe um den Zellenblock zu spazieren. Das war's. Meine Aufgabe war, dort hineinzugehen und in ihrem Inneren etwas entstehen zu lassen, wofür sie leben konnten. Die Aufgabe war, Begeisterung für das Leben in ihnen zu erwecken.

Am liebsten arbeitete ich mit einem Mann namens Jack Rainsberger. Er hatte eine Skilehrerin erstochen, weil sie nicht mit ihm schlafen wollte. Jack war brilliant. Es war eine immense Herausforderung, seine Abwehrmechanismen aufzuknacken und ihn dazu zu bewegen, Information zu empfangen und wiederzugeben. Erschwert wurde dies noch dadurch, daß ich mich in »seiner« Welt befand, in seiner winzigen Zelle. Er bewegte sich darin beinahe wie ein Affe im Käfig. Er pflegte hin und her zu laufen, von einem Gitter zum anderen. Instinktiv spiegelte ich diese Bewegung, als wir sprachen. Ich lernte Jack kennen, umsorgen und lieben. Er schrieb Gedichte, die veröffentlicht wurden, aber es gelang uns nie, ihn aus der Todeszelle herauszuholen. Zwei Jahre, nachdem ich Synanon verlassen hatte, hörten wir auf, einander zu schreiben.

Das erstaunliche Ergebnis dieser Mühen in Nevada war das »Peavine Honor Camp«. Es war nur für Lebenslängliche, die keine Chance hatten, begnadigt zu werden. Es wurde von ihnen selbst zusammen mit einem Offizier verwaltet. Keine Zäune, keine Zellen – und keine Fluchtversuche, auch 5 Jahre, nachdem ich Synanon 1967 verlassen hatte, noch nicht. Dieses gesamte Projekt mit 30 bis 45 Lebenslänglichen wurde auf der Basis von Kommunikation und Vereinbarungen geführt. Die Männer überwachten sich gegenseitig und machten ihre eigenen Encounter-Gruppen mit wenig Hilfe unsererseits. Sie hatten ja wirklich sonst nicht viel zu tun und so wurden einige der Männer von Peavine die besten Encounter-Meister, mit denen ich je spielen durfte. – Ich und meine 11 Kollegen – »das dreckige Dutzend« genannt – mußten geistige Nähe und Übereinstimmung erreichen mit Insassen, Gefängnisoffiziellen und dem Büro des Gouverneurs, um eine therapeutische Gemeinschaft in einem der schlimmsten Gefängnisse in den Vereinigten Staaten zu erschaffen. Wir schufen Strukturen, Arbeitsplätze und Systeme, die mit Belohnung funktionierten, so daß innerhalb des Gefängniszusammenhangs eine Beweglichkeit nach oben möglich war. Das Spiel bestand darin, so erfolgreich zu kommunizieren, daß diese Männer manchmal aufgrund direkter, eigener Erfahrung erkannten, daß es ihrer Wahl entsprach, in diesem Knast gelandet zu sein.

Kommunikation ist der Schlüssel zu allem. Meine Seminare und Kurse sind erfolgreich, weil sie erfolgreich vermittelt werden. Das reine Wissen, das ich verkörpere, könntest Du auch erlangen, wenn Du einige Stunden in einem guten Buchladen verbringst. Was Jesus Christus von allen anderen Christen unterschied, war seine Fähigkeit, direkte Erfahrung erlebbar zu machen, Gedanken in anderen zu erschaffen. Wenn dies über Bücher klappen würde, wären wir alle erleuchtet. Jeden Tag sehe ich Leute an ihrer Unfähigkeit, sich mitzuteilen, zugrunde gehen. Sie sterben, um zu erschaffen.

Qualität 7

Erfolgreiche Kommunikation

Erfolgreiche Kommunikation: Der Austausch von Ideen zwischen zwei Polen, durch den die Erfahrung des einen willentlich und gezielt im anderen wiedererschaffen wird.

Erfolgreiche Kommunikation

- ❍ löst Gefühle von Getrenntsein auf,
- ❍ klärt Mißverständnisse, Konflikte und Vorbehalte und
- ❍ verwandelt Beziehungen.

In lebendigen Beziehungen formulieren wir Richtungen und Ziele. Wenn sie bewußt mitgeteilt und erreicht werden, verwandeln sie sich zu neuen Zielen und Richtungen, die von neuem mitgeteilt und erreicht werden.
Erfolgreiche Kommunikation erschafft Harmonie.

❍ Harmonie ist Stimmigkeit ohne Kampf oder Mühe.

Erfolgreiche Kommunikation erschafft Klarheit.

❍ Klarheit ist ein hochentwickelter Wesenszustand. Er ermöglicht Dir, gezielt das zu verursachen, was Du bereit bist zu haben.

Wenn Du keine Klarheit darüber hast, was Du bereit bist mitzuteilen, wirst Du bekommen, was der andere will.
Klarheit ist kein vages Bild. Sie ist etwas Bestimmtes. Wenn Du keine Klarheit hast, wirst Du in Dir die Wünsche der anderen erschaffen. Immer wieder wirst Du Dich über Deine Ergebnisse oder über die anderen Menschen ärgern.
Klarheit über etwas zu haben bedeutet nicht, daß Du es um jeden Preis beibehalten mußt. Du bist Dir auch darüber im klaren, daß Du das Recht

hast, Dich zu verändern. Und um Dich zu verändern, mußt Du eine neue Wahl treffen: Du mußt sie mitteilen, die Richtung ändern und das Neue erschaffen.

Wenn Du Klarheit über eine Beziehung hast, wirst Du sie erschaffen. Das bedeutet auch, daß Du Dir über die Beziehungen, die Du zur Zeit hast, im klaren bist – bewußt oder unbewußt. Sonst hättest Du sie nicht so, wie sie jetzt sind, erschaffen.

Wenn Du allgemeine Ziele, Harmonie und Klarheit miteinander kombinierst, ergibt sich daraus Übereinstimmung.

Übereinstimmung ist die Wirklichkeit, wie wir sie kennen.

Wenn sich Deine Familie in Übereinstimmung befindet, wird sie sich darin verwirklichen. Sie tut, womit sie übereinstimmt.

Klarheit bedeutet zunächst, Dir ein Bild davon machen zu können, was Du bereit bist zu haben. Dann kannst Du andere Menschen dazu bewegen, damit übereinzustimmen und es zu erschaffen.

Wenn Du Dich in einer lebendigen Beziehung befindest, befindest Du Dich in Übereinstimmung. Wenn im Verlauf dieser Beziehung eine Meinungsverschiedenheit auftaucht, bedarf es erneut der Übereinstimmung. Dieser eher unterschwellige Prozeß erschafft eine neue Beziehung. Sie wird anders aussehen als zuvor, aber Du bist immer noch in Beziehung. (Du könntest Dich auch weigern, Dich mitzuteilen, weggehen und die Beziehung verlassen. Auch das wäre noch immer eine Beziehung: eine tote Beziehung.)

Erfolgreiche Kommunikation löst zurückgehaltene Gedanken auf.

Zurückgehaltene Gedanken sind **verheimlichte, unausgedrückte** positive oder negative Gedanken. Zurückgehaltene Gedanken berauben Dich immer Deiner Lebendigkeit. Sie führen zu Krankheit, sie töten Dich. Zurückgehaltene Gedanken

❍ bezeichnen die Standpunkte, von denen aus Du Erfahrungen machst. Es sind Deine Meinungen.

- ❍ gehen einher mit einem Mangel an Selbstausdruck. Dies ist tödlich.
- ❍ zeigen, daß Du anderen nicht erlaubst, etwas über Dich herauszufinden.
- ❍ sind ein Weg, um Deine Beziehungen bis auf die Ebene von Dingen zu reduzieren. Bewußtheit und damit auch Vertrauen gehen verloren.
- ❍ sind der Grund, warum Du Deine Beziehungen als Bedrohung erlebst.

Denke daran, daß zurückgehaltene positive Gedanken genauso wirkungsvoll töten wie negative. Wenn Du nicht in der Lage bist, jemandem zu sagen, daß Du ihn liebst; wenn Du unfähig bist, ihm zu sagen, was für einen Wert er für Dein Leben darstellt, hältst Du zurück – damit bringst Du ihn und Dich selbst um. Wenn Du hingegen zurückgehaltene Gedanken formulierst und zum Ausdruck bringst, ermöglichst Du damit anderen, Dich wiederzuerschaffen und Übereinstimmung mit Dir zu finden. Du gestattest ihnen, Dich kennenzulernen, sich in Dich hineinzuversetzen, Dich zu lieben.

Die meisten von uns kommunizieren so, daß sie lediglich »ihre« Meinungen, ihre Glaubenssätze oder Standpunkte austauschen. Dieses gesamte Kommunikationsschema ist an Mangel orientiert, denn »mein Standpunkt« oder »Dein Standpunkt« werden zu »meiner Tatsache« oder »Deiner Tatsache«. **Tatsächlich gibt es keine Tatsachen, es gibt nur Erfahrung. Die Erfahrung ist die Einzigartigkeit, in der Du an etwas teilnimmst.**

Kommunikation ist etwas, das wir erben und/oder erleben. Die meisten von uns kommunizieren so, wie sie es in dem Kommunikationsmodell, das ihnen als Kind zur Verfügung stand, gelernt haben. Leider war dieses Modell selten erfolgreich. Meine frühere Frau Christine und ich waren von zwei völlig entgegengesetzten Kommunikationsmustern geprägt. Sie hatte den nordeuropäischen »schmallippigen« Stil gelernt und ich die laute, gestikulierende Art der südlichen Mittelmeerländer. Obgleich damit große Dramen vorprogrammiert waren – was zu oft mit Kommunikation verwechselt wird – wurde in acht Ehejahren wenig erfolgreich kommuniziert.

Erfolgreiche Kommunikation ist

❍ eine Fähigkeit, eine erlernte Kunst, eine Wissenschaft.

❍ das, was geschieht, wenn Du willentlich dazu bereit bist, die Erfahrung eines anderen wiederzuerschaffen und zu duplizieren, das heißt nachzuvollziehen.

❍ das Ende von Mühe und Anstrengung: Du bist bereit, Dich aufzulösen und zu dem Menschen zu werden, mit dem Du kommunizierst.

❍ das, was geschieht, wenn Du Deine volle Absicht zum Ausdruck bringst.

Absicht bedeutet das kreative Darstellen Deiner Ziele. 90 Prozent von erfolgreicher Kommunikation wird dadurch erreicht. Absicht ist die Qualität, die etwas ins Leben ruft.

Seine Absicht zu äußern

❍ bedeutet auf der physischen Ebene, daß Energie in der Lage ist, Materie zu erschaffen und zu zerstören.

❍ ist der erste Schritt für den Prozeß erfolgreicher Kommunikation.

❍ setzt eine spontane Kettenreaktion absichtsvoller Kommunikation in Gang.

❍ erschafft Erfahrung.

❍ hat nichts mit Wollen oder mit Gefühlen zu tun – und wird doch oft damit verwechselt. Es hat nur mit Bereitschaft zu tun.

Erfolgreiche Kommunikation erfordert die ständige Disziplin, seine Absicht zum Ausdruck zu bringen. Du kannst nur dann die volle Aufmerksamkeit von jemandem erhalten, wenn Deine Absicht klar ist.

Wenn Du Deine Absicht zum Ausdruck bringst, wird dies meist negativ aufgenommen – es gilt als unhöflich oder unnötig. Die meisten Menschen kommunizieren so, als wollten sie einen Schleier von Nettigkeiten weben. Ich selbst bin meist eher zu offen. Wenn Du genau das mitteilst, was Du mitteilen willst, überschreitest Du Deine Grenzen, und alle reaktiven Gedanken werden verschwinden.
Über Deine Absichten zu reden ist genauso, wie über Sex zu reden. Die Handlung fehlt und damit fehlt auch die Befriedigung. Die Kraft kommt, wenn Du Deine Absicht verwirklichst – in der physischen Welt verwirklichst.

Erfolgreiche Kommunikation geschieht **nicht** mit Menschen oder Themen,

- mit denen Dich keine geistige Nähe verbindet,
- mit denen Du nicht bereit bist, Übereinstimmung zu erlangen,
- bei denen Du nicht bereit bist, Dich oder Deinen Standpunkt zu verändern.

Diese drei Faktoren müssen vorhanden sein, damit eine zwischenmenschliche Beziehung entstehen kann.
Geistige Nähe bedeutet, gleiche Ideen oder Vorstellungen zu haben. Sie drückt aus, wie sehr Du jemanden oder etwas liebst oder magst.
Übereinstimmung bedeutet die Zustimmung zu einem Handlungsablauf; das Maß an Zustimmung, das von beiden Kommunizierenden erreicht wird, bestimmt die Wirklichkeit. Das, was real ist, ist deshalb real, weil darüber Übereinstimmung erzielt wurde.
Eine Beziehung, in der Veränderung und Wandel erkannt und geschätzt werden, ist der universelle, grundlegendste und wesentliche Bestandteil jeglicher Kommunikation. **Ohne Beziehung kann keine Kommunikation stattfinden.**

Das größte Hindernis für erfolgreiche Kommunikation und zugleich das, was am meisten verbreitet ist, ist das endlose Geschwätz, das in Deinem Gehirn abläuft. Wenn Du Dich dazu bereitgefunden hast, in Deinem Leben den Ausdruck zu riskieren, vermindert dies das Geschwätz. Für kurze Momente von Klarheit kann es sogar völlig verschwinden.

Das Ausmaß an Geschwätz, das im Kopf abläuft, kennzeichnet den Unterschied zwischen

❍ einem bewußten und einem unbewußten Menschen,

❍ einem üblichen Kommunizierer und einem erfolgreichen Kommunizierer,

❍ einem unerleuchteten und einem erleuchteten Wesen.

Die **völlige** Abwesenheit von Gedankengeschwätz ist wahre Meditation, wahres »Jetzt«. Schöpferische, verursachende Kommunikation geschieht im Augenblick und nicht in der Vergangenheit.

Erfolgreiche Kommunikation geschieht, wenn **der Urheber** der Kommunikation

❍ bereit ist, seine Absicht auszudrücken.

❍ bereit ist zu erschaffen.

❍ bereit ist, seine ureigensten Interessen und sein Bedürfnis, recht zu haben, loszulassen.

Schöpferische Kommunikation findet statt, wenn der **Empfänger** der Botschaften

❍ bereit ist, aufmerksam zu sein.

❍ bereit ist, wiederzuerschaffen und nachzuvollziehen.

❍ bereit ist, eigene Gedanken, seinen Glauben, seine Meinung oder einen Standpunkt loszulassen.

Die gemeinsame Wirklichkeit in erfolgreicher Kommunikation wird durch das Maß an »Duplizität« (originalgetreue Abbildung der Information und »Verdoppelung« der Erfahrung) zwischen dem Urheber und dem Empfänger, dem Schöpfer und Wiederschöpfer geprägt.
Wirklichkeit ist die Übereinstimmung oder das Ausmaß an Duplizität, das zwischen Urheber und Empfänger erreicht wird.
Erfolgreiche Kommunikation geschieht dann, wenn Urheber und Empfänger geistige Nähe zueinander entfalten.

Eine große Falle für Kommunikation ist der Glaube an das »sag es nochmal«, wenn die Worte beim ersten Mal nicht angekommen sind. Worte sind einfach Worte. Sie schaffen weder Erfüllung, noch Verständnis oder Schöpfung.
Kommunikation, die auf der Ebene von bewußter Wahl stattfindet, setzt voraus, daß Du in der Lage bist, zwischen Wahl und Entscheidung eine klare Unterscheidung zu treffen:

Wahl bedeutet, frei auszuwählen. Sie ist intuitiv; sie ist überlegt. Sie kommt von Dir; vielleicht wird sie von Gründen gespeist, die Du gar nicht kennst. Sie ist Freiheit in diesem Augenblick, ohne Gründe.

Die Entscheidung hat Gründe, sie ist vorbestimmt und vorhersagbar. Sie kommt von außen. Sie entsteht aus Betrachtungen von anderen oder aus Rücksichtnahme auf andere. Sie bringt Verantwortlichkeiten und Verpflichtungen mit sich.

Um erfolgreich zu kommunizieren, mußt Du Dir zunächst Deines Kommunikationsschemas bewußt werden.
Die meisten von uns kommunizieren auf der Grundlage eines festen Schemas. Meist ist dieses Schema auch noch wenig erfolgreich.

Wenn Du Dich auf ein solches Kommunikationsschema festlegst, dann wird sich Dein Leben innerhalb dieses Schemas abspielen. Was immer Du in Deinem Leben auch erreichen willst, es ist nun nur noch innerhalb dieses Kommunikationsschemas möglich. Schließlich wird Dein Leben recht eintönig aussehen. Du wirst nur Ergebnisse erschaffen, die sich innerhalb Deines vorgegebenen Schemas verwirklichen können.
Für erfolgreiche Kommunikation ist es wichtig, daß Du weißt, woher Du kommst. Schau Dir an, wie Du durch Deine Standpunkte eingeschränkt bist.

❍ Immer, wenn Du von einem Standpunkt aus kommunizierst, wirst Du nach Beweisen suchen, die diesem Standpunkt entsprechen. Du wirst diese Beweise erschaffen.

❍ Solange Du in Deinem Schema bist und kommunizierst, um recht zu haben, setzt Du jeden anderen ins Unrecht.

Um erfolgreich zu kommunizieren mußt Du Dir anschauen, wie Du gelernt hast zu kommunizieren. Es ist weniger wichtig herauszufinden, was Du weißt, sondern eher, wie Du es gelernt hast. Die Art, wie Du etwas kennenlernst ist die Art, wie Du Dich daran erinnerst und es aufbewahrst.
Gespeicherte Information hat nichts mit Kommunikation zu tun. Sie hat mit dem Überleben Deines Standpunktes zu tun. Die Ereignisse unseres Lebens erscheinen in einer linearen Abfolge von Momenten. Wir aber bewahren diese Ereignisse nicht in linearer Form auf. Statt dessen arrangieren wir sie in Form von Konzepten, Glaubenssätzen und Gruppen von Erinnerungen. Diese werden zu Beweissystemen, mit denen wir unseren Standpunkt unterstützen und andere Standpunkte auslöschen.

❍ Wenn Du sagst: »Ich weiß, was Du sagst«, sagst Du in Wirklichkeit: »Ich habe eine Erinnerung an das, was Du sagst«.

❍ Wenn Du sagst: »Ich verstehe Dich«, sagst Du in Wirklichkeit: »Dein Glaubenssystem stimmt mit meinem überein«.

Was Du Deine Wahrnehmungen nennst, ist in Wirklichkeit, was Du bereits in Deiner organisierten Erinnerung oder Deinem Schema aufbewahrt hast.

Einsichten geschehen dann, wenn Du Dich außerhalb Deines Systems oder Deines Schemas bewegst und zum ersten Mal in ein anderes Schema eintauchst. Das bedeutet auch, daß Du Dein Gehirn verläßt und Dich in Deinem Bewußtsein befindest.

Es lohnt sich, Dir klarzumachen, daß das, was Du siehst, dadurch bestimmt wird, wie Du mit etwas umgehst. Wenn Du schöpferisch kommunizieren willst, mußt Du bereit sein, das, was Du zu wissen glaubst, neu zu organisieren und anders damit umzugehen.

Es hilft auch, sich klarzumachen, daß eine Einsicht, die Du hast, immer auch die Erinnerung an die Erfahrungen eines anderen ist, die im »nichtverstehbaren kollektiven Bewußtsein« aufbewahrt wird.

Wenn Du jemanden darum bittest, etwas zu erklären, forderst Du ihn in Wirklichkeit auf, Dir den Sachverhalt so zu erklären, daß er in Dein Kommunikationsschema paßt.

Es ist leicht, Gefühle zu kommunizieren, wenn Du akzeptierst, daß Du sie erschaffst.

Um beispielsweise Traurigkeit auszudrücken, brauchst Du eine gespeicherte Erinnerung an Fröhlichkeit. Etwas, das Dich traurig macht, kann einen anderen sehr wohl fröhlich machen. Denn Traurigkeit und Fröhlichkeit sind lediglich *Begriffe.* Sie sind nicht real. Sie werden so ausgedrückt, weil der Mensch, der diese Gefühle zum Ausdruck bringt, sie auf diese Art aufbewahrt hat. Es ist »seine« Erfahrung von etwas, das ihn traurig oder fröhlich macht. Hunger bedeutet für mich etwas anderes als für ein Kind in Äthiopien.

Wenn Du das einsiehst, dann wirst Du froh werden. Dir wird klar, daß Du nicht die ganze Zeit ausgelassen sein mußt, um sehr glücklich zu sein. Menschen, die mich erleben, denken oft, daß ich nicht glücklich bin, weil ich tief in Gedanken bin und dabei wohl sehr ernst aussehe.

Tatsächlich bin ich meist sehr glücklich. Ich beobachte einfach friedvoll die Existenz.

Durch diese Einsicht lernst Du:

- ❍ Gefühlen Widerstand entgegenzusetzen heißt auch, sie damit festzuhalten.
- ❍ Gefühle zum Ausdruck zu bringen löst sie.

Wenn Du erfolgreich kommunizierst, bewegst Du Dich vom Mißverstehen hin zu Anteilnahme.

Mißverständnisse treten auf, wenn jemand Dir etwas mitteilt und Du aus Deiner Erinnerung heraus reagierst, statt es anzunehmen, wie es ist.

Deine Erinnerung hat mit dem, was Dir mitgeteilt wird, nichts zu tun. Mißverständnisse werden dadurch geschaffen, daß zum Beispiel ein Freund sagt: »Am Strand hat es mir heute wirklich phantastisch gefallen!« Und Du sagst: »Ich hasse den Strand!« Dein Freund sagte nicht: »Dir hat es heute am Strand wirklich phantastisch gefallen!« Mit Deiner Antwort hast Du seine Erfahrung nicht wiedererschaffen. Du hast einfach Deine eigene hervorgeholt. Mißverständnisse entstehen, wenn Anteilnahme in der Kommunikation fehlt.

Wenn Du aus Anteilnahme heraus kommunizierst, erschaffst Du Wunder in Menschen. Du gehst über die Form der Dinge und Menschen hinaus. Dank der Anteilnahme erkennst Du den Wert dessen, was Dir mitgeteilt wird.

- ❍ Anteilnahme bedeutet, den Beitrag des anderen wahrzunehmen.
- ❍ Anteilnahme bedeutet, bewußt wiederzuerschaffen, was ein anderer Dir zukommen läßt. Es ist das Wiedererschaffen seiner Erfahrung.
- ❍ Anteilnahme bedeutet, ganz mit einem anderen Wesen verbunden zu sein. Sie bedeutet auch, dessen Erfahrung zu empfangen und sie ohne jegliche Bewertung für Dich wiederzuerschaffen.

Anteilnahme verleiht Dir das Wissen, das Du brauchst, um jemandem zu dienen. Sie ermöglicht Dir, mit dem umzugehen, was dieser Mensch wirklich braucht.

Im folgenden findest Du eine Übersicht, die das Wesentliche dieses Kapitels noch einmal hervorhebt. Sie soll als Hilfe dienen, Dir bewußtzumachen, daß erfolgreiche Kommunikationsformen lebenswichtig sind, um aus Deinen Beziehungen möglichst viel »herauszuholen«.

Erfolgreiche Kommunikation

❍ löst Probleme und beseitigt Gefühle von Trennung.

❍ klärt Mißverständnisse, Konflikte und Ärger.

❍ verwandelt Individuen und Gruppen in ein Team mit gemeinsamen Zielen.

Erfolgreiche Kommunikation erschafft

1. **Harmonie**: Stimmigkeit und Effektivität ohne Anstrengung und Mühe.
2. **Klarheit**: ein hochentwickelter Wesenszustand, der Dich in die Lage versetzt, gezielt zu verursachen und zu erschaffen.
3. **Realität**: das Maß an Übereinstimmung, das von Kommunizierenden erreicht wird. Das, was wirklich ist, wird einfach dadurch real, weil wir es angenommen und ihm zugestimmt haben.
4. **Geistige Nähe**: die relative Distanz und Ähnlichkeit der beiden Kommunizierenden; bedeutet auch, die gleichen Ideen zu haben.
5. **Ergebnisse**: etwas, so wie es ist, ohne Bewertung, ohne Persönlichkeit.
6. **Bewußtsein**: Lebendigkeit und Leben. Es existiert sowohl als Fähigkeit wie auch als Zustand. Es wird normalerweise nur »lebenden« Organismen zugeschrieben. Meine Erfahrung hingegen ist, daß Bewußtsein in allem enthalten ist (auch Holz, Metall, Glas, etc.).

❍ **Bewußtsein als Fähigkeit**: die Eigenschaft bestimmter lebender Organismen, die sie befähigt, bewußt zu sein. Es ist das Phänomen des Gedankens selbst: Wachheit, Wahrnehmung, Vorstellung und Gefühl.
❍ **Bewußtsein als Zustand**: die Fähigkeit eines Organismus, seine eigene Existenz wahrzunehmen und zu fühlen.

Zurückgehaltene Kommunikation: verheimlichte Informationen über ein Individuum oder eine Gruppe, die dazu führt, daß Du Dich bedroht fühlst.

Zurückgehaltene Kommunikation

1. bringt Individuen und Gruppen in **lebensbedrohliche Situationen**.
2. führt zu Verhalten, das von **verborgen gehaltenen Gedanken** bestimmt wird. Dadurch sind Individuen und Gruppen weniger kraftvoll, weniger erfolgreich, weniger fröhlich und weniger liebevoll.
3. führt zu **Kommunikationsverzögerung**. Individuen und Gruppen befinden sich nicht in der Gegenwart. Sie sind nicht in Kommunikation mit sich selbst oder ihrer Umgebung. (Dies ist der Tod!)
4. führt zu **Euphorie und Depression**: Die Höhen und Tiefen, die auftauchen, wenn ein Individuum an eine unterdrückende Person oder Gruppe, an unterdrückende Gedanken oder Verhaltensmuster gebunden ist. Zurückgehaltene Gedanken müssen ständig erfolgreich kommuniziert werden, damit sich das Individuum und/oder die Gruppe in einen Zustand konzentrierter Bewußtheit verwandeln kann.

Scheitern von Kommunikation: eine generelle Weigerung, sich in etwas oder jemanden hineinzuversetzen. Die Verweigerung, das zu sein, was nötig ist, um »etwas zu sein«.

Kommunikation scheitert an der Weigerung

1. **Absichten auszudrücken**; ein Verhalten, das eigentlich Erfahrung ins Leben ruft.

2. **zu empfangen oder wiederzuerschaffen**; das bedeutet auch, nicht zuzulassen, daß das, was bereits vorhanden ist, zu Deiner Erfahrung wird.
3. **zu duplizieren**, d.h. ein originalgetreues Abbild herzustellen, wiederzuerschaffen oder zu kopieren.
4. **Distanz zu erleben**; Distanz ist der Raum zwischen dem Sender und Empfänger, zwischen Schöpfer und Neu-Schöpfer.
5. **zu verwandeln**; zu zerstören, zu erschaffen, loszulassen, Schöpfer zu werden.
6. **aufmerksam zu sein**; dies ist nur mit einer klaren Absicht möglich.
7. **zu verstehen und anzuerkennen**; nach außen hin zu zeigen, daß Du die Mitteilung erhalten hast.

Zusätzliche Definitionen

Erschaffen: die Wahl treffen, das Vorhandene wissentlich qualitativ zu unterscheiden und zu verursachen.

Qualitativ unterscheiden: etwas Neues wahrnehmen an etwas, das wir bereits kennen.

Beziehung: die Bereitschaft, sich auf eine wechselseitige Verbundenheit mit etwas weit über Dich Hinausreichendes einzulassen, und zwar verbindlich und zuverlässig.

Wahl: die Bereitschaft, im Rahmen Deiner Wahl »alles mögliche« zu sein, bedeutet Hingabe an den schöpferischen Prozeß.

Entscheidung: die Bereitschaft, im Rahmen Deiner Entscheidungsmöglichkeiten »realistisch« zu sein, bedeutet Mühe und Anstrengung gegenüber Veränderung.

Einsicht: wenn Du zum ersten Mal etwas aus dem Erfahrungsschatz eines anderen erlebst.

Erfolgreiche Kommunikation bringt unmittelbare Erfahrungen, Wahlmöglichkeiten und Einsichten hervor. Sie verwandelt den Empfänger und den Sender.

Normale Kommunikation bringt Erinnerung an Erfahrung und Entscheidungen hervor. Manchmal verändert sie den Empfänger, manchmal nicht.

Erfolgreiche Kommunikation mißlingt,

❍ wenn Du anfängst, recht haben zu wollen.

❍ wenn unangemessene Gefühle mit der Botschaft verbunden sind.

❍ wenn Zusammenhang oder Inhalt nicht stimmen.

Meisterschaft in erfolgreicher Kommunikation ist das, was passiert, wenn wir aufhören zu kämpfen, um zu kommunizieren.

Selbstentdeckung

Qualität 7
Erfolgreiche Kommunikation

Erfolgreiche Kommunikation: Der Austausch von Ideen, durch den die Erfahrung des einen willentlich und gezielt im anderen wiedererschaffen wird.

1. Benenne drei Menschen, mit denen Du Deinem Gefühl nach erfolgreich kommunizierst. Beschreibe warum.

____

____

____

Setze Dich dafür ein, diesen Zustand auszudehnen.

2. Benenne drei Menschen, mit denen Du dieses Gefühl nicht hast.

____

____

____

Triff die Wahl, diesen Zustand zu verbessern.

3. Was hält Dich davon ab, erfolgreiche Kommunikation in diesen Beziehungen zu erschaffen? Was bist Du nicht bereit zu tun?

4. Nimm die Beispiele für erfolgreiche Kommunikation wahr, die Dir als Kind begegnet sind. Benenne drei Formen, wie Deine Eltern Dir erfolgreich Dinge mitgeteilt haben.

5. Zähle drei Formen auf, wie Deine Eltern Gedanken zurückhielten.

Sei bereit, dieses Verhalten in Dir loszulassen, es loszuwerden.

6. Benenne drei ausgesprochene, gemeinsame Ziele, die Du jetzt in Deinen Beziehungen verfolgst.

____

____

____

7. Schreib etwas über eine der bedeutsamsten Einsichten, die Du hattest.

____

____

____

Öffne Dich jetzt dafür, daß Du häufiger Einsichten hast.

8. Zähle klar auf, was Du jetzt in Deinen Beziehungen bereit bist zu haben:

Ehe ____

Geliebte(r) ____

Familie ____

Beruflich ____

Freunde ____

9. Schätze ein, wie erfolgreich Du Deine Gefühle, Vorstellungen und Gedanken Menschen übermittelst, mit denen Du in Beziehung stehst.

|________|________|________|________|
0 % 25 % 50 % 75 % 100 %

10. Wie kannst Du diese Fähigkeit bewußt erweitern?

Ich werde ______________________________

____

____

Triff nun bewußt die Wahl, dies jetzt zu tun!

11. Benenne 8 bis 10 Ergebnisse, die Du bereit bist, durch erfolgreiche Kommunikation zu erschaffen.

____

____

____

____

____

____

____

12. Benenne fünf Dinge, die Du bereit bist, zu verändern oder zu tun, um erfolgreich zu kommunizieren.

13. Benenne fünf »reale« Zustände, in die Du bereit bist, Dich zu begeben, um Dein Leben genau so zu haben, wie Du es Dir aussuchst.

14. Benenne vier bedeutende Beziehungen. Schreibe dann für jede eine zurückgehaltene Äußerung auf: was Du fürchtest, mit der Aufdeckung dieses Geheimnisses aufs Spiel zu setzen, was Dir das Zurückhalten einbringt und was es Dich und den anderen gekostet hat.

Beziehung zu: ______________________________

____

Zurückgehalten: ______________________________

____

Angst: ______________________________

____

Gewinn: ______________________________

____

Preis: ______________________________

____

Qualität 8

Frei von elterlicher Autorität

In meiner Kindheit hatte ich keine guten Vorbilder für »Autorität«. Mein Vater war ein aufbrausender Diktator, meine Mutter das passive, manipulierende Märtyreropfer. Auch die Vorbilder, die ich draußen fand, waren nicht so, daß man darüber in Verzückung geraten könnte: harte Burschen, Unterweltler und eine Auswahl anderer unseliger Charaktere.

Meine Schwester war eine ausgemachte Rebellin, die dafür nur bestraft wurde. So wurde ich zurückhaltend, ging in den Untergrund und wurde antiautoritär à la Bob Dylan.

Im Alter von etwa 20 faszinierten mich Autoritäten, die gegen das Establishment waren oder über sprirituelles und psychologisches Wissen verfügten, das ich anstrebte. Ich suchte sie mir, öffnete mich für sie und bin seither vielen großartigen Menschen begegnet.

Einer der wichtigsten war Charles E. Dederich, der Mann, der Synanon gegründet hat, das später das Modell für therapeutische Kommunen und Encountergruppen werden sollte. Bis zum heutigen Tag wird »Chuck«, wie wir ihn nannten, für seine enorme Leistung bei weitem nicht entsprechend gewürdigt.

Er war für mich die erste Autoritätsperson, die es mit Worten schaffte, meine Kruste zu durchbrechen. Er war die erste Autoritätsperson, der ich bewußt vertraute, denn er versprach mir nichts, an was er nicht glaubte. Er belohnte und bestrafte mich, wenn ich es verdiente. Wirklich, er war die erste konsequente Autoritätsperson, die ich jemals erlebt habe. Er konnte durch meinen ganzen Müll hindurchsehen. Er öffnete mir Türen, für die ich blind war.

Drei bis fünf Mal in der Woche saßen wir stundenlang in einem Kreis beisammen, um uns gegenseitig mit unseren Verstellungen, Abwehrmechanismen und psychischen Blockaden zu konfrontieren. Es gab in diesen »Hut ab«-Sitzungen keine erklärte Autorität. Ich lernte schnell, daß es allein von mir abhing, wie gut ich jeweils war. Es ging um das Überleben des psychisch Besten. Er erreichte mich, er brachte mich dazu, selbst Autorität sein zu wollen. Autorität hörte auf, etwas Hassenswertes zu sein. Mein Verständnis wandelte sich: Ich war Autorität, wenn ich etwas vortrefflich tat und dabei ganz ich selbst war. Dederich machte mir klar, daß ich es wert war, eine Autorität zu sein – auf ganz natürliche Weise, als Freund, Begleiter, als »einer der Jungs«. Ich habe mir diese Haltung bis heute bewahrt. Ich zerstöre Mystik. Wenn sich meine Studenten an mich hängen und mich auf ein Podest heben, springe ich herunter. Meine Arbeit gilt dem entmystifizierenden Bewußtsein und das bedeutet, daß ich niemals als ein Gefangener in meinem eigenen Ashram enden werde. So viele großartige Lehrer sind in ihrer Mystifizierung gefangen, die nur zur Blindheit ihrer Studenten beiträgt.

Meine Blockiertheit gegenüber Autorität begann sich aufzulösen. Ich wurde so gut in dem, was ich tat, daß Chuck mich zu einem der drei »Syna-Meister« (Encounter-Meister) machte.

Als dann meine Mutter – meine allererste Autoriätsfigur – zu meiner Hochzeit nach Los Angeles kam, war dies für mich ein sehr wichtiger Augenblick. Die Mauern zwischen uns stürzten endlich ein.

Mein Vater spielte noch immer seine sture und distanzierte Autoritätsrolle. Erst nachdem ich die 30 hinter mir gelassen und international

Ansehen erworben hatte, fing er an, Notiz von mir zu nehmen. Ich hatte ihn tief verletzt. Sein Sohn – so dachte er – sei ein Taugenichts, ein Rebell. So hatte er mich immer den Cousins präsentiert, die so waren, wie er mich gerne gehabt hätte. Er hatte geweint, als ich mit dem Gesetz in Konflikt geraten war. Ich hatte ihn also offensichtlich zutiefst verletzt. So mußte erst einiges an Erfolg sichtbar werden. Er konnte niemals verstehen, daß ich es auf meine Art tun mußte. Doch letzten Endes stürzten auch zwischen uns die Mauern ein. Heute haben wir eine offene, liebevolle Beziehung, gefühlvoll und freimütig – wie zwischen alten Freunden. Es ist eine Freude, eine solche Beziehung mit seinem Erzeuger zu haben.

Mein Sohn Jason und ich haben eine ähnlich liebevolle, nicht autoritäre Beziehung. Jasons Mutter und ich hatten ebenfalls keine anderen Regeln als die, uns gegenseitig Bescheid zu sagen, wenn wir nicht länger zusammen sein wollten. Alle Geliebten in meinem Leben hatten immer die Freiheit, sie selbst zu sein und auch ich bin frei, ich selbst zu sein. Selbst TNI basiert als Organisation auf freier Wahl, nicht auf autoritären Regeln. Die einzigen Menschen, die für mich arbeiten, arbeiten mit mir. TNI hat keine Angestellten. Sie sind alle Partner aus freier Wahl.

Qualität 8

Frei von elterlicher Autorität

Autorität: Jemand oder etwas, von dem Du Dich freiwillig beeinflussen läßt und lernst.

Die meisten erleben Autorität als Kontrolle. Aber es gibt eine andere Form von Autorität, die absolut präzise und wirkungsvoll ist. Wenn Du Deine Vorgesetzten als Chefs erlebst, die Dich kontrollieren und denen Du möglicherweise mißtraust, ist das nicht diese Art Autorität.
Durch die andere Form von Autorität kannst Du andere Menschen, die Du Dir dazu ausgesucht hast, als Lehrer erleben.
Wahre Autorität erlangt Hochachtung. Du kommunizierst mit ihr und bist dankbar für die Gelegenheit, etwas von ihr lernen zu können.

Zwei Wesensmerkmale sind lebenswichtig für eine lebendige Beziehung, nämlich **Aufrichtigkeit und das Fehlen von Schuld**. Wir übersehen leicht, daß es unmöglich ist, zu lügen oder sich schuldig zu fühlen, wenn es keine Autorität gibt. Wenn Du in irgendeiner Deiner Beziehungen unaufrichtig bist, dann schau genau nach, wieviel Macht Du dieser Beziehung gegeben hast.

❍ Wenn Du unehrlich bist, wieviel Geld Du verdienst, schau, wieviel Macht Du dem Geld gibst und was es für Dich symbolisiert.

❍ Wenn Du Deine Frau, Deinen Mann oder irgendjemanden, der Dir sehr nahesteht, anlügst, finde heraus, wieviel Macht und Kontrolle Du diesem Menschen gegeben hast.

❍ Wenn Du Deine Eltern anlügst, werde Dir klar, daß Du Deinen Eltern entwachsen bist.

Wenn Du Dich noch immer auf Deine Mutter oder Deinen Vater als elterliche Autoritäten beziehst, bist Du der Vergangenheit verhaftet. Du mußt dann eine neue lebendige Beziehung zu ihnen erschaffen, frei von Kontrolle und dem Wunsch nach Bestätigung.
Wenn Du niemandem Rechenschaft schuldest, gibt es keine Unaufrichtigkeit.

Schuld ist kein Gefühl. Schuld ist eine Form von Manipulation. Es ist ein Trick, den Menschen anwenden, um andere zu kontrollieren. Sie wird dazu benutzt, andere Menschen dazu zu bewegen, das zu tun, was die jeweilige Autorität will. Eltern setzen Schuld wirkungsvoll ein, um ihre Kinder zu kontrollieren. Später benutzen die Kinder dann das gleiche, um ihre Eltern zu kontrollieren.

❍ Wenn Du selbstbestimmt bist, gibt es keine Schuld.

Auch wenn dieser Irrglaube weit verbreitet ist: Kinder lernen das Lügen nicht von »schlechter Gesellschaft« auf Schulhöfen. Kinder lernen lügen, um zu überleben. Sie lernen im Umgang mit ihren Eltern und anderen Autoritätspersonen zu lügen, um sich und diejenigen, die sie lieben, zu schützen. Zum Beispiel:

❍ Dein Vater, Deine Mutter bitten Dich, über Deine Kindheitsabenteuer die Wahrheit zu erzählen. Du tust es und wirst bestraft.

❍ Ein Freund fragt Dich, was Du über seine Freundin denkst. Du sagst es, und er beschließt, nicht länger Dein Freund zu sein.

Schon früh im Leben lernst Du, daß Wahrheit schmerzlich ist. Dies gilt insbesondere für die Menschen, die Du liebst. Du lernst, daß Liebe viele Erfahrungen an die Oberfläche bringt, die ihr gänzlich unähnlich sind, wie etwa Schmerz, Ablehnung, Kontrolle, Angst etc. ...

Dann kommst Du nach Hause, Deine Mami fragt: »Johnny, wo warst Du heute?« Und Du antwortest: »Oh, nirgends, einfach draußen spielen.« Sie lächelt, schaut nach, ob Du Deine zwei Arme, Hände, Beine und Augen noch hast – und das ist dann alles, was sie wirklich interessiert. Und Du hast etwas gelernt: geliebten Menschen gegenüber unehrlich zu sein. Und von nun an fährst Du fort, Dich gerade auf Menschen, die Du liebst, so zu beziehen.

Deine Eltern fragen Dich nach der Wahrheit. Und wenn Du sie ihnen dann erzählst, machen Sie Dir klar, daß Du sie verletzt. Manche verletzen Dich sogar körperlich dafür, daß Du sie mit der Wahrheit verletzt hast. Du fängst an zu lügen, weil Du sie liebst und von ihnen abhängig bist. So wird Unaufrichtigkeit zu einer Begleiterscheinung von Liebe.

Sei aufmerksam, denn dieses Verhaltensmuster wirst Du fortsetzen mit Ersatzeltern, Gefährten, Deinen eigenen Kindern.... mit jedem. Die Wurzel liegt in dieser Form von Autorität. Einiges davon kann bis zu der Zeit vor Deiner Geburt zurückverfolgt werden.

Schon bevor Du geboren wurdest, haben »wichtige andere« (d.h. Deine Eltern) Dein Leben gemäß ihren Träumen geplant. So mag es denn so aussehen, als ob Du feindselig oder rebellisch bist, wenn die Wahlen Deines Lebens nicht mit ihren Träumen übereinstimmen (was Teenagern immer passiert).

❍ Du mußt wach sein und diese Art von Autorität bewußt aus Deinem Leben verbannen.

Es sieht so aus, als ob sich alle in Dein Leben einmischen und Dir erzählen wollen, was Du zu tun hast. Sie haben alle Pläne für Dich. Schon bevor Du in diese Welt kommst, stehst Du auf die eine oder andere Art unter der Auswirkung von Autorität.

Du wirst geboren mit:

❍ einem Namen,

❍ einem ethnischen Erbe,

- einem religiösen Glauben,
- einem sozio-ökonomischen Hintergrund,
- einem bestimmten Geschlecht,

Du wirst zu Tode definiert. Dein menschliches Sein wird zum Opfer von **Mord per Definition**.

Menschen in lebendigen Beziehungen sind nichts als sie selbst.

- Entweder Du fühlst eine Nähe zu ihnen oder nicht.
- Du respektierst, daß sie ebenso wie Du dieses Recht haben.

Wenn Du in einer lebendigen Beziehung bist, nimmst Du Meinungen und Ansichten im allgemeinen nicht persönlich.

Das bedeutet nicht, daß Du Dich weder um Dich noch um andere kümmerst. Es bedeutet einfach, daß Du nicht bereit bist, für sie anders zu sein, als Du wirklich bist. Wenn sie jedoch für Dein Leben sehr wichtig sind, wirst Du Dich mühelos freiwillig mit ihnen verändern.

- Wenn Du in einer lebendigen Beziehung bist, magst Du Dich, wie Du bist.
- Wenn Du Dich, so wie Du bist, mögen und lieben kannst, brauchst Du keine Autorität, die Dich kontrolliert.

Je mehr Du kontrollierende Autorität loslassen kannst, um so mehr kannst Du Dir selbst und anderen etwas geben; um so mehr bist Du in der Lage, Resultate in Deinem Leben zu erschaffen.

Wenn Autorität Kontrolle ist,

- wirst Du von ihr abhängig. Du hörst buchstäblich auf zu wachsen.
- hemmst Du den Lebensprozeß.

In einer unehrlichen Umgebung kann keine liebevolle Beziehung existieren. Aufrichtigkeit ist der fruchtbare Nährboden für die Liebe. Die Ironie oder das Dilemma ist: während Liebe eine unaufrichtige

Beziehung nicht überlebt, überlebt die anfängliche Romantik, die euch zusammenbrachte, eine aufrichtige Beziehung nicht. Du mußt also eine Wahl treffen, Liebe oder Romantik, Ehrlichkeit oder Unaufrichtigkeit. Die Wahl sollte klar sein.

❍ Manchmal mußt Du in Deinem Leben zwischen Liebe und Romantik wählen, wenn Du in Deiner Beziehung wachsen willst.

Wenn die Romantik nachläßt, und Ihr beginnt, Euch anders aufeinander zu beziehen, hast Du vielleicht zunächst das ungute Gefühl, daß etwas nicht stimmt. Das geschieht aufgrund Deiner Überzeugungen und nicht zuletzt auch deswegen, weil die Gesellschaft von Romantik besessen ist.

Wenn jedoch die Ehrlichkeit überwiegt, seid Ihr auf dem richtigen Weg. Es ist an der Zeit, daß Ihr Euch auf eine höhere Ebene bewegt, Ihr einander dient und Euch umeinander kümmert.

Wenn die Romantik verblaßt und die Beziehung nicht mehr so leidenschaftlich »heiß« ist, entsteht etwas, das wir »bewußte Liebe« nennen. Dann brauchst oder willst Du die romantische Illusion nicht mehr. Du liebst bewußt und wirst bewußt und aus freier Wahl geliebt.

Romantik ist nicht länger ein wesentliches Element Eurer Beziehung, denn sie ist weniger befriedigend als die Erfahrung bewußter Liebe. Romantik ist unserer früheren Sehnsucht nach weißem Zucker nicht unähnlich. Für die meisten nimmt diese Sehnsucht ab, je mehr sie sich anderer, subtilerer und befriedigenderer Möglichkeiten bewußt werden.

Genau wie Liebe eine unehrliche Beziehung nicht überleben kann, verflüchtigt sich in einer aufrichtigen Beziehung der romantische Dunst. Du fängst an, Romantik auf die gleiche gesunde Art zu schätzen, wie Du es mit gelegentlichen Ferien tust.

Wenn Du im Rahmen einer solchen Beziehung Romantik brauchst, sei schöpferisch. Erschaffe ein wenig positives Drama. Würze sie damit und genieße Romantik einfach in dem Wissen, daß sie eine Illusion ist – eine

Art Urlaub, von dem Du zur echten Liebe zurückkehrst. Romantik ohne bewußte Liebe ist wie ein Pfeffersteak ohne Steak.
In einer unaufrichtigen Umgebung kann eine Beziehung zwar entstehen, sie wird jedoch nicht überleben. Im Rahmen unserer Konkurrenzgesellschaft machen viele Menschen krumme Geschäfte oder erziehen ihre Kinder in Unaufrichtigkeit. Dabei halten sie sich sogar für besonders schlau. Sie sind auf ihre hinterhältigen Praktiken und Taktiken auch noch stolz. Diese stolzen Aktionen werden jedoch jede Liebesbeziehung zerstören.

Um zu überleben und zu erblühen, braucht eine Liebesbeziehung Aufrichtigkeit. Ohne sie wird sie zugrundegehen.

Ehrlichkeit erfordert Mut. Du brauchst Mumm, und Du mußt Dich mit Dir wohlfühlen.
Der alte Spruch: »Aufrichtigkeit ist die beste Politik« beschreibt nicht wirklich die Qualität von Aufrichtigkeit, die ich meine. Die Aufrichtigkeit, von der ich spreche, ist mehr spriritueller Natur – mehr eine Sache des Herzens.
Sobald Aufrichtigkeit zur »Politik« wird, ist sie eine Form von Manipulation, die sich Veränderung widersetzt. Sie ist dann etwas, das Du benutzt, um etwas zu gewinnen. Diese Form von Aufrichtigkeit ist weder weise noch intelligent. Sie wird zu Kontrolle.
Bewußte und intelligente Menschen haben kein Interesse daran, eine kontrollierende Autorität zu sein. Sie wissen, daß dominantes Verhalten nur kurzlebige Resultate erschafft. Sie sind mehr daran interessiert, Menschen zu lieben und sich selbst zu kennen.

❍ Wenn Du Dich selbst liebst, willst Du nicht vor Dir selbst davonlaufen.

❍ Wenn Du einen anderen Menschen kontrollierst oder dominierst, versuchst Du, vor Dir selbst davonzulaufen.

Es ist eine weitverbreitete Form der Flucht, eine beherrschende Autorität zu sein. Du bist Tag und Nacht damit beschäftigt. Bevor Du ins Bett gehst, während Du schläfst und im Moment des Erwachens sinnst Du über Kontrolle nach und wirst davon selbst kontrolliert. In einer Autoritätsposition zu sein, ist ein 24-Stunden-Job. Du hast Angst, Dich wirklich zu entspannen, denn wenn Du es tust, verlierst Du die Kontrolle. Aufrichtigkeit ohne Autorität ist eine Quelle reiner Freude. Sie ist nicht dazu da, um irgendetwas zu erreichen. Sie erschafft Freiheit und Spaß. Ohne Autorität gibt es nichts zu verlieren, und gleichzeitig bist Du bereit, alles zu verlieren.

Aufrichtigkeit ohne Autorität heißt, den Mut aufzubringen, Du selbst zu sein, den Mut zu sein, wie Du bist und was Du bist. Sowenig wie Autorität Dich so sein läßt, sowenig kann Ehrlichkeit innerhalb einer autoritären Beziehung existieren.

Wenn wir die Konditionierungen abschütteln, die wir früh in unserem Leben Autoritäten gegenüber erworben haben, erleben wir plötzlich Freiheit. Wir erleben die Freude, aufrichtig zu sein, frei von Schuldgefühl.

Wir bewegen uns von der politischen Formel: »Es ist immer zu Deinem Vorteil, die Wahrheit zu sagen« zu der nichtautoritären Wahrheit der Erfahrung, die lautet: »Es ist immer zu Deinem Vorteil, **Dir selbst** die Wahrheit einzugestehen.«

Intelligente Menschen brauchen keine elterliche Autorität. Dieses Kapitel und dieses Buch sollen Dir zeigen, wie Du die Intelligenz wiederentdeckst, mit der Du geboren wurdest. Denjenigen, die Dich heute kontrollieren, seien es die Eltern, Lebensgefährten, Kinder, Arbeitgeber, Therapeuten, Gurus oder wer auch immer, wird es vielleicht nicht gefallen, daß Du dieses Buch liest. Besonders dann nicht, wenn es für Dich funktioniert, wenn es Dich veranlaßt, aufrichtig zu sein ohne das Bedürfnis nach elterlicher Autorität. Behalte einfach im Gedächtnis:

❍ Elterliche Autorität erschafft nur Ernsthaftigkeit, aber kein Glück.

❍ Elterliche Autorität erzeugt Trennung und nicht in Beziehung zu sein.

Sieh der Tatsache ins Auge, daß 20 bis 30 Jahre elterlicher Autorität – oder gar mehr – viele Deiner inneren Schätze zerstört haben.

❍ Sie haben Aufrichtigkeit, Freude, Freiheit, Kreativität zerstört und alle anderen Geschenke Deiner Geburt.

❍ Im Austausch dafür bekamst Du Lügen, Theorien, Worte, Sprachregelungen und noch mehr Worte.

❍ Die Spontaneität und Intuition, die Du bei Deiner Geburt hattest, sind totem Wissen, Reaktionen, Gehorsam und Pflicht geopfert worden.

Wer sich ausgesucht hat, bewußt zu sein, sieht elterliche Autorität als das, was sie ist: eine Hypnose, eine Dressur, ein Hinbiegen des Verstandes.

Autorität als Kontrolle ist der Erweiterung des Bewußtseins entgegengesetzt. Als der spirituelle Lehrer Krishnamurti noch ein junger Bursche war, wollten die Theosophen einen »Weltlehrer« aus ihm machen. Aber er war zu intelligent für so etwas. Er wußte, es hatte niemals einen Weltlehrer gegeben, noch würde es je einen geben. Doch selbst diese Intelligenz konnte ihn vor den Narben eines autoritären Umfelds nicht bewahren. Seine Ernsthaftigkeit sowie seine Schwierigkeiten mit Humor deuten darauf hin.

Mit einem autoritären Menschen in Beziehung zu sein heißt, in einer Wüste zu leben, unbewußt zu sein. Es heißt, mit Menschen zusammenzusein, die Dir nicht erlauben zu blühen, Frucht zu tragen, zu wachsen, oder – was am zerstörerischsten ist – zu kommunizieren.

Du sagst etwas und sie hören etwas anderes. Deine Kommunikation wie auch Deine Beziehungen, sind ständig voller Mißverständnisse. Wenn Du sprichst, hören sie ihre Eltern, ihren Lehrer aus der Sonntagsschule, ihre Disziplin.

Wenn Du aber frei von Autorität bist:

❍ redest Du von einer völlig anderen Bewußtseinsebene aus und hörst auch von dieser Bewußtseinsebene aus zu.

❍ sprichst Du spontan und hörst anteilnehmend zu.

❍ werden Deine Beziehungen existentiell, vertrauensvoll. Sie sind in der Gegenwart.

Lehren ohne elterliche Autorität klingt eher wie Mitteilen. In einer solchen Umgebung verwandeln sich Lehrer in Begleiter. Sie verlieren ihren autoritären Unterton. In einer solchen Umgebung hast Du nicht das Gefühl, belehrt zu werden. Du fühlst Dich aus freier Wahl gefesselt. **Intelligenz kann in Wahrheit nicht gelehrt werden. Sie muß vielmehr erlebt und dann anerkannt werden.**

Lebendige Beziehungen können nicht erzwungen werden. Ekstatische Beziehungen können nicht erzwungen werden. Intelligente Menschen können nicht lange bevormundet, befehligt und herumkommandiert werden. Autoritäres Gebrülle appelliert nicht an das Verständnis; es öffnet nicht das Herz. Es sagt einfach, »Tu dies! Tu das!«.

Sobald Du einmal Dein Bedürfnis nach elterlicher Autorität verloren hast:

❍ wirst Du Dich selbst bestimmen,

❍ wirst Du Dein eigener Meister sein: ein Individuum, das überall Individuen sieht,

❍ siehst Du Gesichter zum ersten Mal, hörst Lachen und Freude, fühlst Erregung

❍ fühlst Du Dich meist geliebt.

Liebevolle Autorität richtet weder Dich noch irgendjemanden anderen. Sie prüft nur Dein Verhalten. Das heißt, Deine Arbeit wird korrigiert,

nicht Du als Person. Liebevolle Autorität gibt Dir Nahrung, wenn sie andauert. Und in diesem Prozeß wird Deine Arbeit immer besser.
Frei von elterlicher Autorität spürst Du die Energie in Deinem Innern.
Du überwindest die Zweiteilung von Arbeit und Spiel.
Ohne Autorität

- erschaffen Beziehungen ihre eigene Autorität
- entsteht eine innere Verbundenheit, eine kollektive Autorität
- entwickelt sich ein kollektives Bewußtsein.

Kollektives Bewußtsein benötigt nur gelegentlich Anleitung. Es wird nichts erzwungen. Es wird in Übereinstimmung gebracht und synchronisiert. Jeder spielt ein anderes Instrument, aber die Harmonie und der Pulsschlag spielen zusammen.
Ein Orchester hat einen Dirigenten, aber der Dirigent ist einfach ein weiterer Teil des Ganzen – im Einklang mit den Instrumenten. Ein Fluß entsteht zwischen dem Dirigenten und dem Orchester. Genauso verhält es sich mit kollektivem Bewußtsein.
Es ist eine Umgebung, in der die Rigidität des »Tu dies!« und »Tu das!« nicht länger von beherrschender Präsenz ist.
Wahre Autorität will Dir Dein Wissen geben, nicht ihres.
Wahre Autorität erschafft Intelligenz, keine aufdringlichen Intellektuellen.
Als Erwachsener brauchst Du Dir nichts aufdrängen zu lassen.

Selbstentdeckung

Qualität 8

Frei von elterlicher Autorität

Autorität: Jemand oder etwas, von dem Du Dich freiwillig beeinflussen läßt und lernst.

1. Nimm wahr, ob Deine Mutter und Dein Vater noch elterliche Autorität auf Dich ausüben. Wenn es so ist, benenne, wie und wo dies geschieht und warum Du ihnen noch immer erlaubst, dies dort zu tun. Wie sieht Deine Rache aus?

Vergegenwärtige Dir, daß Du nicht länger Eltern brauchst. Wähle, Deine Erzeuger zu lieben und zu ehren.

2. Nimm wahr, wo in Deinem Leben noch elterliche Autorität wirksam ist – wo Du Dich eingeschüchtert fühlst, wo Du lügst, wo Du Dich schuldig fühlst. Benenne drei Bereiche, wo und warum Du es zuläßt.

____

____

____

Schließe nun Deine Augen und laß Deinen Ärger los. Verzeihe Dir dann Dein unwissendes Verhalten.

3. Nimm wahr, wie Du die Arbeit Deiner Mutter und Deines Vaters als Eltern angesehen hast. Hast Du Dich verraten, im Stich gelassen, ungeliebt gefühlt?

❍ Nein ❍ Ja, wenn ja, erläutere:

____

____

____

Verstehe, daß Du keine Eltern brauchst und verzeihe ihnen. Verstehe, daß auch Deine Eltern Eltern hatten.

4. Gibt es Dinge in Deinem jetzigen Leben, die von einer Autorität bestimmt wurden, die Du verändern möchtest oder mit denen Du nicht übereinstimmst?

❍ Nein ❍ Ja, wenn ja, erläutere:

Erkenne diese Autorität an, lasse sie los und laß dieses Verhalten verschwinden.

5. Benenne drei Autoritäten in Deinem Leben, die Dich darin unterstützt haben, selbstbestimmt zu werden.

Triff jetzt die Wahl, ihnen Deine Anerkennung zu übermitteln.

6. Mit wem in Deinem Leben jetzt kannst Du Du selbst sein, kannst Du aufrichtig sein und Dich unterstützt fühlen? Benenne drei Menschen.

Triff die Wahl, ihnen Deine Anerkennung mitzuteilen.

Qualität 9

Die Fähigkeit zu empfangen

Eine der schwierigsten Herausforderungen für mich war es, meine Fähigkeit zu empfangen zurückzugewinnen. Nach 15 Jahren bewußten Übens traf ich endlich auf Überfluß. Mein Bedürfnis, mich zu verstecken und an Mangel zu orientieren, verschwand.
Seitdem hielten Glück, Gesundheit, Wohlstand, sexuelle Befriedigung und unglaublich schöne Beziehungen Einzug in mein Leben. Meine Arbeit wurde bekannt. Ich fand Anerkennung und diese Anerkennung nimmt zu mit jedem Mal, da ich mich dem öffne, was verfügbar ist. Der Prozeß, mich zu verschließen, begann schon sehr früh. Gegen Ende meiner Teenagerzeit kleidete ich mich völlig in Schwarz. Ich trug einen schwarzen Vollbart, lange Haare und die dunkelste Sonnenbrille, die ich finden konnte. Zu manchen Zeiten war meine rosa Nase der einzig sichtbare Teil meines Körpers. Ich gab so wohl kaum das Bild eines offenen, empfänglichen Menschen ab. Tatsächlich hatten die Leute Angst, mich auch nur anzusprechen. Genau das war es, was ich zu jener Zeit wollte.
Inzwischen habe ich gelernt, »ja« und »danke« zu sagen. Es hört sich albern an, aber es stimmt. Übe es einfach. Wenn jemand fragt, ob er Dir einen Tee machen kann, dann sage statt: »Nein, ich mache es selbst« einfach »Ja, danke!« Wenn Du das geschafft hast, sag es mit Augenkontakt!

Mit der Zeit wird Dein Bedürfnis, Dich verbal, sexuell und finanziell zu revanchieren, verschwinden. Du wirst wieder einmal die Freude und Kraft spüren, die von dem Gefühl kommen, Überfluß zu verdienen.

Etwas zu bekommen war schwierig für mich, denn ich war ein weiches, verletzliches, liebevolles Kind, das in der kalten Realität der Straßen New Yorks aufwuchs. Was ich lernte war, nicht zu empfangen. Ich verbrachte den größten Teil meiner Kindheit damit zu lernen, nichts anzunehmen, nicht verletzlich zu sein, nicht verfügbar zu sein. – Ich mußte ganz neu erlernen, etwas einfach anzunehmen. Bis heute gibt es Zeiten, da mir das Schwierigkeiten bereitet – Zeiten, in denen ich das Gefühl habe, darin zu ersticken oder Hintergedanken fürchte. Ich hatte gelernt, mißtrauisch zu sein, wenn ich Lob und Anerkennung begegnete.

Ich kann viel besser geben als empfangen, deshalb bin ich auch als Lehrer so erfolgreich. Heute ist mir klar, daß meine Zurückhaltung mein persönliches Wachstum und meine Karriere für lange Zeit hemmten. Sobald ich einmal in der Lage war, mich dafür zu öffnen, etwas zu bekommen und anzunehmen, geschah vieles ganz einfach. Plötzlich rief mich Muktananda in meinen Träumen und in meinem Geist und Michael Hughes kam wieder zu mir in diese Zeit, um mich zu leiten. Sie waren beide extrem kraftvolle Menschen. Sie hatten spirituelle Kräfte und Fähigkeiten, die wir für unerreichbar halten. Es war wirklich wichtig für mich, zu sehen, daß diese Männer so sein konnten, ohne schwach zu sein. Für mich war es bis dahin ein Zeichen von Schwäche, empfänglich zu sein. Nachdem diese beiden Menschen mir gezeigt hatten, was Mitgefühl ist, brachten die Frauen und mein Sohn Jason die Fähigkeit zu empfangen in mein Leben. Ihr Mitgefühl öffnete in meinem Innern die Tür zu einer weiblichen Verletzlichkeit, die mir erlaubte, rezeptiv zu sein. Inzwischen kann ich voller Freude empfangen.

Qualität 9

Die Fähigkeit zu empfangen

Empfangen: Zulassen, daß in Deine Wirklichkeit gelangt, was vorhanden ist. Ekstase in Beziehungen.

Alles, was Du in Deinen Beziehungen gibst oder verwehrst, wird Dir gegeben oder verwehrt.
Geben und empfangen in Beziehungen ist Ekstase. Um nichts anderes geht es bei allem, was lebendig ist. In lebendigen Beziehungen geht es um:
❍ dienen
❍ empfangen
❍ erschaffen
❍ wiedererschaffen.

Als Neugeborenes warst Du nicht in einer **gebenden und verwehrenden** Beziehung. Du warst in einer **gebenden und empfangenden** Beziehung: in dem Zustand, den wir meist als **bedingungslose Liebe** bezeichnen. Dann mußten Deine Mutter und Dein Vater »Eltern« werden. Plötzlich kamen Regeln ins Spiel, denn die Arbeit von Eltern kann nur unter Einsatz bedingter (an Bedingungen geknüpfter) Liebe getan werden.
Für Dich sah diese Arbeit manchmal so aus, als ob Deine Mutter und Dein Vater Dich nicht liebten. Auch sie selbst erlebten es zuweilen so.
❍ Wenn Du ihnen noch immer nicht dafür verziehen hast, manifestiert sich dies in Deinen gegenwärtigen Beziehungen als Krankheit.

An einem bestimmten Punkt fingen Deine Eltern an,
❍ Dir etwas zu geben und zu verwehren,
❍ Dich für gutes Betragen zu belohnen,

❍ Dich darauf vorzubereiten, in unserer Gesellschaft zu bestehen - in einer Gesellschaft, die Kinder als Störenfriede betrachtet, die gezähmt werden müssen.

Als Du älter wurdest, nahmst Du mehr und mehr entweder die Rolle des Gebenden oder die des Verwehrenden an. Ohne Dir dessen bewußt zu sein, hast Du Dich vielleicht - wie die meisten Menschen - dafür entschieden, eine dieser Rollen zu übertreiben - meist die des Verwehrenden.
Wir haben diese Rollen als Kinder einstudiert, sie haben uns geholfen, als Kinder zu überleben. Wer oft angegriffen wurde, dazu gezwungen, etwas vorzuführen, ständig ausgefragt und vielleicht auch sexuell belästigt oder verführt wurde, lernt eher, sich durch Verweigerung zu schützen, als sich hinzugeben. Die Verweigerer haben in der Tat Angst davor, daß man sie
❍ überwältigt, erobert, überhäuft, in Besitz nimmt, schwächt, ausnutzt oder angreift.

Die Gebenden haben ihre Kindheit so erlebt, daß ihnen seelische Nahrung oder Aufmerksamkeit verwehrt wurden. Wie es wirklich war ist unwichtig. Wichtig ist, wie sie es »erlebt« haben. Einige von ihnen wurden wirklich früh entwöhnt, nicht gehalten oder gewiegt oder viel alleine gelassen. Der Gebende lernt dann,
❍ zu gefallen, die Initiative zu ergreifen, strebsam zu sein und zu manipulieren.

Die Gebenden werden »gute Jungens« und »liebe Mädels«. Die Verweigerer werden die »schwarzen Schafe«. Die Gebenden bekommen wenig Aufmerksamkeit, die Verweigerer eine Menge davon.

Die Gebenden fühlen sich eher

❍ aufgedreht, hinnehmend, sexuell, verpflichtet, abgelehnt, voller Wünsche, bedürftig und als Opfer.

Verweigerer fühlen sich eher

❍ getrennt, kritisch, geschlechtslos, unentschlossen, begehrt, überlegen, unberührbar und ausbeuterisch.

Auch heute noch neigst Du dazu, Dich unbewußt in Deine Beziehungen zu stürzen und Dich nach diesen Mustern zu Verhalten. Den Menschen, mit denen Du in Beziehungen stehst, gibst oder verweigerst Du, je nachdem ob Dir ihr Verhalten gefällt oder nicht. **Bewußt oder unbewußt versuchst Du, sie zu erziehen.**

Gebende finden ihre Partner falsch und ausbeuterisch. Sie fühlen immer den »tiefen Schmerz«, sich echt zu verlieben und dann abgewiesen zu werden.

Verweigerer betrachten ihre Partner als gut, aber fehlgeleitet. Sie »fühlen sich schuldig«, die Liebe ihres Partners zurückzuweisen und nehmen sich selbst als nicht liebenswert wahr.

Beiden gemeinsam ist ihre Angst. Der Gebende hat Angst, daß ihn niemand mehr mag, sobald er aufhört zu geben. Der Verweigernde hat Angst, daß ihn keiner mehr mag, sobald er aufhört zu verweigern. Diese wechselseitige Furcht führt zu Machtkämpfen in der Beziehung. Diese Machtkämpfe drehen sich um Sex, Geld, den Haushalt, die Kinder … um alles und jedes.

Der Gebende fängt an zu geben, um zu kontrollieren und zu erobern. Der Verweigernde fängt an zu verweigern, denn er fühlt sich dem Gebenden überlegen, er hat unter seiner Würde gewählt, er verdient Besseres. Meist steckt hinter all dem die traurige Wahrheit, daß er sich selbst nicht liebenswert fühlt.

Wenn Gebende und Verweigernde genug Machtkämpfe verloren haben, erschaffen sie Distanz durch

❍ die Abgrenzung ihres Territoriums, Aufbauen von Fassaden, Arbeitseifer, der ihre Beziehungen oder die Familie ausschließt.
❍ ein Verhalten, das sich mit ihren Kindern oder der Familie befaßt und den Ehepartner oder Geliebten ausschließt.

Schließlich machen sie sich gegenseitig Vorwürfe. Sie erschaffen Distanz und wechselseitige Isolation. In der Tat erreichen sehr viele den Punkt, an dem sie permanent ihre Beziehungen verleugnen und damit sich selbst. Vertrautheit verschwindet und verwandelt sich in Trennung.

Um Vertrautheit zu erschaffen, mußt Du zunächst lernen, die Rollen des Gebens und Verweigerns umzukehren. Du mußt Dir zunächst einmal sicher sein, ob Du Intimität wirklich willst. Intimität bedeutet viel mehr, als die meisten bereit sind, in ihren Beziehungen zuzulassen.

Es ist erstaunlich, wie wenig Menschen offen und empfänglich sind. Wir alle haben als Kinder erlebt, daß wir entweder abgewehrt oder ausgenutzt wurden. Darum erschaffen wir

❍ Gebende, die geben, um ihre Beziehungen zu kontrollieren.
❍ Verweigernde, die verwehren, um die Gebenden zu kontrollieren.

Beide haben solche Angst davor, verletzt zu werden, daß sie weder einfach geben noch wohlwollend annehmen können.

Wenn Du Dich mit Kontrolle und Verweigerung abgibst, ist Deine Botschaft in Wirklichkeit:

❍ Es ist Zeit, ein bißchen zu sterben.
❍ Ich will aus dieser Beziehung heraus.
❍ Ich bin unfähig, jemandem wirklich nahe zu sein und zu empfangen.

Zu empfangen ist einer der wesentlichen Gründe für eine Beziehung. Es bietet die Gelegenheit, angenommen und geschätzt zu werden. Es ist auch die Gelegenheit, etwas zu gewinnen, zu lernen, zu erleben, zu vervielfachen, zu verändern und die Mitteilung eines anderen nachzuvollziehen.

Die obengenannten Gründe für Empfangen sind bewußt. Sie sind »absichtsvoll«. Unglücklicherweise sind die meisten Menschen wenig »absichtsvoll«, bewußt oder wenigstens nahe daran, ihr volles Potential zu kennen. Im Erfahrungshorizont der meisten Menschen hat es keinen Sinn und Zweck, etwas anzunehmen. Sie sind noch immer zu sehr der Vergangenheit verhaftet.

Empfangen kann für sie bedeuten, in Besitz genommen zu werden oder sich den Wünschen anderer unterzuordnen. Es bedeutet für sie, sich von anderen ihr Leben überstülpen zu lassen, zu leiden oder unterzugehen und unter der Auswirkung von irgendwelchen anderen Kräften zu stehen.

Wenn Du glaubst, daß Empfangen Unzufriedenheit und Unbequemlichkeit mit sich bringt, dann wird genau das der Fall sein. Denn das, was Du glaubst, legt letztlich das fest, was Du erlebst.

Empfangen kann also für Dich sein:

❍ Befriedigung oder Unzufriedenheit
❍ Freude oder Schmerz
❍ Erfüllung oder Enttäuschung.

Deine Definitionen bestimmen Deine Erfahrung.

Wenn »empfangen« auf negativen Glaubenssätzen oder Definitionen aus der Vergangenheit beruht, sind die Ergebnisse oder Erfahrungen vorhersehbar:

1. Du fühlst Dich von allem belastet, was Dir gegeben wurde.
2. Du fühlst Dich gezwungen und genötigt.

3. Du fühlst Dich ständig unter Druck von allen und allem.
4. Du bist besitzergreifend und eifersüchtig und hortest selbstsüchtig alles, was Dir gegeben wurde.
5. Wenn Du etwas teilst, dann mit dem Hintergedanken, daß es Deines Erachtens alle tun.
6. Du bist ständig dabei, Dich mit denen, die Dir etwas geben, zu überwerfen, weil Du glaubst, daß Du ihrer Geschenke nicht wert bist.
7. Kritik kann Dich leicht vernichten. Du hast oft das Gefühl, »weniger zu sein als ...«, und Du nimmst Dinge persönlich.
8. Du hast große Schwierigkeiten, wohlwollend zu empfangen und wenn es geschieht, ist es Dir eine Last.
9. Du fühlst Dich gezwungen, es zurückzuzahlen, denn Du erlebst Empfangen als eine Art nichtbestandene Prüfung.
10. Im allgemeinen erlebst Du das Leben als ödes Dahindämmern, brauchst das Leiden - ein Kampf, in dem Du Dich gewöhnlich zum Opfer gemacht fühlst.

Diese Erfahrungen führen zu

❍ Isolation
❍ Getrenntheit
❍ Mangel
❍ Langeweile
❍ Erschöpfung
❍ allgemeiner Unzufriedenheit.

In Beziehung zu sein verliert seinen Sinn und Zweck und die Bereitschaft zu erschaffen hört auf.

Wenn Du »empfangen« als eine unmittelbare Erfahrung aus der Gegenwart heraus erlebst, heißt das:

1. Du nimmst den Beitrag anderer **offen und wohlwollend** an.

2. Du nimmst Informationen so wahr, **wie sie sind**. Du siehst sie nicht durch den Filter Deiner archaischen Glaubenssysteme aus der Vergangenheit.

3. Du erlangst materielle und immaterielle Besitztümer und Fähigkeiten. Sie unterstützen, **wer Du bist** und **wer Du bereit bist zu sein**, nicht aber das, was andere von Dir denken oder wie sie Dich haben wollen.

4. Du kennst den Unterschied zwischen **unmittelbarer Erfahrung** und der **Erinnerung an Erfahrung**.

5. Du hast öfter **unmittelbare Erfahrungen**. Du lebst mehr im Augenblick, ohne Erinnerung und Reaktion.

6. Du bist eher in der Lage, **intuitiv zu lernen** – instinktiv – und »Verwandlung« zu erreichen, statt Dir Wissen anzueignen, um mehr »Informationen« anzusammeln. Wenn Du intuitiv lernst, gelangst Du zu dem Wissen, daß Verwandlung Schöpfung ist. Du bist bereit, Verwandlung zu erleben.

7. Du bist frei und offen für neue Erfahrungen, statt ständig einzuschätzen und zu bewerten.

8. Du bist in der Lage, die Menschen, die Du Dir aussuchst, aktiv nachzuvollziehen, d.h. sie zu duplizieren.

9. Du genießt alles, was Du erhalten hast und läßt es wachsen. Gleichzeitig gibst Du es weiter.

10. Du erschaffst Dich in anderen wieder und ermutigst andere, sich in Dir wiederzuerschaffen. Du tust dies in voller Absicht und Integrität.

11. Du unterstützt andere in ihrer Erfahrung mit sich selbst, und Du bestehst darauf, daß sie dies auch bei Dir tun.

12. Du bist Dir klar darüber, daß Du Dich ständig verwandelst und daß Du dauernd erschaffst.

Indem Du die Vorstellungen von »empfangen« aus der Vergangenheit hinter Dir läßt, bewegst Du Dich jenseits von:

- ❍ Pflicht und Kampf
- ❍ Mangel und Armut
- ❍ Getrenntheit und Entfremdung
- ❍ Einsamkeit und Schmerz
- ❍ unvollendeten Beziehungen
- ❍ Selbstmitleid und Zweifel
- ❍ dem Gefühl, nichts wert zu sein
- ❍ Langeweile und Ärger
- ❍ dem Gefühl, ignoriert und nicht gewürdigt zu werden
- ❍ Isolation.

Wenn Du unmittelbar in der Gegenwart empfangen kannst, erlebst Du:

- ❍ freie Wahl statt Kompromiß,
- ❍ Kreativität statt Nachahmung,
- ❍ Überfluß statt Streben nach Wohlstand,
- ❍ ganzheitliche Beziehungen voller Mitgefühl,
- ❍ Anerkennung und Wertschätzung,
- ❍ Akzeptanz und Kraft.

Selbstentdeckung

Qualität 9

Die Fähigkeit zu empfangen

Empfangen: Zulassen, daß in Deine Wirklichkeit gelangt, was vorhanden ist. Ekstase in Beziehungen.

1. Nimm wahr, wen Du abwehrst und wie. Benenne drei Menschen.

wen ______________________________

wie ______________________________

wen ______________________________

wie ______________________________

wen ______________________________

wie ______________________________

Wenn Du bereit bist, dieses Verhalten loszulassen, so tue es jetzt bewußt!

2. Benenne drei Bereiche Deines Lebens, in denen Du in der Lage bist, etwas von anderen anzunehmen.

Erkenne dies nun bewußt an!

3. Nimm wahr, was und wann Du leicht geben kannst. Benenne drei Möglichkeiten.

---

4. Wenn Du Dir und/oder anderen etwas verweigerst, benenne drei Möglichkeiten, wie Du mehr geben kannst.

---

5. Benenne die Beziehungen und Bereiche Deines Lebens, in denen Du in der Rolle des Gebenden bist.

6. Benenne die Beziehungen und Bereiche Deines Lebens, in denen Du in der Rolle des Verweigernden bist.

7. Wenn Du gibst, finde drei Wege, zu geben ohne zu kontrollieren.

8. Wenn Du verweigerst, finde drei Wege zu empfangen.

9. Benenne zehn Arten, wie Du Deiner wichtigsten Beziehung erlaubst, Dir etwas zu geben.

10. Benenne drei Resultate, die Du empfangen hast von:

Deinen Eltern: ______________________________

____

____

Deinen Kindern: ______________________________

____

____

Deinen Freunden: ______________________________

____

____

Deinen Kollegen: ______________________________

____

____

Deinen Geliebten: ______________________________

____

____

Deiner Gemeinschaft: ____

____

____

Qualität 10

Selbstwert

Als kleiner Junge hatte ich ein miserables Selbstwertgefühl. Ich besaß fast überhaupt kein Vertrauen und das mieseste Selbstbild, das man sich nur vorstellen kann. Alles, was mich zusammenhielt, war mein Sinn für Rebellion.

Heute weiß ich, daß wir alle mit einem gesunden Selbstwertgefühl geboren werden. Der Schaden muß uns also nach und nach zugefügt worden sein. Meine geringe Sehkraft, ein diktatorischer Vater, eine Märtyrermutter, die Straßen von Brooklyn ... all das kann als Erklärung für die Zerstörung meines Selbstwertgefühls herangezogen werden. Aber die eigentliche Geschichte, die interessantere Geschichte ist die, wie ich mein Geburtsrecht zurückeroberte.

Mein Vater ließ mich immerhin zu Synanon gehen, wo Chuck Dederich hinter meine Abwehrmechanismen sah und meine Begabungen auf vielerlei Arten förderte. Eines Tages hielt er – ohne, daß ich davon wußte – in San Francisco eine Vorlesung über ein Gemälde, das ich angefertigt und »Über der Linie, unter der Linie« genannt hatte. Er sagte, es sei der sichtbare Ausdruck der Existenz. Ich benutze es noch immer in Seminaren. Ein anderes Mal lobte er mich öffentlich als den neuen Jesse Pratt, mit dem er ursprünglich Synanon gegründet hatte. Am Ende ließ er mich Synanon in gutem Einvernehmen verlassen.

Dieses Vorrecht gewährte er nur wenigen, da Synanon als Programm für das ganze Leben gedacht ist.
Mein spiritueller Führer Michael Hughes, dem heute die »Botschaften von Michael« zugeschrieben werden, kam, um mich in die Magie und das, was jenseits des Offensichtlichen liegt, einzuweihen. Er lehrte mich Kräfte, die über das menschliche Verständnis hinausgehen und überzeugte Christine und mich, unseren Sohn Jason zur Welt kommen zu lassen. Michael zeigte ihr und mir den Sinn, ein Kind zu haben.
Tatsächlich trägt mein Sohn Jason heute genau dort zu meiner Lebendigkeit bei, wo ich in meinem Innern Jugendlichkeit erschaffe.
Mein Selbstwertgefühl hat auch von meinen Freunden, Studenten, Geliebten und Kollegen profitiert, die mich immer wieder mit überfließender Liebe und Wertschätzung überschütten.
Schließlich war es Baba Muktananda, der mir beibrachte, daß alles meine eigene Schöpfung ist und daß es nicht bedeutet, bestechlich zu sein, wenn man Geschenke annimmt.
Am Eingang seines Ashrams unterhielt er einen Obststand. Falls Du vergessen hattest, ihm ein Geschenk mitzubringen, konntest Du ihm dort eine Frucht kaufen und sie ihm schenken. Wenn Du ihm diese mit allzu bedeutungsvoller Hingabe übergabst, pflegte er die Frucht seinen Anhängern zu übergeben, damit sie diese auf dem Obststand wieder zum Verkauf anboten. Einige reagierten darauf so negativ, daß ihr Selbstwertgefühl zusammenbrach. Ich brauchte eine Weile, um seine Botschaft zu verstehen. Noch immer bin ich damit beschäftigt, viele seiner Botschaften zu verstehen.

Qualität 10

Selbstwert

Selbstwert: Die Achtung, die wir uns selbst entgegenbringen. Unsere grundlegendste und wichtigste Bewertung.

Selbstwert ist gleichbedeutend mit Selbstliebe. Wenn Du Dich selbst liebst, liebst Du ohne Anstrengung jeden anderen um Dich herum. Diese natürliche Liebe fließt einfach über. Du kannst sie nicht für Dich behalten. Sie ist ekstatisch.

Selbstwert in seiner höchsten Ausprägung ist etwas ganz anderes als Egoismus. Selbstwert erweist sich in seinem Beitrag zum Leben anderer Menschen. Manchmal mag es so aussehen, daß sowohl Egoisten wie auch Menschen mit einer hohen Selbstachtung gleichermaßen selbstsüchtig seien. Sie unterscheiden sich jedoch grundlegend: Egoistische Menschen sind in Wirklichkeit feindselig gegenüber anderen.

Nehmen wir beispielsweise an, Du hast einen Mercedes. Es ist ein phantastisches Auto, und Du liebst es, damit zu fahren. Es ist bequem und nützt Dir. Das ist Selbstwert.

Wenn Du Dich aber in Deinem Mercedes ganz besonders dann großartig fühlst, wenn Du ihn neben einem Mittelklassewagen geparkt hast, dann ist das Feindseligkeit.

Wenn Du eine hohe Selbstachtung besitzt, fühlst Du Dich nicht besser als andere. Du findest es wunderbar, wenn jeder einen Mercedes haben kann. Du weißt, es wird Dir Freude bereiten, so wie Du anderen mit Deiner Anwesenheit Freude bereitest.

Genau das ist der Unterschied zwischen Egoismus und Selbstwert. Der Egoist ist an Mangel orientiert. Menschen mit einem hohen Selbstwert orientieren ihr Leben an Fülle und Überfluß.

Ein geringes Selbstwertgefühl erschafft Beschränkung, denn **Du kannst nicht erlangen** – geschweige denn erhalten – **was Du als wichtiger erlebst, als Dich selbst**.

Wenn Du etwas wertvoller und daher bedeutungsvoller als Dich selbst findest,

❍ wirst Du es wahrscheinlich nicht erlangen.

❍ wirst Du es, wenn Du es erlangst, nur für kurze Zeit haben und nicht in der Lage sein, es zu behalten.

Wenn Du etwa denkst, Geld sei wichtiger als Du, wirst Du arm sein. Oder Du wirst Dir für den Rest Deines Lebens Sorgen um Geld machen, egal wieviel Du davon hast.

Seit tausenden von Jahren wurde Dir erzählt, daß Gott in Dir ist. Du weigerst Dich, das zu hören – denn damit ist zugleich eine große Verantwortung verbunden.

So denkst Du, Gott sei wichtiger als Du. Du bleibst Dein Leben lang auf der Suche, ohne jemals Dein göttliches Selbst oder spirituelle Befriedigung zu erlangen.

Es gibt eine weitverbreitete Krankheit in Beziehungen: Du fühlst Dich mit Dir selbst nicht ganz wohl, Du glaubst, es gäbe etwas, das bei Dir nicht ganz stimmt – und hältst dann ständig Ausschau nach dem perfekten Menschen, mit dem Du Dich ganz und vollständig fühlen kannst. Aber wenn – und ich sage wenn – Du diesen perfekten Menschen gefunden hast, was sollte er mit Dir anfangen wollen? Was sollte er anfangen mit einem solchen Bündel selbstauferlegter Minderwertigkeit? Statt nach dem perfekten Menschen zu suchen, solltest Du Deine Zeit lieber dazu nutzen, diesen perfekten Menschen in Dir zu entdecken.

Wenn Du den perfekten Menschen in Dir entdeckst, stehen Dir alle Beziehungen zur Verfügung.

Wenn Du ein hohes Maß an Selbstachtung erreichst, endet Deine Bedürftigkeit.

❍ Ohne Bedürftigkeit taucht plötzlich alles in Deinem Leben auf, was Du brauchst.

❍ Wenn keine Bedürftigkeit da ist, werden Fülle und Überfluß sichtbar.

Ich weiß nicht, warum das geschieht. Ich weiß jedoch, **es ist ein universelles Gesetz**, und ich nutze es, wann immer ich mir dessen gewahr bin. In Beziehungen erschafft das Ende der Bedürftigkeit zahlreiche außergewöhnliche Begegnungen. Wenn Du aber Beziehungen hinterherrennst, sorgst Du dafür, daß sie darauf reagieren und sich von Dir entfernen. Jedes Mal, wenn Du Dich auf eine höhere Ebene von Selbstwert begibst, erlebst Du all Deine Beziehungen als perfekt. Du weißt dann, daß lediglich Deine Definitionen falsch oder veraltet sind. Mit einem hohen Selbstwertgefühl weißt Du, daß Du an Deinen Definitionen arbeiten mußt, an Deinen Wahrnehmungen – nicht an Deinen Beziehungen. Wenn Du egoistisch bist, wirst Du an Deinen Beziehungen arbeiten. Du wirst daran arbeiten, »ihn zu verändern« oder »sie auf den rechten Weg zu bringen«. Wenn Du eine hohe Selbstachtung besitzt, schaust Du Dir Deine Beziehungen an und sagst: »Diese Beziehung ist perfekt, so wie sie ist. Aber sie ist nicht das, was ich will.« Oder Du wählst die Aussage: »Sie ist perfekt, so wie sie ist, aber ich bin dabei, neu festzulegen, was ich von dieser Beziehung will.« Dann wirst Du mit dem gleichen Menschen in einem neuen Beziehungszusammenhang zusammenbleiben.
Selbstwert – übertragen aus dem Psycho-Jargon – bedeutet »Selbstliebe«. **Um mehr Selbstwert zu erlangen, mußt Du Dich selbst annehmen**. Das bedeutet nicht, daß Du einfach sagst: »Prima!«, wenn jemand Dich fragt, wie es Dir geht. Es bedeutet vielmehr, daß Du Dich vollständig akzeptierst und bereit bist, **dementsprechend zu handeln** – Dich wirklich genau so zu verhalten, wie Du bist.

Das Geheimnis, wie wir ohne krampfhaftes Bemühen einen hohen Selbstwert erlangen, liegt darin:

❍ zu wissen, daß wir immer wachsen, wenn wir uns selbst annehmen.

❍ zu sehen, daß wir jedes Mal, wenn wir realisiert haben, wer wir sind, schon nicht mehr dieselben sind und uns auf ein höheres Niveau von Selbstwert zubewegen.

Befolge die folgenden Anregungen, um damit zu beginnen, Dich selbst anzunehmen:

1. Nimm am Leben teil, statt nur Zuschauer zu sein.
2. Sei bewußt und wach, ohne »Deine Persönlichkeit« zu verlieren.
3. Sei spontaner!
4. Sei mit Dir emotional und intellektuell aufrichtig.
5. Sei bereit, zwischenmenschliche Beziehungen zu verstehen und zu genießen.
6. Sei bereit zu riskieren und das Leben aus dem Vollen zu leben. Akzeptiere, daß Du nicht alles völlig verstehen mußt.
7. Sei bereit, an den Begabungen und dem Besitz anderer teilzuhaben und Erfahrungen damit zu machen. Höre auf zu bedauern, daß Du sie nicht selbst besitzt.
8. Sei bereit, das Risiko einzugehen, Dich nicht von Dogmen und Moral leiten zu lassen. Gib auch anderen die Chance, frei zu wählen.
9. Sei bereit, Dich Deinem höheren Selbst zu nähern, auch wenn Du nicht genau weißt, wer oder was das ist.
10. Sei bereit, eine Orientierung am Mangel fallenzulassen. Sei mutig und bring Deine Lebendigkeit zum Ausdruck!

Selbstvertrauen ist ein weiterer Schlüssel zu mehr Selbstwert. Wir haben so oft die Rückmeldung erhalten, wir verhielten uns uns selbst oder anderen gegenüber grundsätzlich irrational und destruktiv. Wir müssen tiefer schauen und das liebevolle unterstützende Selbst entdecken, das unter all dieser Propaganda begraben liegt.

Wenn wir nicht nach der tieferen Wahrheit Ausschau halten, glauben wir allzuleicht der negativen Propaganda. Wir sehen sie überall und glauben daher, daß diese Krankheit in uns selbst liegt. Es ist nur unsere Angst, die uns dann zu Propheten des Untergangs und zu Zynikern macht.

Es ist einfach, unser Selbstvertrauen zu testen. Stell Dir die folgende Frage und beantworte sie:

❍ »Lebe ich so, daß es mich befriedigt und mein Selbst zum Ausdruck bringt?«

Das größte Geschenk, das Eltern ihrem Kind machen können, ist ein ausgeprägtes Selbstwertgefühl.

Am besten kannst Du durch Bestätigung und Bejahung zu Deinem Selbstwert und dem anderer beitragen.

Du zerstörst jedes Mal Selbstachtung, wenn Du einen anderen Menschen

❍ unnötigerweise bedrohst,

❍ verletzt,

❍ gleichgültig zurückweist oder

❍ beherrschst.

Du erschaffst Selbstachtung jedes Mal, wenn Du

❍ mitfühlend,

❍ unterstützend,

❍ aufrichtig,

❍ herzlich und

❍ verzeihend bist.

Als mein Sohn Jason etwa 4 Jahre alt war, nahm er bereits die Situation in die Hand, indem er Stifte und Blätter anschleppte und mir sagte: »Hör zu, Papi, ich werde jetzt Bilder malen, sie Dir geben, und Du sagst dann: Toll! Wunderbar!«

Sei Dir im klaren darüber, daß jede Handlung, die sich gegen Dich oder andere richtet, jedes Abrücken von Deinem höheren Selbst, Deiner wahren Natur und Zielrichtung, jede böse Handlung oder jeder böse Gedanke sich in Deinem Unbewußten eingräbt. Schließlich wird dies dazu führen, daß Du Dich selbst verachtest.

Wenn Du Dich lange genug abschätzig betrachtest, wirst Du schließlich anfangen, Dich abzuwerten. Jemand begrüßt Dich mit: »Du bist eine schöne Frau.« Und Dein verunsichertes Selbst sagt: »Du hast mich noch nicht ohne Schminke gesehen!« Oder er sagt: »Du hast so ein liebenswertes Lächeln!« Und Dein negativ konditioniertes Selbst antwortet: »Du hast mich noch nicht wütend erlebt.« Oder: »Du bist sehr intelligent!« Und Du: »Ja, aber ich bin nicht hübsch!«

Nicht-Bestätigung ist oft weniger offensichtlich. Du negierst die Bestätigung, indem Du sie abschwächst. Jemand sagt: »Das ist eine tolle Bluse, die Du trägst!« Und Du antwortest: »Ja, ich habe sie im Schlußverkauf ergattert!« Oder: »Ja, ich hab sie schon seit Jahren!« Oder Du zuckst einfach mit den Schultern, ohne etwas zu sagen, so daß die Bestätigung von dannen zieht, ohne in Dein Bewußtsein gedrungen zu sein.

Manchmal vermeidest Du Bestätigung, indem Du sie sofort erwiderst. Zum Beispiel hörst Du: »Das ist ein phantastisches Hemd!« Und Du antwortest: »Ja, Deins gefällt mir auch!«

Die klassische verschleierte Art, Bestätigung zu vermeiden, ist die, Dir selbst zu sagen: »Diese Leute kennen mich nicht wirklich und darum sind ihre Wertschätzungen bedeutungslos.«

Deine Unfähigkeit, Selbstbestätigung anzunehmen, trennt Dich von der Erfahrung des Wesens der Dinge. Am Ende kennst Du Dich selbst nicht.

Und wenn Du Dich selbst nicht kennst, kannst Du Dich gewiß auch nicht selbst lieben.

Selbstachtung ist ein wesentlicher Bestandteil von Selbstwert.
Sie ist eine erworbene Fähigkeit. Sie wird sich im Lauf der Zeit immer verbessern, wenn Du – wie bei jeder erworbenen Fähigkeit – bestimmte grundlegende Richtlinien befolgst.

Die Regeln für Selbstachtung sind:

1. Hör auf, Dich herabzusetzen, wenn die Dinge nicht so laufen, wie Du sie gerne hättest.
2. Gib Dir selbst die Erlaubnis, zu wachsen, Dich zu verändern und alles zu werden, was Du Dir aussuchst.
3. Nimm Dein Recht auf Privatheit wahr. Bestehe auf Dein Recht, gewisse Dinge in Deinem Leben geheimzuhalten.
4. Akzeptiere, daß Du ein Recht darauf hast, geliebt zu werden und andere zu lieben, umsorgt zu werden und sogar verehrt.
5. Erkenne, daß Du das Recht hast auf Wissen. Du hast das Recht, jederzeit jedem Fragen zu stellen über alles, was Dein Leben betrifft.
6. Deine Selbstachtung ist gewahrt, solange Du niemanden verletzt, um sie zu erlangen.
7. Kommuniziere Deine Bereitschaft, glücklich zu sein und ein Ziel zu haben. Solange diese Bereitschaft Dich belohnt, ist sie von Bedeutung für Dich, selbst wenn sie für andere bedeutungslos ist.
8. Vertraue, so werden Dir andere vertrauen.
9. Sei bereit, frei und offen für Erfahrungen zu sein.
10. Du hast das Recht, zu gewinnen und zu verlieren, Erfolg und Versagen zu erleben und zu werden, wer oder was immer Du Dir aussuchst zu sein.

Dein Selbstwert steigt auch dadurch, daß Du Dich selbst nährst, daß Du für Dich sorgst.

In dem Augenblick, als unsere Mütter die Rolle der Nährenden mit der Rolle der Erzieherin tauschten, endete für die meisten von uns die Erfahrung, »genährt zu werden«.
Um diese Erfahrung wiederzubeleben, kannst Du folgendes tun:

1. Ergreife die Initiative, alles Notwendige zu tun, um das zu bekommen, was Du brauchst. Werde selbst initiativ, statt zu warten und zu hoffen, daß Dir irgendjemand schon geben wird, was Du brauchst.
2. Suche Du Dir aus, was für Dich wichtig ist, statt zuzulassen, daß andere für Dich entscheiden.
3. Sei bereit, Risiken einzugehen und zu erleben, was Dir mehr Befriedigung verschafft, statt an alten Verhaltensweisen festzuhalten, die Dir die Illusion von Sicherheit geben.
4. Konzentriere Dich auf die Gegenwart, auf das, was Du jetzt und hier tust, statt ständig in die Zukunft und in die Vergangenheit abzudriften. Damit gehst Du der Gegenwart nur aus dem Weg.
5. Sei Schöpfer Deines eigenen Lebensstils. Laß nicht zu, daß andere Dir eine Nebenrolle in ihrem Film zuschanzen. Bestehe zumindest darauf, einer der Hauptdarsteller zu sein.
6. Übernimm die volle Verantwortung für die Befriedigung Deiner eigenen Bedürfnisse und Wünsche. Versuche nicht, andere zu manipulieren, damit sie Dich befriedigen.
7. Lebe Dein persönliches Leben so, wie Du es Dir aussuchst. Gehe davon aus, daß es immer Menschen geben wird, die Dich dafür ablehnen. Schlage Dich nicht damit herum, daß Du Erklärungen über Dich abgibst und von allen Zustimmung brauchst.
8. Schau Dir an, was Dich im Leben in Begeisterung versetzt, was Dir Abenteuer und Anreiz gewährt, anstatt lediglich zu überleben und das Dasein als Kampf zu erfahren.
9. Betrachte das Leben als Richtung, in die Du Dich bewegst und erlaube Dir, bis zum Tage Deines Todes zu wachsen. Zerteile das Leben nicht in

altersbedingte Abschnitte, die dazu führen, daß Du neue Chancen vorüberziehen läßt.

10. Übernimm die Verantwortung für Deine Konflikte und Probleme, statt sie auf andere zu projizieren oder zu jammern und Opfer zu spielen.

11. Werde selbstbestimmter, indem Du Dein Verhalten auf Deine eigene Erfahrung gründest, statt Dich an Haltungen und alte Glaubensmuster zu klammern, die Dir in Deiner Kindheit eingeimpft wurden.

12. Akzeptiere Dich zunächst einmal so, wie Du bist, bevor Du - wenn überhaupt - beschließt, Dich zu verändern. Hänge nicht dem Glauben an, daß Du Dich verändern *mußt*, um akzeptiert zu werden.

13. Erlebe Deine Fehler als wichtige Momente eines Lernprozesses. Hör auf, Dich selbst zu attackieren und lächerlich zu machen oder Dich zu verabscheuen und zu verleugnen, wenn die Dinge nicht so laufen, wie Du es gerne hättest.

14. Handle in »erleuchtetem Selbstinteresse« als Ausdruck Deines wahren Ich, statt zu glauben, Selbstbezogenheit sei böse oder schlecht.

15. Wisse, wenn Du Dich und andere seelisch nährst, wird für Dich gesorgt. Du bist die Quelle Deines Wohlergehens. Höre damit auf, das als Pflicht zu erleben, als hoffnungslose Notwendigkeit oder Ohnmacht.

Die Ursache dafür, daß Dein Selbstwertgefühl verlorengeht, liegt in dem Glauben, Selbstbezogenheit sei etwas Schlechtes oder Negatives. Bewußte und gesunde Menschen überwinden die Polarität von Selbstbezogenheit und Selbstlosigkeit. Pflicht wird nicht mehr von Vergnügen unterschieden. Arbeit verschmilzt mit Spiel. Die Menschen, die sich am sozialsten zeigen, sind auch die ausgeprägtesten Individualisten. Die Reifsten haben oft ein kindliches Gemüt. Die Menschen mit einer ausgeprägten Ethik lieben meist lustvollen Genuß.

Bist Du etwa egoistisch, oder bist Du selbstlos, wenn Du ein paar alltägliche Dinge opferst, um Deinem Kind eine Ausbildung zu ermöglichen?

Wer erntet die Früchte? Wer hat das Vergnügen, Du oder Dein Kind? Wozu hier eine solche Polarität bemühen?

»Sei nicht egoistisch!« wird nach außen hin als vernünftige Haltung im Sinne von »Sei nicht rücksichtslos oder gleichgültig anderen gegenüber!« ausgegeben. Leider aber ist in diesem »Sei nicht egoistisch!« meist viel mehr enthalten, nämlich: »Mach nicht, was Du willst. Mach, was ich will!« Es ist eine mächtige Form von Manipulation unter dem Deckmäntelchen der Moral. Es beinhaltet: »Gib Deine Macht an andere ab; gib Dich selbst auf!« Es bringt jede Selbstachtung zur Strecke.

»Sei nicht so egoistisch!« ist das mächtigste Werkzeug, das es gibt, um Spontaneität zu unterdrücken. Es bringt die freie Entfaltung der Persönlichkeit zum Stillstand. Es ist die ethische Form, Menschen dazu zu bringen, sich aufzuopfern und unterzuordnen.

Selbstachtung bedeutet, sich selbst zu lieben. Dich selbst zu lieben ist Dein natürliches Geburtsrecht. Diese lebenswichtige Qualität kann von Dir zurückerobert werden – indem Du Dich jetzt liebst.

Vergiß nie, wir alle wurden mit dem Recht auf Selbstachtung geboren, mit dem Recht auf Selbstliebe. Denke daran, daß dies auch für die gilt, die heute geboren werden.

Erinnere Dich:

❍ Wenn Kinder dauernder Kritik ausgesetzt sind, werden sie lernen, sich und andere zu verdammen.

❍ Wenn Kinder feindselig behandelt werden, werden sie lernen, zu kämpfen und sich und andere zu verletzen.

❍ Wenn Kinder lächerlich gemacht und erniedrigt werden, werden sie schüchtern, ängstlich und zurückhaltend.

❍ Wenn Kindern beigebracht wird, sich zu schämen, werden sie Schuld auf sich und andere laden.

❍ Wenn Kinder ermutigt werden, werden sie lernen, selbstbestimmt zu sein und Vertrauen zu sich und anderen zu erleben.

- ❍ Wenn Kinder mit Lob und Wertschätzung aufwachsen, werden sie sich und andere anerkennen.
- ❍ Wenn Kinder akzeptiert werden und Zustimmung erhalten, fühlen sie sich von sich selbst angezogen; sie mögen sich und andere.
- ❍ Wenn Kinder geliebt werden, werden sie nicht nur sich selbst lieben: sie werden auch in anderen Selbstachtung erwecken.

Selbstentdeckung

Qualität 10
Selbstwert

Selbstwert: Die Achtung, die wir uns selbst entgegenbringen. Unsere grundlegendste und wichtigste Bewertung.

1. Nimm wahr, wie hoch Dein Selbstwert im Augenblick ist: niedrig, mittel oder hoch.

niedrig mittel hoch

2. Benenne drei Bereiche Deines Lebens, in denen Du Selbstvertrauen erlebst.

Erkenne Dich nun bewußt an!

3. Schau Dir drei Bereiche Deines Lebens an, in denen Dein Ego eine größere Rolle spielt als Dein Selbstwert. Warum erlebst Du in diesem Bereich Angst und fühlst Dich unzureichend?

Bereich ____

Warum ____

Werde Dir klar darüber, daß Vergleichen Enttäuschung schafft.

4. Benenne drei Menschen, von deren Billigung Du abhängig bist.

____

____

____

5. Warum hast Du ihnen Deine Macht gegeben?

____

____

____

Schließe Deine Augen und stelle Dir vor, wie sie Dir Deine Macht zurückgeben.

6. Fange damit an, die Bereiche, in denen Du Vertrauen erlebst, anzuerkennen. Tue öfter das, was Dir hilft, Dich gut zu fühlen. Benenne drei solche Bereiche!

Stelle Dich darauf ein, die Bereiche auszudehnen, in denen Du stark bist.

7. Erschaffe ein Netzwerk von Beziehungen, das dazu beiträgt, Deinen Selbstwert zu steigern und Dich zu unterstützen. Benenne drei Menschen, die dies in Deinem Leben jetzt bereits tun.

Übermittle diesen Menschen so bald wie möglich Deine Wertschätzung.

Qualität 11

Würdevolle Sexualität

Mein sexuelles Leben war und ist voller Überfluß und sehr befriedigend. Ich kann mir einfach keine bessere Art vorstellen, Freizeit zu verbringen. Ich kenne keinen besseren Weg, mit einer Geliebten zu kommunizieren, keinen besseren Weg, zu feiern und spontan über mich selbst, meine menschliche Form, hinauszugehen.

Allerdings fing es ganz anders an. Ich erinnere mich, daß ich mich im Alter von 16 oder 17 Jahren sehr verwirrt fragte, ob ich homo- oder heterosexuell sei. Ein Selbstportait, das ich zu dieser Zeit malte, bringt diese Verwirrung zum Ausdruck. Es hängt noch heute bei mir zu Hause.

Dann erschien eine Frau in meinem Leben, kein Mädchen, sondern eine Frau. Sie zeigte mir, daß eine Frau sexuell alles tun kann, was ein Mann kann, außer Sodomie – was mich persönlich nicht weiter stört. Seitdem habe ich immer Frauen geliebt.

Im Laufe der Jahre und mit unzähligen sexuellen Erfahrungen wandelte sich Sexualität für mich von einem Akt der Selbstdarstellung zu einem Akt der Befriedigung. Mit wem ich zusammen bin, ist weniger wichtig geworden, als das Wie. Was mir wichtig ist, ist einfach; es geht um mein und ihr Wohlergehen, es geht um Befriedigung und Würde. Mein Weg dahin bestand darin, keine Vereinbarungen zu treffen, die einzuhalten ich nicht in der Lage gewesen wäre. Meist ist die einzige

Vereinbarung, auf die ich mich einlasse, die, niemals mit jemandem zusammen zu sein, wenn ich nicht wirklich möchte und ich will mir sicher sein, daß auch die anderen diese Vereinbarung sich selbst gegenüber einhalten.

Meine erste sexuelle Erfahrung war ein »gangbang«, ein gekaufter Gruppenfick unserer Brooklyner Straßengang auf dem Rücksitz eines 49er Mercury. Ich war als Zwölfter dran und als es dann endlich soweit war, hatte ich Panik und mein Schwanz auch - er blieb schlaff. Die Frau mir gegenüber war gewaltig, fett und häßlich. Sie sah aus wie eine Pausenbeigabe in einem Fellini-Film. Sie lag einfach da wie ein gestrandeter Wal und sagte düstere, erschreckende Sachen wie: »Was ist los, mein Süßer?« Nach zahlreichen, unbedeutenden Stößen, die nirgendwo landeten, schaute sie zu mir hoch und meinte: »Sag mal, mein Junge, willst Du Dein Geld zurückhaben?« - »Nein! Nein!« antwortete ich schnell, und ich verließ den Wagen und tat so, als ob ich es getan hätte. Diese erste sexuelle Erfahrung kurierte mich für lange von jeglichem spontanen sexuellen Impuls. Etwa sechs Monate lang konnte ich mich damit herausreden, ich hätte es ja bereits hinter mir. Was für eine Erleichterung!

Es gab in meinem Leben eine ganze Reihe von Ereignissen, die die sexuelle Selbstachtung eines jeden zerstört hätten - so lange zu onanieren, bis ich meinen Pimmel in Creme und Gaze wickeln mußte, um ihn wieder zu heilen; unter Drogen tagelang zu ficken, ohne zu schlafen oder zu essen; aufzuwachen am nächsten Morgen mit einer Frau, an die ich buchstäblich keine Erinnerung hatte; einen »geblasen« zu bekommen, wo sie doch tatsächlich meinen Schwanz hielt und ihn anpustete.

Und dann noch meine Lieblingsgeschichte: Ich bin mit einer phantastischen Geliebten im Bett, aber irgendwie klappt es nicht. Ich war damals schon auf dem Weg, bewußter zu werden und so stellte ich die Vermutung in den Raum, daß sich womöglich noch andere in unserem Bett tummelten. Wir begannen also, uns vorzustellen, wie sich die ungebetenen Gäste in einer Reihe am Fußende aufstellten: unsere Eltern, ihr Ex-Mann, meine Ex-Frau, unsere Kinder, der Papst, Gott, die Regierung und alle anderen, von denen wir glaubten, daß sie nicht billigen würden, was wir tun. Nachdem wir all die »Teufel« ausgetrieben hatten, wandten wir ihnen unsere Ärsche zu und bugsierten sie aus dem Zimmer. Wir hatten herrlichen Sex, sobald wir die einzigen im Bett waren. Das ist würdevolle Sexualität! Ich war alleinstehend, verheiratet, geschieden und verwitwet. Ich bin durch all das durch. Jetzt bin ich einfach frei und verfügbar – je nachdem, wer Interesse anmeldet. Die meisten meiner Freunde sind verheiratet oder in einer dieser neuen Beziehungen, die nichts anderes sind als eine Ehe, aber man nennt es nicht so. Immer wieder werde ich gefragt: »Frank, wann läßt Du Dich endlich nieder? Wann tust Du endlich, was alle anderen tun?« Meine Antwort ist: »Wer weiß? Vielleicht eines Tages!« Und manchmal mache ich mir Sorgen und denke: »Wenn die jetzt wieder geht, wirst Du nie wieder eine finden, die so gut ist.« Doch dann lache ich, denn das ist wahres Mangelbewußtsein. Das ist echtes negatives Klischeedenken im Stil von: »Alle Guten sind vergeben!« Und ich lache wieder und werde mir klar, daß es stimmt. All die Guten sind vergeben, aber die Großartigen nicht. Die sind verfügbar.

Qualität 11

Würdevolle Sexualität

Würdevolle Sexualität: Was Du erlebst, wenn Du nur das tust, was Dich und gleichzeitig Deinen Partner befriedigt und ehrt. Würdevolle Sexualität erschafft Selbstachtung, die auf Deinen selbstbestimmten Werten und ethischen Vorstellungen beruht. Übernommene und vererbte Moralvorstellungen und Maßstäbe verlieren ihre Macht über Dich.

Deine Sexualität zu verleugnen heißt,

❍ Deine eigene Existenz zu verleugnen.

❍ gerade das zu verleugnen, was Deine Lebendigkeit erschuf.

❍ das zu verleugnen, was Dir erlaubt, zu denken, zu fühlen, zu sehen, zu riechen, zu hören und zu schmecken.

❍ einfach alles zu verleugnen, was Du jetzt kennst.

Wenn Du Deine Sexualität als würdig erlebst, erlebst Du Dich selbst ganzheitlich, authentisch und vollständig.

Sex ist eine ganz und gar einzigartige Form von Kommunikation. Sie verbindet zwei Menschen und ermöglicht ihnen sogar, ihre dichteste physische Manifestation, ihren Körper und ihren bewußten Verstand während des Orgasmus zu verlassen. Im Orgasmus transzendieren wir unseren eigenen Körper und den Körper unseres Partners. Wir gehen über die Biologie hinaus. Wir erleben eine formlose, metaphysische Lebendigkeit. Wir erleben eine Form bewußter Kommunikation, die in unserem alltäglichen Leben ungewöhnlich ist.

Nicht ungewöhnlich ist allerdings, daß wir Schmerz, Schuld und Verurteilung ernten für diese höchste Form von Kommunikation mit uns selbst und anderen.

Sex ist eine Handlung, bei der man tiefste Nähe einfach riskiert. Wir fühlen uns

- ❍ entweder befriedigt oder unbefriedigt.
- ❍ entweder fähig oder unfähig.
- ❍ vor allem entweder gewürdigt oder erniedrigt.

Würdevolle Sexualität ist einfach ein Spiel für Erwachsene. Es ist eine Gelegenheit für Dich, mit dem Körper eines anderen zu spielen und diesem Menschen zu erlauben, mit Deinem zu spielen.
Sie erlaubt Dir, Dich geborgen, gehalten zu fühlen, die vergessene Sprache der Berührung zu erleben, zu teilen, Gefühle auszudrücken, miteinander zu lachen, Geheimnisse auszutauschen, verletzlich zu sein, bestätigt zu werden, geehrt zu werden.
Würdevolle Sexualität zu erlangen ist einfach.

- ❍ Tu nur, was Du bereit bist, mit dem Menschen, den Du Dir dazu aussuchst, zu tun.
- ❍ Tu nur, was Dein Gefühl von Selbstvertrauen und Achtung steigert.
- ❍ Und wenn Dir das einmal nicht gelingt, nimm es wahr, nimm es an und bewege Dich weiter.

Werde Dir klar darüber, daß würdevolle Sexualität nichts mit Form oder Vorlieben oder mit irgendetwas anderem zu tun hat, außer damit, ob Du Dich gut fühlst bei dem, was Du tust.

So einfach das auch klingt, ist es doch für jeden von uns schwierig, Sexualität würdevoll zu leben. Denn wir sind aufgewachsen mit einer gesegneten Mischung oft widerstreitender Moralgrundsätze und Maßstäbe, die von primitiven Kulturen über Griechen, Römer, Christentum, die Renaissance, Kapitalismus bis hin zu Freud stammen.

❍ Primitive Kulturen

betrachteten Sex als eine Frage des Überlebens. Der Einzelne hatte keine Bedeutung. Romantische Liebe, wie wir sie kennen, existierte nicht. Häufiger Partnerwechsel wurde unterstützt, und die Kinder jugendlicher Paare wurden von den Stammesältesten erzogen.

❍ Die Griechen

priesen die Homosexualität als »höchsten Ausdruck menschlicher Gefühle«. Frauen waren zweitrangig. Sie wurden sexuell zur Körperertüchtigung, Zerstreuung und zum Vergnügen benutzt. Ehe war ein notwendiges Übel, »ein Wettkampf von Ungleichen«.

❍ Die Römer

verhielten sich zynisch gegenüber der Liebe. Leidenschaft war eine Geisteskrankheit und eine Bedrohung für die Pflichten gegenüber Rom. Ehe wurde als wichtig für Politik und Gesellschaft angesehen. Die Frauen wurden zum ersten Mal in der westlichen Zivilisation aus den Erdlöchern der Minderwertigkeit emporgehoben. Sex war ein Spiel für beide. Außereheliche Affären waren üblich.

❍ Das Christentum

pries die nichtsexuelle Liebe. Ehe war eine »Medizin gegen die Unmoral«. Für einen Priester war Heirat ein schlimmeres Verbrechen als ein Liebesverhältnis. Das übelste sexuelle Verbrechen war Masturbation. Frauen wurden wie gezähmte Tiere betrachtet, und die Kirche stritt darüber, ob Frauen eine Seele haben. Frauen verkörperten die sexuelle Versuchung und die Ursache für die Vertreibung aus dem Paradies. Sie waren auch Symbol für die jungfräuliche Mutter, die Reinheit, die die Seele des Mannes in höhere Dimensionen transformiert. Das Ergebnis: die Spaltung in Hure und Heilige – die Frau, die Du begehrst und die Frau, die Du bewunderst. Der Calvinismus des 16. Jahrhunderts bestrafte Ehebruch und außerehelichen Sex mit Verbannung, Ertränken oder Enthauptung.

❍ Die Renaissance
sah im Sex das »Treiben zweier Tiere«. Er war Sport bar jeglicher Spiritualität. Verführung und Ehebruch waren unterhaltsam, Frauen wurden als Spielzeuge angesehen und verführt. Sie wurden zum Narren gehalten, umschmeichelt und nicht ernstgenommen. Ehen wurden aus politischen oder wirtschaftlichen Gründen oder beidem geschlossen.

❍ Industrialisierung
Liebe und Sexualität wurden erstmals zu Menschenrechten, statt Männerrechten. Antifeminismus verschwand mehr und mehr, eine Entwicklung, die bis heute andauert. Männer und Frauen begannen zu lernen, das Leben als eine Quelle von Glück und emotionaler Erfüllung miteinander zu teilen.

❍ Freudianismus
Frauen waren zerbrechlich, nicht allzu gescheit, brauchten Schutz und litten an »Penisneid«. Intelligente, ehrgeizige Frauen tun danach nichts als ihren Penismangel überzukompensieren.

Auch wenn die traditionellen männlichen und weiblichen sexuellen Verhaltensweisen und Rollen mehr und mehr verschwinden, ist es offensichtlich, daß diese Muster Männer und Frauen für Jahrhunderte verkrüppelt haben.

❍ Sie haben uns schuldig gemacht.
❍ Sie haben uns zu Gefangenen gemacht.
❍ Sie haben die wunderbarste Art von Kommunikation, den Sex, verdammt.

In unserer Zeit brechen die Rollen, Maßstäbe und Verhaltensweisen der Vergangenheit mehr und mehr auf. **Heute ist es die einzige intelligente Wahl, Sex als ein Spiel für Erwachsene, als Ausdruck unserer Liebe zu erfahren.**

Aber Rollen, Maßstäbe und Verhaltensweisen fallen nur langsam in sich zusammen. Viele müssen diese Wahl in ihrem Leben erst noch treffen. Die Weigerung, diese intelligente Wahl zu treffen, hatte ganz offensichtlich große Folgen. Und ob das, was nun passiert, gut oder schlecht ist, hängt einzig vom Blickwinkel des Betrachters ab. Entscheide selbst.

❍ Frauen konkurrieren auf dem Karrieremarkt. Wurden sie früher als die »Quelle des Lebens« angesehen, wählen sie heute, eine Zeitlang oder auch ein Leben lang ohne Kinder zu sein. Sie vermeiden es auch, ihren Geliebten gegenüber die Rolle der Nährenden zu übernehmen.

❍ Es gibt eine deutliche Zunahme von gleichgeschlechtlichen romantischen und sexuellen Beziehungen. Männer werden weniger macho, Frauen weniger zerbrechlich. Alle zusammen werden wir mehr androgyn.

❍ Frauen haben sich von Frigidität zu Mehrfachorgasmen hinbewegt, während Männer von rammelnden Hengsten in Impotenz abgestürzt sind.

Das größte Verbrechen, für das unsere traditionellen sexuellen Rollen verantwortlich sind, ist die Vorstellung, der Akt der Sexualität sei häßlich oder gar gefährlich. Eine wundervolle Form der Kommunikation zwischen Liebenden ist reduziert worden auf ein schamhaftes Verhalten. Auch wenn viele von uns lernen, diese gräßlichen Vorstellungen zu überwinden, ist es nach wie vor in unserer Gesellschaft sichtbar, daß Liebende dazu verleitet werden, sich unnatürlich zu fühlen.

❍ Wir sind besser als das.

❍ Wir sind intelligenter als das.

❍ Wir sind würdevoller als das.

❍ Als Liebende müssen wir wählen, Freunde zu sein.

❍ Sex, Liebe und Freundschaft müssen miteinander verbunden werden.

Unsere traditionelle Ernsthaftigkeit im Zusammenhang mit Sex hat Angst und Krankheit erzeugt. Diese Ernsthaftigkeit muß in Bedachtsamkeit und Mitgefühl füreinander verwandelt werden, um lebendige Beziehungen blühen zu lassen.

❍ Sex muß sicher, lustvoll, freundlich, spielerisch, normal und relativ unbedeutend werden.

❍ Unsere gegenwärtige Besessenheit von sexueller Kontrolle muß ebenso überflüssig und lächerlich werden wie der primitive Kampf ums Feuer.

❍ Sexuelle Promiskuität, Kontrolle und Eifersucht müssen zu etwas werden, das einer niedrigeren Intelligenzstufe angehört.

❍ »Ernster« Sex muß als ignorant erkannt werden.

Mehr und mehr Menschen treffen heutzutage die Wahl, Sex mit den Partnern zu genießen, die sie wirklich als Freunde bezeichnen können, mit Menschen, die sie kennen und denen sie vertrauen. Sie wählen Sex mit Menschen, mit denen sie sich spielerisch verbinden können, Sex, der befriedigend, experimentell und sicher ist.

In den Nachrichten taucht Sex meist nur im Zusammenhang mit Krankheit, Verbrechen oder Versagen auf. Warum nicht Sex überall dort sehen, wo Schönheit und Leben ist?

In diesem Licht betrachtet ist Sex gesund und kommunikativ. Und es ist für Liebende natürlich, daß sie auf dieser Ebene – eben der sexuellen – kommunizieren wollen.

❍ Auf dieser Ebene ist Sex viel mehr als einfach nur Entspannung.

❍ Im Orgasmus vibriert Dein ganzer Körper von Elektrizität.

D.H. Lawrence wurde vor Gericht gebracht, weil er gesagt hatte: »Es gibt nur eine Energie, die unserer Sexualität!«

❍ Auf dieser Energieebene löst uns ein Orgasmus völlig von der rein körperlichen Wahrnehmung. Verwandlung geschieht.

Physiker sagen, es gibt keine Materie, nur Energie. Es gibt keine Materie, nur die Erscheinung von Materie.

❍ Durch den Orgasmus bewegen wir uns auf diese Ebene von Energie.

❍ Du kannst nur zu dieser Ebene von Energie gelangen, wenn Du die Kontrolle aufgibst. Das kannst Du nur mit jemandem, dem Du vertraust.

❍ Vertrauen läßt Grenzen verschwinden; Du beschäftigst Dich nicht länger mit Beschränkungen.

Diese Erfahrung ermöglicht Dir, mit einem Freund oder einer Freundin, dem oder der Du vertrauen kannst, zu verschmelzen und eins zu werden. Pass auf und verpasse diese Erfahrung nicht!

❍ Du kannst diese Erfahrung nur machen, wenn Dein Partner beides ist, Geliebter und Freund.

❍ Wenn Dein Partner nur Geliebter ist oder nur Freund, dann ist nur Entspannung, Ejakulation und Erleichterung möglich, nicht aber Orgasmus, das Verschmelzen mit der Existenz.

❍ Orgasmus bedeutet, Dir selbst durch Deinen Partner als Deinem Spiegel zu begegnen.

❍ Orgasmus ist nichts als ein großes Fest.

Mit Vertrauen und Liebe reift auch die Erfahrung.

❍ Ihr seid zusammen jenseits der Zeit. Ihr seid in der Lage, Eure eigene Zeit zu erschaffen.

❍ Ihr fühlt, daß Ihr bereit seid, einander alles zu geben, was Ihr habt.

❍ Ihr fühlt Euch verbunden, nicht nur auf der körperlichen Ebene, sondern auch auf einer Energieebene.

❍ Ihr seid wieder wie Kinder im Mutterleib, völlig miteinander verbunden.

❍ Es ist unerheblich, ob Ihr männlich oder weiblich seid. Ihr seid völlig frei.

Seid einfach Freunde und seid spielerisch. Seid einfach Liebende und seid leidenschaftlich. Vergeßt den Sex. Entspannt Euch und laßt es geschehen – und seid zusammen!

Selbstentdeckung

Qualität 11

Würdevolle Sexualität

Würdevolle Sexualität: Was Du erlebst, wenn Du nur das tust, was Dich und gleichzeitig Deinen Partner befriedigt und ehrt. Würdevolle Sexualität erschafft Selbstachtung, die auf Deinen selbstbestimmten Werten und ethischen Vorstellungen beruht. Übernommene und vererbte Moralvorstellungen und Maßstäbe verlieren dann ihre Macht über Dich.

1. Nimm wahr, wie Du Dich als sexuelles Wesen fühlst.

|______________________|______________________|

armselig mittel gut

2. Nimm wahr, wann Du Dich gewürdigt und geehrt fühlst und wann bloßgestellt und erniedrigt. Benenne drei Ereignisse Deines Sexuallebens, die von Würde und Achtung geprägt waren.

____

____

____

Schreib in ein Tagebuch eine detaillierte Beschreibung dieser Ereignisse.

3. Stelle fest, wann Du Dich sexuell zurückhälst und warum. Zähle drei derartige Erfahrungen auf und die Gründe dafür.

Wann ______________________________

Warum ______________________________

Wann ______________________________

Warum ______________________________

Wann ______________________________

Warum ______________________________

Sei bereit, dieses Verhalten loszulassen und vertraue.

4. Gibt es jemanden, mit dem Du Dich sexuell wohl fühlst?

Wer ______________________________

Warum ______________________________

Teile es ihm/ihr/ihnen so bald wie möglich mit.

5. Erinnere Dich, wann Du Dich sexuell am wohlsten gefühlt hast und warum.

Qualität 12

Freiheit und Würde

»Frank« bedeutet unabhängig und geradeheraus. Ich habe mein Leben lang mit einer gewissen Besessenheit Dinge ohne Anraten oder Zustimmung anderer getan und tue das auch heute noch gelegentlich. Ich habe immer auf meiner Freiheit bestanden, und dies hat sich in meinem Leben nur ausgezahlt. Ich fühle mich sicher und habe Freiheit und Spielraum.

Ich beobachte oft, wie sich Menschen für »Freiheit« engagieren, ohne zu wissen, wie sie die Freiheit erlangen können. Ihrem Engagement fehlt die Würde. Sie versuchen es mit allen Mitteln. Sie steigen etwa auf völlig unverantwortliche Weise aus einer Beziehung aus, aus Wut oder mit der Begründung, sie seien über den anderen hinausgewachsen, oder die Leidenschaft sei verloren gegangen. Mit solchen Entschuldigungen verlieren sie ihre Würde.

Wie jeder hatte auch ich meinen Teil an würdelosen Trennungen. Es fing damit an, wie ich als Jugendlicher mein Elternhaus verließ. Bis ich das geklärt hatte, setzte ich dieses »Verlassen des Zuhause« ständig fort. Heute »verlasse ich das Zuhause« aus freier Wahl. Ich laufe nicht länger vor etwas oder jemandem davon, sondern ich bewege mich hin zu einer neuen Wirklichkeit, die ich vorziehe. Ich weiß, daß ich zu meinem Zuhause zurückkehre, wann immer ich dies wähle.

Ich ließ mich scheiden, als mein Sohn 2 Jahre alt war. Meine Frau

Christine war berufstätig und alles lief zunächst gut, denn wir waren beide bereit, diese Beziehung in dieser Form zu beenden. Dann nahm der Scheidungsprozeß seinen Lauf, und der Ärger begann. Wir legten das traurigste und würdeloseste Verhalten der acht Jahre unseres Zusammenseins an den Tag. Dieser Krieg zwischen uns ging über Jahre. Er zerstörte unser Vertrauen und unsere Würde. Doch schließlich sprach unser Höheres Selbst beinahe gleichzeitig zu uns, und wir erkannten, wie verrückt und häßlich wir geworden waren.

Mein Leben trug alle äußeren Insignien der Freiheit: Ich hatte ein wundervolles Appartment in New York, Geliebte, Freunde, Geld, eine geregelte Beziehung zu meinem Sohn. Aber irgendwie fühlte es sich überhaupt nicht wie Freiheit an. Als wir dann beide zur gleichen Zeit sagten: »Das ist doch ein ziemlicher Mist so«, lösten wir unsere Meinungsverschiedenheiten auf und sagten unseren Anwälten, was zu tun sei. Plötzlich war da wieder Achtung voreinander. Würde und sogar Liebe kehrten in anderer Form in unsere Beziehung zurück. Am Ende waren sie und ich frei von gegenseitigen Erwartungen und unsere Freundschaft wuchs auf eine neue Art.

In meinen Seminaren gibt es immer Teilnehmer, die nicht mehr mit ihren Müttern, Vätern, ihrer Familie, ihren Ex-Geliebten, ehemaligen Chefs reden. Ich habe Teenager getroffen, die seit Jahren nicht mehr mit ihren Vätern gesprochen hatten. Es ist so traurig, so viele zu sehen, die sich von ihrem Ursprung und damit von ihrer Lebendigkeit abgeschnitten haben. Das regt mich wirklich auf. Ich habe kein Verständnis für Eltern, die vor lauter Eigensinn ihre Kinder kaputtmachen. Wir haben genug geschädigte Kinder auf diesem Planeten.

Mein Leben strahlt Freiheit aus. Ich suche mir etwas aus und bewege mich weiter. Meine Beziehungen sind in ständigem Wandel begriffen, meine Arbeit in stetiger Weiterentwicklung. Ich verändere mein Leben laufend. Es ist immer im Fluß. Die Art, wie ich Beziehungen verlasse, ist, glaube ich, eher ungewöhnlich. Zwischen mir und meinen ehe-

maligen Geliebten ist die Würde gewahrt, auch wenn ich mit einiger Traurigkeit zugeben muß, daß dies auf einige wenige nicht zutrifft. Es gibt eine Handvoll, die sich trotz all meiner Bemühungen weigern, die Beziehung mit mir zu vollenden. Sie stecken in ihrem Schmerz und Ärger fest und treffen dummerweise die Wahl, lieber zu schmollen, statt neu zu erschaffen.
Freiheit ohne Würde ist eine Illusion.

Qualität 12

Freiheit und Würde

Freiheit: Der ursprüngliche Zusammenhang, aus dem heraus jede Schöpfung entsteht, in dem alles geschieht. Die Fähigkeit, frei zu wählen und die eigenen Handlungen zu bestimmen. Verursacher sein.

Würde: Das Gefühl, Achtung und Ehre zu verdienen. Selbstachtung, gespeist von Liebe und freudiger Erregung.

Verursacher sein: Verantwortlich sein für seine Handlungen oder Ergebnisse.

In einer lebendigen Beziehung ist Freiheit die höchste Qualität, die wir haben können. Bewußte Menschen bestehen darauf – für sich selbst und auch für andere. Frei sein zu wollen gehört genauso zu den Instinkten der Menschheit, wie offen zu sein für Veränderung. Bewußte Individuen **zwingen sich niemals** zu etwas in einer Beziehung. Sie wählen,

❍ aus Mitgefühl heraus zu handeln und zu unterstützen.
❍ frei zu sein von Verpflichtung und Zwang in Beziehungen.

In einer lebendigen Beziehung erlebst Du Freiheit nicht als Schuld oder Ablehnung, sondern als Freude, schöpferisch zu sein.
❍ Du mußt Deine Freiheit auch in bedrohlichen Situationen aufrechterhalten.
❍ Du mußt anderen ihre Freiheit auch dann zugestehen, wenn es Dich traurig macht.

In einer Beziehung, in der die Qualität von Freiheit ausgeprägt ist, wirst Du immer mal wieder enttäuscht und traurig sein. Wähle, was Dir wichtiger ist:
❍ Freiheit – im Bewußtsein, daß Du manchmal traurig und enttäuscht sein wirst oder
❍ Mangel und Abhängigkeit in Deinem Leben zu erschaffen.

Wenn Du Dir einen Partner suchst, der zu Hause sitzt und auf Dich wartet, der jede Deiner Bewegungen eifersüchtig beobachtet, dann wählst Du zugleich Ärger und Angst. Die andere Wahl ist, den Menschen in Deinem Leben zu erlauben, frei zu sein. Dann werden auch sie anfangen, Wahlen zu treffen. Sie werden anfangen, selbstbestimmt zu leben – Du wirst manchmal zurückgewiesen werden.
Wenn Du Freiheit für Dich wählst, mußt Du sie auch anderen zugestehen, denn dies ist die einzig wahre Freiheit. Alles andere ist in Wirklichkeit eine Kontrolle über andere. Sobald sich die Gelegenheit bietet, werden auch sie Dich kontrollieren. Nur die Menschen sind wirklich frei, die sich nahe genug kommen können, um eine lebendige Beziehung zu erschaffen.
Freiheit ist eine höhere Qualität als Liebe, denn
❍ Liebe ohne Freiheit ist ohne Würde.
❍ Liebe ohne Würde hört auf, Liebe zu sein.

Wenn Du andere kontrollierst, sei es verdeckt oder offen, bewußt oder unbewußt, lebst Du eine Illusion. Du wirst Dich wahrscheinlich so weit von Dir und ihnen entfernen, daß Du nicht mehr wissen wirst, ob sie Dich wirklich lieben. Sie werden wahrscheinlich einfach sagen, was Du hören willst und Dinge tun, von denen sie denken, daß sie Dir gefallen. Dadurch werden immer mehr Illusionen erschaffen. Wenn sie sich nicht aus freier Wahl in einer Beziehung mit Dir befinden, gibt es keine Freiheit und keine Liebe - es gibt nur Illusion.

Oft benutzen Menschen unbewußt oder bewußt ihre sogenannte »Freiheit« dazu, sich über jemanden lustig zu machen oder ihn schlecht zu machen. Dies ist Feindseligkeit, keine Freiheit.

Feindseligkeit schafft Verdruß. Deine Rebellion wird zu einer Schlinge um Deinen Hals. Deine Unfähigkeit, diejenigen anzuerkennen, die zu Deinem Leben beitragen, beraubt Dich Deiner Freiheit und Würde.

Freiheit und Würde sind unabdingbar.

❍ Du kannst sie wählen oder ablehnen. Es gibt sie entweder ganz oder gar nicht.

❍ Sie sind nicht quantitativ sondern ganzheitlich.

❍ Sind sie nicht vorhanden, verlierst Du genau das, was uns Menschen einzigartig macht - die Fähigkeit, bewußt zu wählen und zu erschaffen.

Freiheit und Würde entstehen in Dir, wenn Du keine elterliche Autorität mehr brauchst, wenn Dein Wunsch, Dich zu identifizieren und zu definieren, verschwindet.

Wir werden nicht frei geboren. Wir werden sofort mit Definitionen überhäuft. Wir kommen in dieser Welt an mit einem Geschlecht, einer ethnischen Zugehörigkeit, einer Religion und einem Namen, all das bereits am Anfang. Dieser tödliche Prozeß des Definierens geht weiter, wenn wir dann mehr und mehr wie Mama und Papa sein sollen, wie unsere Brüder und Schwestern und unsere Spielkameraden.

Wir machen dies zunächst bewußt und willentlich mit. Aber ab einem gewissen Punkt fangen wir an, uns unbewußt selbst zu definieren – auf Kosten unserer eigenen Freiheit und Würde.
Oft setzen wir das unser ganzes Leben lang fort. So bringen wir die um, die wir lieben, indem wir uns selbst und unsere Beziehungen mit Definitionen überfrachten.

Wir wollen Freiheit, denn

- ❍ sie schützt uns vor Festlegung und Erniedrigung.
- ❍ sie schützt uns vor der Kontrolle der anderen.
- ❍ sie erschafft Würde.

Wenn wir uns und andere auf bestimmte Definitionen festlegen, weisen wir Freiheit zurück. Freiheit geht einher mit unserer Verantwortung gegenüber uns selbst. Das macht uns noch mehr Angst, denn es wirft uns zurück auf unsere eigenen Fähigkeiten und Quellen. Es konfrontiert uns mit der Realität unseres Alleinseins, unserer Grenzen und unserer Bedeutungslosigkeit.
Erst wenn wir uns dieser ambivalenten Beziehung zu Freiheit bewußt werden, offenbart sie sich uns. Wir können plötzlich mit ihr umgehen und haben oft auch Spaß damit. Die meisten sind sich ihrer ambivalenten Beziehung zu Freiheit jedoch nicht bewußt. Diesen Mangel an Bewußtheit bezahlen wir mit unserer Würde.

Um Deine zwiespältige Beziehung zu Freiheit zu überwinden, triff die Wahl,

- ❍ mit dem anderen wechselseitig verbunden zu sein, nicht abhängig voneinander.
- ❍ lebendig zu sein.
- ❍ instinktiv und spontan zu sein.

Du mußt das Risiko eingehen,

❍ allein zu sein,

❍ Angst zu haben,

❍ verwirrt zu sein,

❍ verletzt und verrückt zu sein.

Schließlich begegnest Du dem allerletzten Risiko:

❍ durch Deine Beziehungen verändert zu werden.

Nur dann wirst Du Dich selbst und Deine Beziehungen als lebendig erleben.

Wandel beginnt mit dem natürlichen Vertrauen in Dich selbst. Dies erlaubt Dir, frei und offen für Erfahrungen zu sein und spontan zu denken und zu sprechen – statt vorsichtig wiederholen zu müssen, zu rationalisieren, zu verteidigen, zu rechtfertigen und ständig Wertschätzung zu brauchen.

Wenn Du Deine zwiespältige Beziehung zur Freiheit meisterst, erfährst Du letztendlich Deine stärkste Kraft: Dein In-Beziehung-Sein und die Freiheit, eine gesunde wechselseitige Bindung in Deinen Beziehungen zu haben.

In dem Maße, wie Deine Lebendigkeit zunimmt, wirst Du erleben und annehmen, daß Du zugleich in Beziehung bist und wechselseitig mit dem anderen verbunden. Du wirst die Beiträge anerkennen, die Deine Beziehungen zu Deinem Leben geleistet haben und leisten.

❍ Das ist Kraft. Das ist Würde. Das ist Freiheit.

Die Wahl, wechselseitig miteinander verbunden und in Beziehung zu sein, bedeutet Freiheit.

Freiheit ist innen. Sie ist formlos. Sie sieht nicht nach irgendetwas aus und sie sieht aus wie alles. Der Schlüssel zu Freiheit und Würde ist Wahl, nicht Form. Jeder von uns kann auf seine eigene Art wirklich frei sein, seine eigene Form dafür finden.
Um Freiheit und Würde zu erschaffen, ist es nötig, so vollkommen wie möglich und so oft wie möglich in der Gegenwart zu sein.
So wird Freiheit geboren. Dies ist eine der befriedigendsten Erfahrungen im Leben. Dies ist Lebendigkeit in Beziehungen.
Triff die Wahl, in der Gegenwart zu sein, lebendig zu sein, total und vollständig zu sein. Du wirst darin Deine Freiheit finden, Deine Würde, Authentizität und Individualität. Dann wirst Du wissen, daß Freiheit der Rahmen für unsere Beziehungen und unsere Lebendigkeit ist. Ohne Freiheit gibt es keine Liebe. Ohne Freiheit bürdest Du Dir Lasten von Verpflichtung auf, Du erlebst eine Form von Sklaverei ohne Würde. Freiheit ist der Garten, in dem Liebe blüht.

❍ Wenn Du in Freiheit lebst, lebst Du in Fülle und Überfluß. Du bewegst Dich im Bereich bewußter Wahl.

❍ Wenn Du in Bedürftigkeit lebst, lebst Du im Mangel. Du bewegst Dich im Bereich von Entscheidungen.

Ist die Qualität der Freiheit in einer Liebesbeziehung vorhanden, so wird Herrschaft – die normalerweise als sozial akzeptierte Form von Wut gelebt wird – unmöglich.
Diejenigen, die bewußt sind, teilen »ihre Liebe« und unterstützen die Freiheit jedes anderen. Sie haben nicht den Wunsch, zu herrschen oder psychologisch zu konkurrieren.
Wenn das Umfeld von Liebe aus Freiheit entsteht, erfahren sich zwei oder mehr unterschiedliche Individuen als eines.
Bedürftigkeit und Abhängigkeit zwingen Dich, Dich »zu verlieben«, Illusionen zu erschaffen und psychische Gefängnisse und Knechtschaft zu erleben. Wie auch immer, wenn Ihr bewußt Liebende seid, habt Ihr die

Freiheit, Eure Illusionen gegenseitig zu zerstören, denn Ihr wißt, daß es ohne Freiheit keine Liebe und kein Glück gibt.

❍ Freiheit ist Liebe.
❍ Freiheit ist Leben.
❍ Freiheit ist lebendige Liebe.

Bevor Du nicht frei bist, kannst Du Dich selbst nicht als Liebe erleben. Dies ist keine Theorie. Es ist eine Erfahrung, die Du jetzt sofort machen kannst.

Das Leben selbst ist Freiheit. Dazu gibt es keine Widersprüche. Das ist keine Philosophie. Das ist einfach so. Bitte nimm dies auf und erlebe Dich selbst als Liebe.

Dein höchstes Selbst, Dein Bewußtsein schreit danach, frei zu sein.

❍ Triff Deine Wahl! Jetzt!
❍ Vergiß das Schicksal!
❍ Sei verantwortlich!
❍ Wähle die letzte Verantwortung – Freiheit – die die Schöpfung selbst ist!

Freiheit ist Deine Quelle. Es gibt keinen anderen Ursprung. Aus ihr heraus ist jedes Ergebnis möglich. Du kannst ein einsamer Einzelgänger, ein armseliger Geschiedener, ein neuer Hitler werden oder ein wundervoller Liebender, eine fröhliche Begleiterin, ein Gandhi, ein Christus. Es ist Deine Wahl.
Du bist Freiheit. Es geht nur darum, Unterscheidungen zu treffen.

Sei Dir bewußt, daß Freiheit kein Freibrief ist. Sie ist keine Mißachtung von vereinbarten Regeln. Sie ist kein Schwelgen in Exzessen. Freiheit existiert nicht ohne ethische Werte und Verantwortlichkeiten. Zügellosigkeit ist kein Ausdruck von Freiheit. Sie ist vielmehr eine Reaktion auf Sklaverei.

Freiheit ist nicht Reaktion. Sie ist eher eine Art und Weise zu sein als eine Handlung oder ein Ereignis. Freiheit ist ein Prozeß, eine Haltung, eine Art zu leben.

Diejenigen, die frei leben, haben ihren eigenen Stil, ihre eigene Atmosphäre und Identität. Sie verändern nicht ihre Sicht- oder Verhaltensweisen, um akzeptiert zu werden.

Freiheit heißt zu wählen:

❍ die wesentlichen Dinge Deines Lebens
❍ Deine(n) Geliebte(n)
❍ Deine Religion
❍ Deine Karriere
❍ Deine sexuellen Vorlieben
❍ Deine Bildung
❍ Deine Art, jeden Tag, jeden Augenblick zu leben.

Wenn Du einmal erlebt hast, die wesentlichen Dinge Deines Lebens frei gewählt zu haben, wirst Du dieses Recht auch anderen zugestehen und es respektieren.

Wenn beispielsweise Dein Geliebter oder Deine Geliebte wählt, jemand anderen als Dich mehr zu lieben, wirst Du ihn/sie nicht daran hindern. Du wirst Dich nicht einmischen. Du magst traurig und verletzt sein, leiden und wütend sein. Aber Du wirst wissen, daß die Traurigkeit, mit der Du umgehen mußt, Deine eigene Traurigkeit ist. Es ist nicht seine oder ihre. Du wirst nicht auf seiner/ihrer Freiheit herumtrampeln.

In unserer Gesellschaft leiden viele unter dem moralischen Konflikt, sich jemanden zu wünschen, der nicht frei ist. Wir bringen einem Menschen, der offen ist, der ein unkompliziertes Liebesleben hat, der frei ist, Mißtrauen entgegen.

Wir mögen bei uns selbst feststellen, daß wir den verheirateten Mann, die verheiratete Frau begehren, den Menschen, der nicht erreichbar ist, der bereits vergeben ist - und dabei denken: »Wie kann jemand, der erreichbar ist, es wert sein?« Unter solchen Umständen nehmen wir nicht wahr, daß der Glaube: »All die Guten sind vergeben« eine negative Aussage über uns selbst ist. Noch weniger nehmen wir wahr, daß wir eher gelernt haben zu konkurrieren als zu lieben. Und dementsprechend verhalten wir uns.

❍ Wenn Du jemanden liebst, der nicht frei ist, der nicht verfügbar ist, ist dies Krankheit, nicht Liebe.

❍ Dein Unbewußtes leitet Dich, und Du verlierst Dich in mangelorientierter Liebe.

Freie, uneingeschränkte Liebe überwältigt und erschreckt die meisten von uns. Wenn wir ihr begegnen, ist es leicht möglich, daß wir nicht länger daran interessiert sind. Wir lechzen nach Konkurrenz, nach neuem Kampf, frischer Eroberung, einem stolzen Sieg oder zumindest nach einem aufreizenden Spiel.

Freiheit ist für die meisten von uns einfach zu leicht. Wir sind auf Ego-Trips, nicht auf Liebes-Trips. Einfache Freiheit übersteigt oftmals unser Verständnis.

Andererseits schätzen diejenigen, die den Wert von Freiheit erkennen, auch eine höhere Form von Befriedigung. Wir erleben Liebe und Vergnügen statt Kampf, Eroberung oder Konkurrenz.

❍ Wenn Du frei lebst und liebst, gibt es keinen Kampf.

❍ Du fließt und jeder, der mit Dir in Beziehung steht, ist frei, zu fließen und in Freiheit zu wählen.

❍ Wenn Du Dich selbst als Freiheit erlebst, wirst Du frei sein von mir, von diesem Kapitel, frei, Dich und mich zu lieben.

❍ So werde frei!

Freiheit ist die Leere, das Nichts, aus dem alle Dinge – materiell und nichtmateriell – erschaffen werden.

Selbst wenn Freiheit erreichbar ist, verbannen viele sie unbewußt aus ihrem Leben. Sie erleben Freiheit als Angst, Zweifel und Unsicherheit, als Isolation, Entfremdung und Einsamkeit.

Dies stimmt zum Beispiel für die meisten Amerikaner. Sie sind in der einzigartigen Lage, daß ihr Land im Streben nach Glück geschaffen wurde. Die U.S.-Verfassung garantiert ihren Bürgern eine ganze Menge Freiheiten, damit sie dieses Lebensglück erreichen können.

Sie werden in eine Gesellschaft hineingeboren, die auf der Idee beruht, daß jeder die Möglichkeit hat zu werden, wer immer er wirklich sein will und zu werden bereit ist.

Das hört sich großartig an. Aber ich erinnere mich an einen Freund, einen Sozialisten, der in Norwegen lebte und der einmal fragte: »Wird diese Freiheit nicht manchmal zu einer Last? Sind Menschen, die sehr viel Freiheit haben, nicht oftmals unzufrieden, weil sie auch feststellen, daß viel mehr hätte erreicht werden können?«

Im Verlauf dieser Unterhaltung wurde mir zum ersten Mal klar, warum so viele Menschen, mit denen ich in den Staaten arbeite, sich immer eher unglücklich als glücklich fühlen, selbst wenn sie so viel haben, worauf sie stolz sein können, so viele unveräußerliche Freiheiten.

Ich erkannte damals, daß Freiheit für mich höchste Verantwortlichkeit bedeutet. Sie nützt nur denen, die bereit sind, Verantwortung für ihr Leben zu übernehmen.

In so allgemeinen Bereichen wie Freiheit der Rede und politischer Freiheit sind die meisten von uns bereit, dieses Recht jedermann zuzugestehen.

Wenn aber in unserem engeren, ganz persönlichen Rahmen unsere Ehe- oder Lebenspartner, unser Kind, unsere Angestellten oder andere direkt um uns herum Freiheit für sich beanspruchen, werden wir »Liberale« schnell zu »Konservativen«. Wir wollen Freiheit für uns selbst, aber wir zögern, sie unseren Geliebten zuzugestehen. Dies trifft vor allem für den Bereich sexueller Freiheit zu.

Diese Lebensbereiche, in denen wir andere ihrer Freiheit berauben wollen, sind meist die gleichen Bereiche, in denen wir selbst uns bedroht und unsicher fühlen. Mit anderen Worten, wir wollen andere in den gleichen Bereichen beschränken, in denen wir

❍ uns unverantwortlich verhalten haben oder

❍ in denen wir die Möglichkeit abwehren, unsere Fähigkeit, uns spontan einzulassen, zu erfahren.

Für mich war Freiheit in meiner Arbeit von dem Moment an leicht zu realisieren, in dem ich sie als eine Verantwortung betrachtete. Dieser Sinn für Verantwortlichkeit kann in jedem Bereich Deines Lebens zum Ausdruck gebracht werden. So wird etwa sexuelle Freiheit zu sexueller Verantwortlichkeit, die den Kreis zu sexueller Freiheit wieder schließt. Unglücklicherweise herrscht in unseren romantischen Beziehungen ein klassisches Muster von negativer Annäherung an Freiheit vor:

❍ Du befindest Dich in einer Beziehung, und Du hast das Gefühl, Deine Freiheit in bestimmten Bereichen Deines Lebens – wie Zeit, Privatsphäre, Sex oder Finanzen – verloren zu haben.

❍ Wenn Du davon genug hast, willst Du aus der Beziehung wieder heraus, damit Du frei sein kannst.

❍ Dann bist Du draußen und fühlst Dich allein, entfremdet, unsicher oder bist sogar eifersüchtig.

❍ Und dann läßt Du Dich auf ein Spiel ein, das viele spielen: Hinein – hinaus, hinein – hinaus, hinein und hinaus auf der Suche nach einer glücklichen Beziehung und nach Freiheit.

Wenn Du in einem solchen Szenario gefangen bist, bist Du in einer Illusion gefangen. Völlig mit jemandem zusammen zu sein ist ebenso eine Illusion, wie völlig allein zu sein.

Die »Illusion von Freiheit« entsteht, wenn Freiheit symbolisch dazu benutzt wird, um vor etwas zu fliehen. Das bezieht sich auf Autorität, Kontrolle, Deine Beziehungen, Dein sozio-ökonomisches oder ethisches Erbe, Deine übernommene Religion, Deine Eltern ... auf jeden Aspekt Deines Lebens, vor dem Du fliehen willst.

Wenn Du Freiheit als eine Flucht vor etwas oder jemandem benutzt, ist dies gleichzeitig ein Akt gegen diese Sache oder diesen Menschen. Freiheit wird dann zu einem Anschlag auf den Charakter oder zu einer Herabsetzung

❍ Deiner Eltern

❍ Deiner ethnischen Herkunft oder Religion

❍ Deines Ehepartners.

Nimm wahr, daß alle diese Beziehungen Aspekte Deiner selbst sind, so daß Du Dich damit selbst herabsetzt.

❍ Dein Bedürfnis, vor ihnen zu fliehen, sie schlechtzumachen, ins Unrecht zu setzen und zu zerstören ist genau das, was Dich an sie fesselt.

❍ Dein Bedürfnis nach Widerstand erhält genau das aufrecht, wogegen Du Dich widersetzt.

Die Form mag sich ändern. Es mag unterschiedlich aussehen. Aber Du bist noch immer davon gefangen und unter der Auswirkung dessen, wogegen Du Dich widersetzt.

Statt ja zu sagen, sagst Du nein. Gegenüber Deinen Eltern in Rebellion zu verharren ist das gleiche, wie ihnen gehorsam zu sein. Es sieht zwar anders aus, aber es ist nicht Freiheit. Du beziehst Dich immer noch auf sie und bist immer noch mit ihnen verbunden, lediglich auf eine negative statt positive Weise.

Dein Bedürfnis nach Widerstand, Deine Unfähigkeit zu Anerkennung berauben Dich Deiner Freiheit - und, was noch wichtiger ist, Deiner Würde. Sei Dir bewußt:

- Würde ist unabdingbar.
- Du kannst sie wählen oder ablehnen, es gibt sie entweder ganz oder gar nicht.
- Sie ist nicht quantitativ, sie ist ganzheitlich.
- Entweder Du erlebst sie, oder Du erlebst sie nicht.

Ohne Würde bist Du weniger, als Du sein kannst, und Du verlierst Deine Fähigkeit zu wählen.

Die Lösungen sind einfach. Statt zu einem lebenslangen Muster zu werden, mit dem Du Dich abfinden mußt, kann dieses Spiel ein Ende finden.
Erkenne einfach:

1. Wenn Du Dich von der Kontrolle irgendeiner anderen Macht oder Person über Dich befreist, beginnst Du zugleich, frei zu wählen und selbstbestimmt zu handeln.
2. Ersetze falsche Wertschätzung oder falschen Stolz, die es mit sich bringen, daß Du ausweichend, unterdrückerisch, defensiv wirst, rationalisierst oder leugnest, durch Würde.
3. Verwandle jede Motivation, die aus Angst und Gleichgültigkeit entsteht, in eine Motivation, deren Quelle Erregung und Liebe ist.

Die meisten erleben Freiheit als das Fehlen äußeren Drucks. Meist beschreibt dies jedoch lediglich einen Zustand, der von bestimmten Privilegien geprägt ist:

1. Freiheit in der Religion bedeutet meist Vorrechte für die hochgestellten Mitglieder der Religionsgemeinschaft, die zu anderen hohen Mitgliedern oder zu Geld Zugang haben, der normalen Mitgliedern oder Nichtmitgliedern verwehrt wird.
2. Freiheit im Kapitalismus bedeutet in Wahrheit ökonomische Vorrechte für die wohlhabende und gehobene Klasse, die zu Gütern und Dienstleistungen Zugang hat, der den unteren Klassen verwehrt bleibt.
3. Freiheit im Kommunismus bedeutet in Wirklichkeit politische Vorrechte für die gehobene Verwaltung, die Zugang zu Gütern und Dienstleistungen hat, welche denen verwehrt werden, die nur ein kleines und vor allem denjenigen, die gar kein Stück vom Kuchen abbekommen.
4. Freiheit im Therapeutentum (eines meiner Lieblingsthemen) bedeutet medizinische Privilegien für Ärzte und Patienten, die Zugang zu Drogen und Entschuldigungen haben, die anderen verwehrt sind.
5. Freiheit in der Mamarolle oder das Vorrecht des Opfers: läßt Dich geben, dienen, Schuld auf Dich laden und selbstgerecht sein.
6. Freiheit in der Paparolle oder das Vorrecht des Herrschers: läßt Dich versorgen, verleugnen, drohen und überlegen sein.
7. Dann gibt es »Einzelgängertum« oder das Vorrecht auf häufigen Partnerwechsel; »Verheiratetsein« oder das Vorrecht selbstgerechter heterosexueller Moral; »Teenagertum« oder das Vorrecht auf Verwirrung; »Intellektualismus« mit dem Privileg, fein zu tun und zu urteilen.

All unsere Freiheit wird durch Definitionen systematisch zerstört. Die Festlegungen nehmen kein Ende. Erst halten wir es für nötig und dann finden wir es zunehmend erschreckend, mehr und mehr wie Mama und Papa zu werden. Wir sind alle vertraut mit den Begriffen Selbstmord und Totschlag. Aber achte einmal auf »Totdefinieren« – der Mord an Menschen durch Sprache und Definition. Wir sind dauernd dabei, diejenigen, die wir lieben, per Definition um die Ecke zu bringen.

Du mußt Dir klarmachen, daß totale Freiheit oder Unabhängigkeit eine Illusion ist. Lebe Dein Leben nach der Vorstellung, daß »Freiheit von etwas« eine Illusion ist! Wisse, daß »Freiheit zu etwas« Mut erfordert. Wahre Freiheit birgt das Risiko, daß Du Angst hast, daß Du allein bist, daß Du verwirrt bist und daß Du Dich unvermeidlicherweise änderst. Sie erfordert, daß Du natürlich und selbstbestimmt lebst, in einem kindlichen Bewußtsein zusammen mit der Weisheit der Erfahrung.

Durch »Freiheit zu etwas«

❍ entsteht wechselseitige Bindung aus freier Wahl.

❍ wirst Du instinktiv und spontan.

❍ werden Deine Beziehungen lebendig.

❍ sprichst Du spontan und offen, statt bewußt etwas wiederzukäuen.

❍ denkst Du offen, ohne Dich zu rechtfertigen und zu verteidigen.

❍ nimmst Du wahr, daß echte Freiheit in Beziehungen bedeutet, in einer gesunden wechselseitigen Bindung zu leben.

❍ erlebst Du, in Beziehung zu sein und Deine Kraft.

❍ beginnst Du, es als ganz natürlich zu akzeptieren, daß Du in Beziehungen stehst und aus freier Wahl gebunden bist. Du bist Dir des Beitrages bewußt, den Menschen zu Deinem Leben erbracht haben und erbringen.

»Freiheit zu etwas« ist Verpflichtung zu Liebe und Lebensfreude. Wenn Du die Beiträge, die Dir von anderen erbracht werden, verleugnest und andere nicht anerkennst, dann verleugnest Du zugleich

❍ Dich

❍ Deine Beziehungen

❍ Dein Erbe

❍ Deinen Ursprung

❍ Deine Bewußtheit.

Daraus entsteht Unabhängigkeit – unser modernes Wort für Einsamkeit.

Wahre Freiheit besteht aus wechselseitiger Bindung – ein Gesetz des Universums. Sie liegt in der Wahl, nicht in der Form, in der sich die Wahl manifestiert. Echte Freiheit liegt im Innern. Es ist gleichgültig, ob Du

- verheiratet oder alleinstehend,
- Christ oder Jude,
- jung oder alt,
- Mann oder Frau bist.

Anders ausgedrückt: Wirkliche Freiheit hat nichts zu tun mit der Form, wenn Du Dich aus freier Wahl in dieser Form befindest.
Wirkliche Freiheit sieht nicht nach etwas Bestimmtem aus. Sie fühlt sich an wie Liebe, Glücklichsein und Leidenschaft ohne Mühe und Anstrengung.

- Freiheit hat keine Form.
- Der Schlüssel zur Freiheit liegt in Deiner bewußten Wahl.

Selbstentdeckung

Qualität 12
Freiheit und Würde

Freiheit: Der ursprüngliche Zusammenhang, aus dem heraus jede Schöpfung entsteht, in dem alles geschieht. Die Fähigkeit, frei zu wählen und die eigenen Handlungen zu bestimmen. Verursacher sein.

Würde: Das Gefühl, Achtung und Ehre zu verdienen. Selbstrespekt, getragen von Liebe und freudiger Erregung.

Verursacher sein: Verantwortlich sein für seine Handlungen oder Ergebnisse.

1. Benenne, wer Dich in Deinem Leben zur Zeit definiert.

___

___

___

Wenn es aus freier Wahl geschieht, dann akzeptiere Deine Bereitschaft, in Beziehung zu stehen. Ist es nicht Deine Wahl, sei bereit, zu verwandeln und diese Definition loszulassen.

2. Benenne, welche Bereiche Deines Lebens jetzt völlig definiert sind.

Wähle nun bewußt, Dich zu wandeln und frei zu werden.

3. Nimm Dir einen Moment Zeit, Dir Dein eigenes Bedürfnis, definiert zu werden, anzuschauen.

A. Benenne drei Beziehungen, in denen Du Dich aus freier Wahl befindest.

Erkenne diese Beziehungen an und die Freiheit, die Du durch sie erhältst.

B. Benenne drei Beziehungen, in denen Du Dich gefangen fühlst.

Wähle, mutig zu sein und diese Beziehungen loszulassen.

C. Benenne drei Bereiche Deines Lebens, in denen Du den Wunsch hast zu fliehen.

____

____

____

Nimm wahr, was Du an diesen Beziehungen mehr schätzt als Deine Freiheit.

D. Benenne drei Bereiche Deines Lebens, in denen Du Dich natürlich erlebst.

____

____

____

Erkenne Dich nun an!

4. Vor wem in Deinem Leben willst Du am liebsten davonlaufen?

____

Warum? ___________________________________

____

5. Vor was in Deinem Leben willst Du am liebsten davonlaufen?

____

____

Warum? __________________________________

6. Denke an jemanden, der zu Deinem Leben einen Beitrag geleistet hat. Erkenne ihn/sie nun dafür an!

7. Mit wem wählst Du, jetzt zusammen zu sein?

____

Wann hast Du ihm/ihr/ihnen das das letzte Mal mitgeteilt?

____

8. Prüfe die Bereiche Deines Lebens daraufhin, ob Du in ihnen im Moment frei wählst:

Lebensstil __________________________________

Arbeitsgewohnheiten ____________________________

Privatleben _________________________________

Berufsleben ____

Sexualleben ____

Erholung ____

Spiritualität ____

Körperliche Gesundheit ______________________________________

Geistige Gesundheit ____

Wirtschaftlicher Status ______________________________________

Ehe oder romantische Beziehung ______________________________

Bildung ____

9. Nimm wahr, in welchen Beziehungen Du das Gefühl hast, Freiheit zu leben. Zähle drei auf.

____

____

____

10. Nimm wahr, in welchen Beziehungen Du Würde erfährst. Zähle drei auf.

____

____

____

11. Schau Dir die Beziehungen an, in denen Freiheit und Würde fehlen und nimm wahr, warum dies so ist. (z.B.: Angst vor Verlust oder Ablehnung, Schuld, Angst vor Schmerz und Traurigkeit) Zähle drei auf und die Gründe.

____

Warum? __________________________________

____

Warum? __________________________________

____

Warum? __________________________________

12. Nimm wahr, welche Definitionen Du Dir selbst und anderen gegeben hast (meine Frau, mein Freund, etc...) und erschaffe jetzt neue, ehrliche und lebendige. Zähle auf.

Qualität 13

Die Fähigkeit, zusammen allein zu sein

Viele Menschen sind nicht in der Lage, allein zu sein. Lieber leben sie in schrecklichen Beziehungen, unfähig, Menschen zu finden, die ihren Raum respektieren und sie alleine lassen können.
Ich konnte nie lange mit Menschen zusammen sein, die den Kopf ständig zum Bersten voll haben und so zu Geschwätzigkeit neigen. Ich habe auch nicht vor, mich je dieser Schwäche hinzugeben. Menschen mit »geschwätzigen Hirnen« sind Kleingeister. Sie sind unfähig, den Raum zu respektieren, den ich wünsche. Sie fließen ständig über vor Gedanken – nicht ihren eigenen, nein. Es handelt sich einfach um den Müll, den sie während des Tages angesammelt haben und dann über jeden auskippen, der ihnen in den Weg kommt.
Ich verbringe sehr viel Zeit allein, besonders für den schöpferischen Bereich meiner Arbeit, der einen sehr bedeutenden Teil meines Lebens ausmacht. Meine Arbeit zu präsentieren und Studenten anzuleiten ist eher eine Aufführung als eine Rede. Intime Unterhaltungen führe ich beispielsweise lieber mit einer phantastischen Geliebten im Bett, oder mit sechs bis acht Freunden bei einem großartigen Essen und erlesenen Getränken. Wenn die Sache größer wird, müssen es schon 100 oder mehr Menschen sein, damit meine Wahl und meine Privatsphäre inmitten des Chaos gewahrt bleiben.

Ich erinnere mich, daß ich meinem Vater begeistert dabei half, unsere Wohnung zu renovieren, denn ich sollte meinen eigenen Raum bekommen. Er hatte einen eigenen Eingang, Küche, Bad usw. Ich kam und ging, wie es mir paßte, oft viel später als es mir erlaubt worden war. Ich hatte eine Menge Raum für mich, selbst in meinem Elternhaus. Ja, ich kam in Schwierigkeiten, aber ich lernte auch, allein zu leben. Es half mir, selbstständig zu werden und mich zu lieben und mit mir selbst Spaß zu haben.

Heute bin ich nur zu Beziehungen bereit, die mir erlauben, mich körperlich, gefühlsmäßig und sexuell auf meine Art auszudrücken, die mir »meinen Raum« zugestehen. Ich war in Beziehungen, in denen sexuelle Kontrolle das beherrschende Thema war. Ich habe mich »genitalen Besitzansprüchen« immer widersetzt. Die Erfahrung hat mich gelehrt, daß romantische Beziehungen wie von selbst diese Richtung nehmen. Es ist weitaus befriedigender, einfach aus freier Wahl in einer exklusiven sexuellen Beziehung zu sein, egal wie kurz oder wie lange, als dem Zwang gegenseitiger Kontrolle zu erliegen. Ja! Es ist wahr. Ich bin nicht bereit, meine Lust und Leidenschaft gänzlich an jemanden zu binden, noch war ich jemals bereit, eine solche Verpflichtung mir gegenüber von irgendjemandem zu akzeptieren.

Wenn Du mit jemandem mehr als drei Mal ins Bett steigst – gar nicht zu reden von Zusammenziehen oder Heiraten –, wirst Du von einer unausgesprochenen Übereinkunft überrumpelt, die auf »genitales Eigentum« oder auf eine Pfändung der sinnlichen Leidenschaft hinausläuft.

In Seminaren und Kursen waren über all die Jahre hinweg die schwierigsten und hartnäckigsten Probleme diejenigen, die sich um dieses »Aufgeben des Familienschmucks« drehten. Oft schlage ich dann vor, daß sich das Paar gemeinsam nackt vor den Spiegel stellt und feststellt, wessen Genitalien wem gehören sollen. Dann sollen sie dort, im Angesicht ihrer kollektivierten nackten Wahrhaftigkeit, eine Art »Treueschwur« leisten . Wenn sie dies im vollen Brustton der Überzeugung zuwege bringen und ohne dabei in Gelächter auszubrechen, verdienen sie einander. Dann verdienen sie auch den Schmerz, die Eifersucht, die Wut und die Angst, die solch eine absurde Vereinbarung erschafft.

Stimme niemals »genitalen Besitzansprüchen« zu! Denke daran, daß Menschen in der Hitze der Gefühle oder aus Einsamkeit allem möglichen Mist zustimmen.

Wenn Du und Dein Partner aber bewußt die Wahl treffen, treu zu sein, ohne sich lächerlich zu fühlen, dann wird es eine gültige, bewußt gewählte Übereinkunft sein.

Sobald Lust und Leidenschaft kontrolliert werden, verwandeln sie sich in Vernunft und »Theater«, statt ein freier Ausdruck im Jetzt zu sein. Ich habe dieses etwas provokative Beispiel gewählt, um zu verdeutlichen, daß selbstbestimmte, reife menschliche Wesen ihren »Raum« brauchen, der respektiert wird. Nur so können sie in der Gegenwart eines anderen sie selbst sein und zugleich ganz vertrauliche Erfahrungen leben.

Ich liebe Menschen, die in der Lage sind, sich selbst zu unterhalten, Menschen, die mit ihrem eigenen Leben beschäftigt sind. Es gibt nichts Schlimmeres als völlig in ein Projekt verwickelt zu sein, während jemand dasitzt und darauf wartet, daß Du damit fertig wirst und Dich unterbricht, weil er sich mit sich selbst langweilt.

Das Leben ist Wandel. Es ist Wandel auch in Beziehungen. Es ist Bewegung von einer Definition zur nächsten, von »Fremder« zu »Freund«, »Geliebter« zu »alter Freund« usw. Es ist niemals abhängig von einer bestimmten Form oder einem bestimmten Ort.

Mein Vater und ich sind einander nie geographisch nahe. Wir ließen einander immer in Ruhe. Doch wir erfüllten die Beziehung immer so umfassend wie möglich mit Leben. Mit Neil Diamond verbindet mich die gleiche Art von Beziehung. Unsere Beziehung erfordert nicht, daß wir uns immer wieder anrufen oder dauernd miteinander reden. Wir sehen uns, wenn wir in derselben Stadt sind und verbringen dann vielleicht ein oder zwei Stunden lang eine wirklich gute Zeit miteinander. Die Fähigkeit, jemandem fern oder jemandem nahe zu sein, ganz egal ob Ihr im gleichen Raum seid oder nicht, ist die Fähigkeit, all-ein zu sein.

Ich habe es oft erlebt, wie diese anklammernde, festhaltende Liebe auftaucht, sobald sich jemand durch die Freiheit eines anderen, von seinem Willen, er selbst zu sein, bedroht fühlt. Es ist ein weitverbreiteter Irrtum, die Beziehung eines anderen zu sich selbst für eine Bedrohung der eigenen Beziehung zu dieser Person zu halten.

Qualität 13

Die Fähigkeit, zusammen allein zu sein

Allein: vollständig sein, ganz sein, all-ein sein.

Nur wenige Menschen können sich die vollständige, positive und erfüllende Erfahrung vom Alleinsein vorstellen – diesen Akt, all-ein zu sein, vollständig zu sein. Dieses Gefühl von Alleinsein hat nichts mit Einsamkeit zu tun. Vielmehr bedeutet die Fähigkeit, allein zu sein

- in Dir selbst vollkommen zu sein.
- Dich völlig in Ordnung zu fühlen.
- Dich wohlzufühlen in Deinem Körper, Deinem Verstand, Deinem Geist und Deiner Umgebung.

Erst die Fähigkeit, allein zu sein, versetzt Dich in die Lage, mit jemand anderem zusammen zu sein. Du mußt zunächst eine Beziehung zu Dir selbst haben, in der Du Dich selbst akzeptierst, bevor Du mit einem anderen Menschen eine solche Beziehung aufbauen kannst – ganz gleich, wie gesellig, charmant oder liebevoll Du zu sein glaubst. **Dies ist ganz klar eine Voraussetzung für eine lebendige Beziehung.**
Die meisten Menschen können es nicht ertragen, allein zu sein. Denn ohne äußere Reize leben in unserem Unbewußten unangenehme, unerlöste Vorstellungen auf. Wenn wir allein sind, fängt unser Verstand an, diese Erinnerungen an die Vergangenheit wiederzuerschaffen und Zukunftsängste aufzubauen, was uns erschreckt und aufregt.
In unserer Gesellschaft ist es beinahe unmöglich, eine wirklich gute Zeit mit sich selbst zu haben. Die meisten von uns haben sich beeilt, nahtlos aus dem Mutterleib in die Arme unserer Mutter, zur Schule, zur Arbeit, in die Ehe, zum Militär oder zur Universität, in die Arbeitswelt zu gelangen und waren niemals wirklich alleine. Es scheint, daß wir uns eine »Auszeit« von der Schule oder dem Studium nehmen, unser Bündel schnüren und auf uns selbst gestellt leben müssen, um dies zu erfahren. Wir haben keine Erfahrung damit, wirklich auf uns selbst gestellt zu sein. Daher werden unsere Beziehungen aus der Angst vor dem Alleinsein geboren. Wir begeben uns oft aus Angst in Beziehungen, nicht aber aus freier Wahl.
Wenn Du aus Angst vor dem Alleinsein in eine Beziehung gehst, ist diese Beziehung falsch und meist nur von kurzer Dauer.
❍ Entweder Du gehst über diese Angst hinaus, oder Du wirst wahrscheinlich enttäuscht werden, ebenso wie Dein Partner.

Wenn die Angst vor dem Alleinsein die Wurzel Deiner wichtigsten Beziehungen ist,
❍ wird Liebe zum Namen für Deine Unfähigkeit, alleine zu sein.
❍ wird Liebe zum Namen für Deine Unsicherheit.

Dann wird Dein Partner eine Flucht vor Dir selbst, eine Flucht davor, daß Du mit Dir selbst umgehen lernen mußt. Und Du wirst vielleicht Deinen Partner dafür verachten, so wie Du alles, was Dich abhängig gemacht hat, verachtest – seien es Alkohol, Drogen, ein Job oder auch ein Mensch.

Eine Beziehung, die aus der Unfähigkeit, allein zu sein, erschaffen wurde, macht aus Liebe unweigerlich Abhängigkeit oder – noch schlimmer – Verzweiflung.

Wenn Alleinsein zu Einsamkeit wird, ohne die Voraussetzung des All-ein-sein, wird Liebe zu Haß. Bewußt weißt Du gar nicht, was schiefläuft. Du kannst Dich nicht einmal daran erinnern, wie das alles passiert ist.

Die Lösung:

❍ Erlebe zuerst, wie es ist, voller Freude allein zu sein.

❍ **Wähle dann**, eine Beziehung zu haben.

Diese Wahl ist das Ergebnis dessen, daß Du die Menschen in Deinem Leben wirklich schätzt.

Du kannst nur dann freudig mit anderen zusammen sein, wenn Dein Glück nicht von ihnen abhängig ist.

Ein gutes Beispiel dafür ist der Mythos von den »unglücklichen Einzelkindern«, die niemanden zum Spielen haben, niemanden, der sie unterhält. Bei genauerer Betrachtung sieht es eher so aus, daß Einzelkinder im Leben besser klarkommen, vor allem weil

❍ sie in der Lage sind, sich selbst zu unterhalten.

❍ sie selbstbestimmt sind.

❍ sie die Quelle ihrer Freude sind.

❍ sie bereit sind, ihr Glück mit anderen zu teilen.

❍ sie Beziehungen nicht als Last, sondern als Bereicherung erleben.

❍ sie sensibler sind für die Möglichkeit, leidenschaftlich und liebevoll zu sein.

Einer meiner Lehrer sagte einmal: »Frank, nur Du kannst es tun. Aber Du kannst es nicht alleine tun!« Ich brauchte Jahre an unmittelbarer Erfahrung, um zu verstehen, was er gesagt hatte.

Du mußt zunächst einmal den Mut haben, Einsamkeit zu erleben und beobachten, wie Einsamkeit sich in Einssein verwandelt.

Du brauchst auch den Mut, allein zu sein, um die Erfahrung zu machen, daß Du andere für Dein Glück nicht brauchst.

❍ Nur wenn Du einmal die bewußte Erfahrung gemacht hast, mit Freuden allein zu sein, kannst Du eine Beziehung eingehen, die von der Kraft der Wahl getragen wird.

Um eine Beziehung zu wählen, die Du liebst, mußt Du es zuerst lieben, allein zu sein. Die Kraft des All-ein-sein oder Alleinsein kann dann miteinander geteilt werden.

Zweisamkeit als Selbstbetrug und Einsamkeit als Illusion: Du kannst beides hinter Dir lassen, wenn Du den Mut aufbringst, Du selbst zu sein und Dich mit anderen zu teilen.

Wir kommen allein in dieses Leben, und wir werden es auch alleine wieder verlassen.

❍ Nimm Dir einen Moment Zeit, Dir dies klarzumachen. Nimm es tief in Dich auf.

Es sollte Dir helfen, den Beitrag schätzen zu lernen, den Deine Beziehungen für Dich erbringen.

Der Selbstbetrug der Zweisamkeit kommt aus unserer Angst vor dem Alleinsein. Wir haben Angst, weil wir ganz mit uns allein, ohne äußere Reize, dazu neigen, all unsere Gedanken real werden zu lassen. Einige davon fürchten wir so, daß wir sie uns nicht anschauen wollen.

Anfangs ist Alleinsein deshalb vielleicht so, als ob Du Dir einen Horrorfilm anschaust oder besserenfalls ein deprimierendes authentisches

Lebensdrama. Wir werden von unseren negativen Erfahrungen eingeholt und erleben sie meist erneut, denn die intensiven, düsteren, negativen Gefühle sind leichter auf den inneren Bildschirm zu bringen.
Beziehungen sind oft einfach Ablenkungen von unserem Alleinsein, eine Art Tarnung, um uns selbst nicht wahrnehmen zu müssen. Wir »beackern das Feld«, suchen den »richtigen«, wunderschönen, sagenhaften Partner, der womöglich sogar diesen nicht so richtigen und überhaupt gar nicht schönen, gar nicht sagenhaften Gefährten akzeptiert. Damit gehen wir uns ständig selbst aus dem Weg.
Wenn wir tiefer schauen, sind wir uns selbst ein Leben lang aus dem Weg gegangen und haben uns auf unterschiedlichste Weise abgelenkt. Wir verlieben uns in Männer, Frauen, Geld, Macht, Autos, Religion ... Die Liste läßt sich beliebig fortsetzen.
Mit Mut und Klarheit läßt sich alles auf ein einziges Motiv zurückführen – die Angst vor dem Alleinsein.
Seit unserer Kindheit haben wir bereitwillig unsere Kraft an all das verschwendet, was uns von uns selbst abgelenkt hat. Wir wuchsen auf und lernten, was andere dachten. Und die meisten dachten, Alleinsein sei gleichbedeutend mit Einsamkeit. Dies wiederum bedeute, sich miserabel zu fühlen. Diese Illusion lebt in uns fort, indem wir ständig nach der nächstbesten Möglichkeit Ausschau halten, uns selbst aus dem Weg zu gehen. Fernsehen, Sex, Drogen, Golf, Alkohol, Arbeit – alles ist dazu geeignet. Mit unseren Krücken vergessen wir, daß wir allein sind. Wir machen weiter und verändern nur gelegentlich die Aktivität, das Verhalten, die Entschuldigung und die Form.

Das Geheimnis besteht darin, daß Du Dich Deinem authentischen Selbst zuwendest. Die Heilung für diesen scheinbar ewigen Teufelskreis liegt darin, daß Du einfach Du selbst bist. – Sei einfach Du selbst,

- ohne Vorwand und
- ohne Entschuldigungen.

Die Verwandlung der Einsamkeit in Alleinsein geschieht für die meisten von uns gezwungenermaßen und unter Schmerzen. Unser Alleinsein zwingt uns, uns selbst wahrzunehmen. Plötzlich sehen wir unsere Leere und interpretieren sie als Angst. Diese Angst nimmt zu und wird zur Qual. An diesem Punkt haben wir zwei Möglichkeiten:

1. Wir fangen an, langsam zu sterben. Es ist fast wie ein schleichender Selbstmord.
2. Wir wählen, bewußt zu werden.

Wenn wir dies wählen, nehmen wir wahr, wie das Bewußtwerden von Einsamkeit Gemeinsamkeit erschafft. Wir nehmen wahr, daß Einsamkeit mehr Einsamkeit erschafft.
Die Erfahrung von Einsamkeit verwandelt sich durch Bewußtheit zu Alleinsein. Schließlich erlebst Du Alleinsein oder All-ein-sein als Vervollständigung, als Kraft – als Kraft, zusammen allein zu sein.
Bewußtheit, die durch Alleinsein erreicht wird, bietet die Möglichkeit, außergewöhnlich zu sein.
❍ Das ist der letztmögliche Selbstmord.
❍ Das heißt zu verwandeln, die Wahrheit zu erleben, mächtig und kraftvoll zu werden.

Schon seit Tausenden von Jahren ist Alleinsein der Weg und die Prüfung zur Erleuchtung für den Dalai Lama. Der ausgesuchte Kandidat wurde für drei Jahre, drei Monate, drei Wochen, drei Tage, drei Stunden, drei Minuten und drei Sekunden mit einem Sack über dem Kopf alleine gelassen und bekam nur Wasser und Nahrung, mehr nicht. Wenn er dann immer noch geistig gesund war, hatte er sich dafür qualifiziert, Dalai Lama zu sein. Die meisten Menschen in unserer modernen Welt sind nicht einmal in der Lage, auch nur drei Stunden ohne Ablenkungen wie Fernsehen, Musik oder Unterhaltung mit sich allein zu verbringen.

Alleinsein ist unvermeidlich. Du mußt ja dazu sagen. Der Weg ist hineinzugehen, es zu werden. Solange Du Deinem Alleinsein nicht begegnest, kannst Du weder Bewußtheit noch Bewußtsein erlangen.

Alleinsein erschafft keine neuen Informationen. Es erschafft Wandlung. Alleinsein erlaubt Dir nicht die bequeme Lüge der Zweisamkeit, den Luxus von Zerstreuung, die Bequemlichkeit, eine Illusion zu leben.
Du lebst in einer Gesellschaft, die Dir viele Illusionen bietet und es tut weh, wenn Du Dich plötzlich allein wiederfindest – und es ist deprimierend. Natürlich ist es deprimierend. Jedes Mal, wenn Du Dir Deine Illusionen anschaust, wirst Du depressiv.
Jedes Mal, wenn Du einen Geliebten verloren hast, betrübt Dich meist nicht, daß Du verloren hast, was Du hattest, sondern viel mehr das, was ihr zusammen hättet haben können; die Dinge, die ihr geplant und niemals verwirklicht habt. Das ist die Illusion.
Im bewußten Alleinsein bist Du vollständig. Du kannst Dir Deine Illusionen anschauen und sie loslassen. Alleinsein ist Leere. Das ist Abwesenheit von Illusion, das ist Zuhause, Deine Quelle, Dein Ursprung. Das ist Friede.
Im Lauf der Zeit wirst Du es genießen. Wirklich, Du wirst Deine Zeit mit Dir allein fordern und Dich aus freier Wahl ins Alleinsein hineinbegeben. Mit der Zeit wirst Du dazu kommen, dieses Alleinsein als das zu erkennen, was es wirklich ist: die Quelle Deiner Kreativität, Deiner Gegenwart und Zukunft. Du wirst Dir mit ironischem Vergnügen Dein ignorantes Selbst aus der Vergangenheit wieder in Erinnerung rufen, das emsig daran gearbeitet hat, sich selbst zu vermeiden.
Wenn Du einmal die Bewußtheit im Alleinsein gewonnen hast, wirst Du sehen, daß Dir Dein Verstand noch immer Streiche spielt. Illusionen kehren immer mal wieder in dieser oder jener Form zurück, wenn Du Deine Kraft vergißt. Aber in diesem Stadium ist keine Anstrengung

mehr nötig, die Illusionen fallenzulassen. Es reicht, wenn Du Dich mit Deiner Kraft wieder verbindest.
Illusionen sind dann wie schlechte Gewohnheiten. Wir vergessen sie, und sie tauchen ab und zu wieder auf. Mein Vater war Amateurboxer, und wir hatten des öfteren Boxer wie Grazziano oder Marciano zu Besuch. Einer der Witze, die sie erzählten, veranschaulicht sehr gut, was es heißt, alte Illusionen zu bekämpfen:
Ein altgedienter Boxer ruft seinen Manager an und sagt: »Sammy! Du mußt mir einen neuen Kampf verschaffen. Ich will gegen Killer Ollson kämpfen.« – »Nein, Mann«, antwortet sein Manager, »Du hast diese Tage hinter Dir, sie sind vorbei ... Keine weiteren Kämpfe! Wie oft muß ich Dir das noch sagen?«
»Aber Sammy, bitte, nur diesen einen. Ich weiß, ich kann ihn schlagen. Bitte, Sammy, nur noch einen einzigen Kampf!«
»Nein, Du hast es hinter Dir. Es ist vorbei. Entspanne Dich, genieße Dein Leben! Es ist nicht nötig, wieder zu kämpfen. Tritt ab, solange Du noch laufen kannst!«
»Aber Sammy«, bettelte der alte Kämpfer. »Warum kann ich nicht gegen den Killer antreten?«
»Warum?« gab der Manager beherrscht und leidenschaftlich zurück, »Warum Du nicht gegen Killer Ollson kämpfen kannst? Weil Du Killer Ollson bist!«

Also, hör jetzt auf damit. Die Kämpfe sind Deine Illusionen von Zweisamkeit. Der Ex-Boxer bist Du, wie Du jetzt bist. Der Killer bist Du, wie Du vorher warst, und mir bleibt die Rolle des Managers, der weiter rumschimpft.
Einsamkeit und Zweisamkeit sind beides Illusionen. Sie bringen uns dazu, immer wieder zurückzugehen, um uns mehr davon zu holen. Nur noch eine Beziehung, nur noch eine Ehe, nur noch eine Scheidung, nur noch eine neue Romanze, nur noch einen weiteren Kampf.

Laß die Illusionen von Einsamkeit und Zweisamkeit, Scheidung und Ehe hinter Dir. Sie sind einfach Polaritäten – gegensätzliche Aspekte der gleichen Illusion.
Lasse sie los! Genieße Dein Leben, solange Du noch laufen kannst, oder Du wirst Dich zu Tode ängstigen vor dem Alleinsein.
Die Angst vor dem Tod kommt, wenn wir in der Illusion von Zweisamkeit schwelgen. Wovor wir wirklich Angst haben, ist nicht so sehr das Unbekannte.
❍ Wovor wir uns wirklich fürchten, ist die Trennung von unseren Illusionen.

Viele von uns waren niemals allein und wissen deshalb ohne eine Beziehung nicht, wer sie sind. Unsere Beziehungen wirken als Spiegel. Sie helfen uns, uns zu identifizieren, zu definieren und zu etikettieren. Ohne unsere Spiegel tut sich ein Abgrund auf – eine weite Leere. Wenn wir hineingehen, bekommen wir Angst.

Unsere größte Angst ist die vor dem Alleinsein.
In unseren Anstrengungen, diese Angst zu vermeiden, werden wir zu Nachahmern. Wir werden Teil einer Menge. Wir gehen in Vereine, Kirchen und Cliquen. Wir begeben uns in Beziehungen. Wir wollen Teil von etwas oder jemandem sein, um unserem Alleinsein aus dem Wege zu gehen.
Weil die meisten von uns niemals nennenswert Zeit alleine verbracht haben, neigen wir dazu, zwischen Einsamkeit und Alleinsein nicht zu differenzieren. Die Angst vor dem Schritt in das Alleinsein verewigt diese Angst selbst. Wie auch immer, der Mut zur Erfahrung erlaubt uns, den Unterschied kennenzulernen.
❍ Einsamkeit ist das Fehlen eines anderen.
❍ Alleinsein ist die Anwesenheit meiner selbst.

Die Menschen, die bereit waren, die Erfahrung des Alleinseins zu machen, kennen den Unterschied. Sie kennen ihre Kraft, sie haben ihre Quelle entdeckt.

Mit der Fähigkeit, allein zu sein,

❍ kannst Du viele Menschen um Dich herum haben, ohne sie zu brauchen.

❍ bist Du in der Lage, fast jeden zu lieben. Du lebst diese Liebe mit jedem, den Du Dir aussuchst.

❍ bist Du in der Lage, mit Dir Du selbst zu sein.

❍ bist Du in der Lage, mit anderen zu sein und ihnen zu erlauben zu sein, wie sie sind.

❍ bist Du in der Lage und bereit, mit anderen Nähe zu erleben.

❍ bist Du in der Lage und bereit, in Deinen Beziehungen zu sein.

❍ fühlst Du Dich mit anderen wohl, weil Du Dich mit Dir selbst wohlfühlst.

Die Fähigkeit zu lieben erfordert die Fähigkeit, allein zu sein. Ein einsamer Mensch ist unfähig zu lieben.

Wenn Du mit Dir selbst glücklich bist, brauchst Du niemanden für Dein Glück. Du kannst geben und bist bereit, Deine Freude zu teilen.

Wenn Du mit Dir selbst unglücklich bist, brauchst Du mehr, als Du geben kannst. Du bist ein unbewußter Bettler.

Voraussetzung für eine lebendige Beziehung ist die Fähigkeit, allein zu sein.

Ich meine das genau so, wie es sich anhört. Werdet deshalb bitte nicht philosophisch. Werdet auch nicht psychologisch. Versucht nicht, daran herumzurätseln und interpretiert es nicht. Ich meine es einfach so, wie ich es sage:

»Die Voraussetzung, die erste und entscheidende Übung für eine lebendige Beziehung ist die Fähigkeit, allein zu sein.«

Wenn Du Dich einsam fühlst, wenn Du einfach dasitzt und nichts tust, nimm es einfach wahr und fühle Dich gut. Es ist einfach. Mach es einfach!

Wenn Du Angst vor Einsamkeit empfindest, während Du einfach allein dasitzt, weißt Du nicht, wer Du bist. Du warst damit beschäftigt, hierhin und dahin zu rennen und Dir selbst aus dem Weg zu gehen. Du warst fleißig damit beschäftigt, jemand zu sein, der Du nicht bist. Dieses Wandern von einem zum andern bringt Dich nur weiter weg von Dir selbst.

Die Fähigkeit, zusammen mit einem anderen Menschen allein zu sein, erfordert zunächst einmal, daß Du mit Dir selbst sein kannst. Wenn Du allein bist, wirst Du so lange den Pfad der Einsamkeit gehen, bis ein Schwall von Gefühlen hervorbricht. Wenn diese Gefühle erst einmal zum Ausdruck gekommen sind, wird die Einsamkeit sich in Alleinsein verwandeln. Einsamkeit ist letztlich nichts anderes als der negative Pol von Alleinsein (All-ein-sein).

Darum mußt Du

❍ durch Deine Einsamkeit hindurchgehen.

❍ durch die Gefühle von Wut, Trauer und Schmerz hindurchgehen.

❍ Deinen Verstand beobachten, wenn er erschreckende Gedanken erschafft.

❍ Monotonie und Langeweile erleben.

❍ Tagträume und Phantasien interpretieren.

Alleinsein ist einfach eine leichte Form von »sensorischer Deprivation« (Reizentzug). Das Gehirn schätzt es nicht, mit sich selbst zu sein. Wenn es keine äußeren Reize gibt, geht es nach innen; wenn es innen keine weiteren Informationen findet, fängt es an, Phantasien zu erschaffen. Dies ist einer der Gründe, warum wir träumen. Wir träumen, wenn unsere Welt verschwindet.

Wenn Du allein bist, versorgt Dich Dein Gehirn mit Reizen. Weil Du Dein eigenes Gehirn kontrollieren kannst, wenn Du willst, kannst Du ebenso lernen, die Form der Reize zu kontrollieren oder sie alle abzustellen.

Eines der größten Wunder im Leben ist, ohne Illusion und Phantasien mit Dir allein zu sein. Nur dann kannst Du wirklich mit jemand anderem sein.

Wenn Du durch all die Stadien von Alleinsein hindurchgegangen bist, wirst Du anfangen, Dich in Deinem Körper und Deinem Verstand zu Hause zu fühlen. Was sich zunächst wie Einsamkeit anfühlte, wird die Erfahrung Deines eigentlichen Seins. Du fühlst Dich mit allem und jedem verbunden – **Du bist in Beziehung**. Du bist glücklich ohne jeden Grund.

Dies soll nun keinesfalls bedeuten, daß andere Dir kein Glück bringen können. Offensichtlich tun sie das. Aber denke immer daran:

- Wenn Dein Glück von anderen abhängt, wird auch Dein Unglück von anderen verursacht.
- Dich auf andere zu verlassen bedeutet, daß Dir Dein Glück nie sicher ist.

Zusammen allein zu sein heißt, absolut frei zu sein. Dein Glück wird weder durch das Fehlen noch durch die Anwesenheit eines anderen Menschen angetastet.

Wenn Du den absoluten Zustand des Alleinsein erfährst, wird nicht einmal mehr der Tod Dich ängstigen. Denn Du weißt, daß Dich der Tod nur von anderen trennt, nicht aber von Dir selbst.

Im völligen Alleinsein ist Dir bereits alles genommen, was der Tod Dir nehmen kann. Für die meisten Menschen scheint der Begriff von Tod dasselbe wie extreme Einsamkeit zu sein. Sie lauert im Schatten des Todes eines geliebten Menschen, eines Elternteils, am Ende einer Beziehung, eines Jobs, einer Freundschaft. Wenn Du einmal die Kraft erlebt hast, zusammen allein zu sein, all-ein zu sein, wird der Tod leichter sein, wird er zu einer fast schon erwarteten Verwandlung. Es ist die höchste Kraft und sie ist billig zu haben.

❍ Der Preis ist, zunächst Einsamkeit zu erleben. Stelle Dich ihr und gehe durch sie hindurch!

❍ Bald wirst Du eine Beziehung mit Dir selbst haben, die es Dir ermöglicht, zusammen allein zu sein – mit all denen, die Du Dir für eine Beziehung ausgesucht hast.

Vergiß nicht: »Nur Du kannst es tun. Aber Du kannst es nicht allein tun!«

Die Fähigkeit, zusammen allein zu sein, heißt auch, bereit zu sein, vertrauliche Erfahrungen innerhalb Deiner Beziehung zu haben.

Selbstentdeckung

Qualität 13

Die Fähigkeit, zusammen allein zu sein

Allein: Vollständig sein, ganz sein, all-ein sein.

In meinen Seminaren und Workshops sagen die Menschen oft in der einen oder anderen Form zu mir: »Ich möchte mein Leben verändern.« Nachdem ich kurz zugehört habe, sage ich meist: »Ich möchte, daß Du Dir jeden Tag 45 Minuten bis 1 Stunde Zeit nimmst, allein zu sein, ohne alle Reize und einfach nur mit Dir! Mach dies einen Monat lang, und Du wirst mit wertvollen Einsichten über Dich selbst daraus hervorgehen. Du wirst eine riesige Menge von Informationen zur Verfügung haben, die Dir Möglichkeiten erschließen, die für Dein ganzes Leben ausreichen. Was noch wichtiger ist: Du wirst verstehen und in der Lage sein, bewußt zu verändern!« – Ich empfehle Dir das Gleiche.

1. Bist Du bereit, Dir jeden Tag 45 Minuten bis 1 Stunde Zeit zum Alleinsein zu nehmen, ohne alle Reize und einfach nur mit Dir? Beschreibe, was Du bereit bist zu tun. Schreibe danach Deine Erlebnisse nieder.

2. Beschreibe drei Situationen in Deinem Leben, in denen Du Dich einsam gefühlt hast.

____

____

____

Laß nun ganz bewußt die Abhängigkeit von diesem Menschen oder diesem Verhalten los.

3. Beschreibe drei Situationen in Deinem Leben, in denen Du Dich allein und heiter gefühlt hast.

____

____

____

Erkenne dieses Bewußtsein an!

4. Warst Du jemals für eine längere Zeitspanne allein? Wie hast Du Dich gefühlt?

____

____

____

5. Wenn Du niemals allein warst, welche Ängste hast Du davor? Benenne drei davon.

6. Befindest Du Dich gegenwärtig in einer Beziehung, weil Du Angst vor dem Alleinsein hast? Wenn dies so ist, was kannst Du tun, um mehr besinnliche Zeit für Dich allein zu erschaffen?

7. Benenne drei Menschen, mit denen Du Dich in einer Beziehung befindest und mit denen Du auch in der Lage bist, eine Erfahrung für Dich allein zu machen.

Danke ihnen für ihren Beitrag zu Deinem Leben.

Qualität 14

Kreativität

Zunächst einmal mußt Du selbst fähig sein zu erschaffen, bevor Du mit anderen zusammen etwas erschaffen kannst. Zunächst mußt Du die Kraft Deiner Kreativität zurückerobern und sie spüren, bevor Du in einer Beziehung kreativ sein kannst.

Ich war schon immer ein kreativer Mensch. Als Kind war mir dies nicht bewußt. Ich glaubte zuerst, es käme von meinem Vater. Er war immer in Aktion. Er baute das Haus aus, nahm den Fernseher auseinander, formte Plastikskulpturen. Wir wurden immer ermutigt, uns mit bildender Kunst, wie etwa Zeichnen, zu beschäftigen. Mein Sehvermögen war so schlecht, daß ich die Dinge anders sah und sie deshalb auf Leinwand auch anders darstellte. Ich ging zur Kunstschule, wurde Maler und Bildhauer, fing an, in der New Yorker Kunstszene auszustellen mit Chamberlain, Poons, Johns, Warhol, Rosenquist und anderen.

Dann begann meine Kreativität sich zu verändern, auch wegen meiner geringen Sehfähigkeit. Ich mußte interessante Menschen treffen, statt Bücher zu lesen. Ich fing an zuzuhören und zu sprechen. Ich konnte nun auf eine Weise reden, die in anderen Menschen Erfahrungen wachruft. Plötzlich fand meine Fähigkeit, Menschen durch Worte, durch Reden zu verändern, Beachtung. Ich kannte diese

Fähigkeit von meiner Mutter her, die immer meisterhaft mit Worten umgehen konnte. So bekam ich liebevolle Spitznamen wie »Karate Mouth« und »Tongue Fu«. Heute entwickle ich Kurse, Lektionen und Seminare, die Menschen durch Worte und Gedanken verwandeln.
Kreativität erfordert immer Mut. Ich bin mutig, manchmal bis hin zur Dummheit. Ich bin immer bereit, mich zu ändern, bereit zu riskieren, bereit, etwas ohne Erlaubnis oder Ausbildung zu tun.
Ich befinde mich bis heute in einem Zustand stetigen Wandels, einem schöpferischen Prozeß von Zusammenbruch und Wiederaufbau. Der Wandel ist so gegenwärtig, daß es Zeiten gibt, da ich mich zurücklehne und sage: »Mein Gott, wann hörst Du auf, Dich zu ändern? Wann findet dieser Wirbelwind endlich ein Ende? Wann fängst Du an, einfach zu sein?«
Ich beziehe auch immer mehr Menschen in diesen Prozeß der Verwandlung mit ein. Die Verwandlungen finden statt, ohne daß ich alles selbst tun muß.
Kreativität ist das Leben selbst. Kreativität ist gleichbedeutend mit Leben. Für mich ist klar, daß man tot ist, wenn man aufhört, schöpferisch zu sein. Aus der Weigerung, mit diesem oder jenem Menschen oder in diesem oder jenem Job weiterhin kreativ zu sein, entsteht auch die Anstrengung und der Krampf in manchen Beziehungen. Es liegt nicht etwa am Ausgebranntsein oder an der Scheidung. Es ist das Ende eines schöpferischen Kreislaufs. Wenn Du Schöpfung auf diese Art verstehst, setzt Du Dich oder andere nicht ins Unrecht. Du fängst an, die Form, in der Du Dich befindest, zu vollenden und eine neue Form zu erschaffen, in der Du schöpferisch sein kannst.
Etwa alle 8 bis 10 Jahre schließt sich für mich ein größerer schöpferischer Kreis. Das heißt dann meist, alles und jeden loszulassen. Das hat etwas von Zerstörung. Dann folgt eine erschreckende Leere. Es fehlt jegliche festumrissene Form und alles Vertraute. Inzwischen liebe und genieße ich diese Leere, die mich jahrelang in eisigen

Schrecken versetzt hat. Dann entwickelt sich eine neue Form, ein ganz neuer Mensch taucht auf, den ich erforschen kann, ein neues Spiel, das es zu meistern gilt oder ein neuer Meister, mit dem ich spielen kann.

Ich wechsle Karrieren und Orte. Ich verließ mein Zuhause in Brooklyn, um in Manhattan zu leben, in der »City«, wie wir es nannten. In den sechziger Jahren ging ich nach Kalifornien. Das war zu Beginn des New Age oder, wie wir es nannten, der »Human Potential Bewegung«. 1967 zog ich nach New York, gründete Phoenix House, heiratete, bekam einen Sohn. 1979 wurde ich »Bewußtseins-Kämpfer«, gab Seminare überall in den USA. Dann ging ich nach Houston und in den Mittelwesten und gründete TNI; seit 1988 dann »The Natale Institute« in Europa. Ich liebe Veränderung. Ich liebe Bewegung. Ich liebe es, Realitäten zu zerstören und mich in eine neue zu begeben. Ich lebe Picassos Zitat: »Jeder Akt der Schöpfung ist zunächst ein Akt der Zerstörung!«

Qualität 14

Kreativität

Kreativität: Unterscheiden und wissentlich verursachen, was bereits vorhanden ist. Kreativität ist Klarheit über das, was ist.

Dies bedeutet für unsere Beziehungen:

- ❍ die Bereitschaft, erfinderisch zu sein.
- ❍ die Bereitschaft, das loszulassen, was Du hast.
- ❍ die Bereitschaft, in Beziehungen Neues zu erschaffen.

Durch die Qualität der Kreativität verändern sich Beziehungen. Probleme werden zu Herausforderungen, statt zu Situationen, die wir fürchten oder bei denen wir versagen. Wir sind bereit zu wählen und zu verbessern. – Schöpferische Menschen haben eine höhere Toleranz gegenüber Fehlern. Sie sind meist mutig.

Menschen in kreativen Beziehungen sind bereit, das Risiko einzugehen, etwas Neues ins Leben zu rufen, selbst wenn dies erfordert, dafür das loszulassen oder zu zerstören, was sie haben.

Wir haben als Kinder gelernt, unserer Kreativität zu mißtrauen. Uns wurde gesagt: »Oh, was hast Du da schon wieder gemacht!« – »Oh, was sagst Du da!« – »Sei realistisch!« – »Sei vernünftig!«

Wir lernten so, schöpferisches Handeln zu vermeiden und es durch nicht-schöpferisches Handeln zu ersetzen. Schließlich hörten die meisten von uns damit auf, jegliche Verantwortung für unsere kreativen Fähigkeiten zu übernehmen.

Kreativität erfordert meist konzentrierte, bedeutsame Arbeit, bevor sie zum Durchbruch kommt. Beim ersten Versuch klappt das fast nie. Es läuft oft Deiner Konditionierung zuwider, mit der Du Dich so bequem eingerichtet hast.

Wenn Du das Risiko eingehst, diese Grenzen Deiner Konditionierung zu überschreiten und zuläßt, daß sich Dinge in Deinem Leben schöpferisch entfalten, lösen sich Probleme und Schwierigkeiten auf. Jede Anstrengung wird zur Gelegenheit, etwas zu genießen und Befriedigung zu erleben. Sie wird zur Chance, etwas beizutragen und an etwas teilzunehmen.

Kreativität ist eine Qualität. Sie ist keine einzelne Handlung, sondern eher eine Haltung, die Du gegenüber einer Handlung oder einer Beziehung einnimmst.

Je mehr Kreativität Du aufbringst, desto mehr wächst Dein Verständnis, desto intensiver werden Deine Erfahrungen bei jeder beliebigen Handlung. Diese Kreativität erschafft und bringt Neues in die Welt.

Kreativität macht die Welt reicher und schöner. Sie erschafft neue Wahrheiten.

Du lernst nebenbei, Probleme in Beziehungen schöpferisch zu lösen, durch

- Kühnheit,
- Mut,
- Freiheit,
- Spontaneität und Integrität.

Dualität löst sich auf und verwandelt sich in eine Beziehung von Einheit und Ganzheit.

Kreativität drückt sich in fröhlicher, gesunder Interaktion aus. Vielleicht fehlt das große Talent, aber sie ist immer ein einzigartiger Beitrag zu Deinem Selbst, eine Bereicherung für andere und für jede Zusammenarbeit.

Sei Dir bewußt, daß gesunde und lebendige Kreativität nicht unbedingt mit einem speziellen Talent verknüpft sein muß. Kreativität bedeutet nicht unbedingt, körperlich oder geistig gesund zu sein. Vielen, die als Genies angesehen werden, einschließlich Van Gogh, Mozart, Wagner, Freud und Lautrec, ging es sehr schlecht. Trotz ihrer ungeheuren Leistungen waren sie nicht das, was die meisten von uns als gesund bezeichnen würden. Auch wenn wir uns in lebendigen Beziehungen nicht unbedingt als supertalentiert oder von sprühender Genialität erweisen, sind wir doch auf bestimmte Art schöpferisch oder können es zumindest sein.

Lebendige und gesunde Kreativität ist das universelle Erbe eines jeden lebenden menschlichen Wesens. Erwarte sie daher nicht nur bei einigen wenigen Menschen.

Abraham Maslows Studien über kreative, selbstverwirklichte Menschen untersuchten Geschäftsleute, Hausfrauen und -männer und Studenten. Er fand heraus, daß ein geschickter Musiker, der die Kompositionen

eines anderen fehlerlos nachspielt, dabei nicht notwendigerweise kreativ ist. Ein Gärtner, ein Schneider oder Mechaniker kann ihm in künstlerischer Kreativität sehr wohl weit überlegen sein.
Ein besonderes Talent ist eine Sache. Lebendige Kreativität dagegen ist ein Nebenprodukt Deiner eigenen Lebendigkeit, Deiner Spontaneität, Deines Mutes, Deiner Freiheit und Integrität.
Sie ist alles, was Du tust. Sie entsteht aus dem, was Du bist, nicht aus dem, was Du studiert hast.

Schöpferische Menschen sind spontaner.

❍ Sie sind natürlich, weniger kontrolliert und unverkrampft.

❍ Sie fließen und sind weniger kritisch.

❍ Sie äußern ihre Ideen ohne Angst, sich lächerlich zu machen. Sie ermuntern vielmehr Menschen, die sie schätzen und respektieren, zu Resonanz und Korrektur.

❍ Sie sind frei von Stereotypen und Klischees.

❍ Sie sind erwachsen und haben ihre Macht zurückerobert. Sie sind offen für neue Erfahrungen.

Menschen in schöpferischen und lebendigen Beziehungen folgen in der Regel nicht vorgegebenen Mustern.

❍ Sie überschreiten Biologie, Logik, Form und Zeit.

Menschen in schöpferischen Beziehungen lassen zu, daß Pflicht zu Vergnügen und Arbeit zu Spiel wird.

❍ Sie sind gleichzeitig spielerisch, ernsthaft und verantwortungsbewußt.

Schöpferische Menschen sind weniger von der Vergangenheit geprägt.

❍ Sie sind nicht befangen von dem, was andere über sie sagen.

❍ Sie sind selbstbestimmt und erlauben ihren Beziehungen, zu ihrem Leben beizutragen, ohne daß sie das lästige Gefühl haben, selbst unentbehrlich zu sein.

Kreative Menschen haben weniger Angst vor ihren Beziehungen.

❍ Sie sind anderen gegenüber weniger feindselig.

Das Wichtigste: Kreative Menschen haben weniger Angst vor sich selbst.

❍ Sie vertrauen ihrer Intuition. Sie erlauben sich und ihren Beziehungen zu sein, wie sie sind.

In schöpferischen Beziehungen drücken die Partner ihre Impulse, ihre Gefühle und Gedanken aus. Sie zeigen auch ihre verrückte, einfältige, unnormale Seite. Sie sind weniger kontrolliert, zurückhaltend, geplant und vorbestimmt. Sie zeigen ihre Gefühle und lassen mehr von sich zu. **Schöpferische Menschen verschwenden ihre Zeit nicht damit, sich vor sich selbst zu schützen.** Dadurch steht ihnen mehr von ihrem schöpferischen Potential zur Verfügung.

Menschen in angstbesetzten Beziehungen erleben weniger Verspieltheit, Liebe, Enthusiasmus, Humor, Vorstellungskraft, Phantasie und Kreativität. Ihre Vorstellungskraft und Intuition sind meist so verzerrt, daß ihre Kreativität nicht erblühen kann. Darum blühen auch ihre Beziehungen nicht. Sie sind flach, ermüdend, rigide, kontrolliert, vorsichtig, eingefroren .... und schließlich gehen sie zugrunde.

Kreativität hat mit Deiner Bewußtheit zu tun. Sie bringt etwas in Deine Beziehung, das es vorher noch nie gegeben hat. **Dies ist der kontinuierliche Prozeß der Lebendigkeit.**

Für Kreativität ist Selbstvertrauen von großer Bedeutung. Schöpferische Menschen vertrauen und schätzen sich selbst und das, was sie zuwege bringen. Es gibt eine Fülle von Beispielen dafür. El Greco, Stravinsky, Dali, Bacon, Picasso, Hemingway, Einstein, Curie, Edison, Christus, Buddha und Tausende von anderen haben ihrer eigenen Lebenserfahrung vertraut. Sie hatten Vertrauen in ihre Leistung, in ihre Wahrnehmung und Einzigartigkeit. Alle bewegten sich eher dahin, sie selbst zu sein als dem Konzept, das andere von ihnen hatten, zu entsprechen.

Dieser Mut, Dich in Richtung Deiner eigenen Gedanken zu bewegen - so viel wie möglich Du selbst zu sein - bietet Dir die Chance, ein Genie zu sein. Jede Handlung ist so mutig und so gut wie irgend möglich. Es gibt schließlich keine Garantie, daß Du für einen weiteren Versuch überhaupt noch da bist.

Um schöpferisch zu sein, mußt Du riskieren, daß Dinge entstehen. Genauso mußt Du bereit sein, aufzugeben, was ist. Akzeptiere den Wandel als einen natürlichen Fluß.

Das Geheimnis von Kreativität liegt bis zu einem bestimmten Grad darin, etwas »auseinanderzunehmen«. Oft siehst Du zunächst gar nicht den Spaß und die Möglichkeiten, die damit verbunden sind.

Jeder Künstler kennt den Wert von Fehlern. In der Erkenntnis, daß unbeabsichtigte, versehentliche Handlungen häufig zu einer unvorhergesehenen Stufe von Kreativität führen, liegt die *Qualität* von Kreativität. Es ist die Bereitschaft zu sehen, was passiert, wenn verschiedene Teile des Universums zusammenkommen.

Die Bereitschaft, schöpferisch zu sein, setzt das schöpferische Potential frei. Das Potential geht auf in der Erfahrung, die es erschafft.

Bereitschaft ist wesentlich für Kreativität. Um zu erschaffen mußt Du bereit sein, Dich selbst als Verursacher zu erleben.

Wenn Du dagegen nicht bereit bist, an der Kreativität teilzuhaben, wirst Du wahrscheinlich gelangweilt sein. Brich aus Deiner Langeweile und Deinen langweiligen Beziehungen aus. Der Wunsch allein wird dies nicht zuwege bringen. Du mußt bereit sein zu handeln.

Das Leben befriedigt Dich, wenn Du erschaffst, wonach Du strebst, ohne es unbedingt zu wollen, ohne dafür zu arbeiten oder darum zu bitten.

- ❍ Kreativität ist die Kunst, erfinderisch zu sein.
- ❍ Kreativität ist gleichbedeutend mit Lebendigkeit.

Wenn Du schöpferisch bist, strahlst Du Lebendigkeit aus.
Wenn Du schöpferisch bist, liebst Du Probleme. Du lebst von ihnen. Sie werden Herausforderungen für Deine Erfindungsgabe, Deinen Mut, Deine Kühnheit, Freiheit, Spontaneität und Integrität.
In ihrer höchsten Form löst Kreativität den Zwiespalt zwischen dem, wer Du bist und dem, was Du bist, auf. Sie erzeugt eine Beziehung von Einheit und Ganzheit.
Du stehst mit allem, was Du tust, in Beziehung. Das ist Dein Sein. Das ist Deine Persönlichkeit. Das ist präsent in allen noch so alltäglichen Angelegenheiten Deines Lebens.
Auch wenn Kreativität in Beziehungen nicht notwendigerweise künstlerisch oder intellektuell ist, so inspiriert sie immer dazu, glücklich und erfinderisch zu sein. Sie ist immer ein einzigartiger Beitrag für Dich selbst und für die anderen.

Wenn Du lebendig und schöpferisch bist, dann
- ❍ bist Du spontan und natürlich.
- ❍ bist Du weniger kontrolliert oder zurückhaltend in Deinem Verhalten.
- ❍ fließt Du.
- ❍ hast Du weniger Blockaden.
- ❍ schwelgst Du nicht in Selbstkritik.
- ❍ drückst Du Deine Ideen klar aus und hast keine Angst, Dich lächerlich zu machen.
- ❍ bist Du frei von Stereotypen und Klischees.
- ❍ bist Du eher kindlich als kindisch.
- ❍ bist Du ein Erwachsener, der seine Macht zurückerobert hat.
- ❍ hast Du Dich wieder einmal für Erfahrungen geöffnet.

❍ verkörperst Du Ausdrucksfähigkeit, Wahrnehmung und Unschuld in Verbindung mit einem reifen, entwickelten Verstand.

❍ bist Du dem Unbekannten gegenüber relativ unerschrocken.

❍ erlaubst Du Deinen Beziehungen, sich frei von vorgegebenen Mustern zu entwickeln.

❍ hast Du ein starkes und gesundes Ego, das Dir erlaubt, aus freier Wahl Dein Ego fallenzulassen.

❍ strahlst Du Kreativität aus, ungeachtet Deiner Beziehungsprobleme.

❍ hast Du die Konditionierungen Deiner Kindheit, »die Dinge richtig machen zu müssen«, fallengelassen.

❍ weißt Du, daß der Schlüssel zu Kreativität darin liegt, »die Dinge falsch zu machen«.

Alle großen kreativen Menschen fügen die Dinge erfolgreich zusammen. Sie rühren Farben an und mischen dabei die, die als unvereinbar gelten.

Sie schätzen es, Gegensätzliches zusammenzubringen. Sie wissen, daß dies der Katalysator ist für Kreativität.

In kreativen Beziehungen geht es darum, Gegensätze zu vereinen und den Mut zu haben, das zusammenzubringen, was getrennt ist.

Spontane kreative Menschen:

❍ sind fröhlich, statt sich schuldig zu fühlen.

❍ erschaffen, auch wenn sie bedroht werden.

❍ sind meist weniger konditioniert.

❍ vergessen schnell, wenn man über sie lacht oder sie mißbilligt. Sie richten sich weniger nach den Meinungen anderer.

❍ neigen weniger dazu, Menschen zu beurteilen und sind weniger feindselig.

Das Wichtigste:

1. Menschen in kreativen Beziehungen haben weniger Angst vor sich selbst.
2. Sie vertrauen ihren Instinkten und sind deshalb mehr sie selbst – und erlauben auch ihren Partnern, sie selbst zu sein.

Daraus folgt:

3. Lebendige schöpferische Menschen haben in Beziehungen keine Angst, ihre Gedanken und Gefühle zum Ausdruck zu bringen. Sie sind bereit, auch ihre verrückte, einfältige Seite zu zeigen. Ihre Verbote, Kontrollmechanismen, Entwürfe und Pläne kommen ihnen nicht in die Quere.
4. Sie erlauben sich und ihren Beziehungen, Gefühle zu zeigen. Sie sind deshalb eher ganz und vollständig – weniger zersplittert als das üblicherweise der Fall ist. Sie zeigen mehr von sich.
5. Sie verschwenden ihre Energie und Zeit nicht damit, sich vor sich selbst zu schützen und haben dadurch mehr von ihrem schöpferischen Potential zur Verfügung.

Wir werden alle kreativ geboren. Aber um kreativ zu bleiben, müssen wir Risiken eingehen. Wir müssen uns weigern, an unseren Erinnerungen, unserer Bildung, Religion und der Art, »wie die Dinge sind«, hängenzubleiben.

Vergiß nicht: Kreativität hängt nicht von einer bestimmten Form ab. Für einen schöpferischen Menschen kann es kreativ sein, Fenster zu putzen. Er bringt dadurch Glanz und Freude in eine ansonsten vielleicht frustrierende Beschäftigung.

❍ In einer lebendigen Beziehung werden Elemente des Lebens erschaffen, die vorher nicht existiert haben.

Selbstentdeckung

Qualität 14
Kreativität

Kreativität: Unterscheiden und wissentlich verursachen, was bereits vorhanden ist. Kreativität ist Klarheit über das, was ist.

1. Nimm wahr, in welchen Bereichen Deines Lebens Du Dich am kreativsten fühlst. Benenne drei.

Erkenne die Quelle dieser Kreativität an!

2. Nimm wahr, wo Du Dich festgefahren und unschöpferisch fühlst. Benenne drei Bereiche und die Gründe dafür.

____

Warum? ____

____

Warum? ____

____

Warum? ____

Triff die Wahl, das Risiko einzugehen, anders zu sein.

3. Hast Du jede Deiner Beziehungen frei und bewußt gewählt?
❍ ja ❍ nein
Wenn ja, dann wähle, da auch schöpferisch und lebendig zu sein. Zähle drei Arten auf, wie dies innerhalb Deiner wichtigsten Beziehungen erfüllt werden kann.

____

____

____

Wenn nicht, dann entdecke, warum Du dort bist und triff die Wahl, zu bleiben und kreativ zu sein oder zu gehen und etwas anderes zu tun.

4. Rufe Dir Redewendungen und Aussagen ins Gedächtnis, denen Du als Kind begegnet bist und die Dich daran gehindert haben, kreativ zu sein. Zähle drei auf.

____

____

____

Nun schreibe sie in ihr positives Gegenteil um, so daß sie den unterstützen, der zu sein Du Dir aussuchst.

Wurde Kreativität bei Dir zu Hause ermutigt?

❍ ja ❍ nein. Arbeite es aus: ____________________

____

____

____

Wird sie jetzt ermutigt?

❍ ja ❍ nein. Arbeite es aus: ____________________

____

____

____

5. Wann hast Du Dir das letzte Mal eine neue Fertigkeit angeeignet?

___

Nimm wahr, ob es irgendetwas gibt, das Du schon immer lernen wolltest und wähle bewußt, es jetzt zu tun.

6. Beschreibe drei schöpferische Dinge oder Situationen, die Du in Deiner wichtigsten Beziehung initiiert hast.

___

___

___

7. Benenne drei kreative Menschen, die Du bewunderst.

___

___

___

Wenn sich die Gelegenheit bietet, teile ihnen Deine Bewunderung mit.

8. Erkenne drei Dinge an, die Du jetzt um Dich herum wahrnimmst, die Dir zeigen, daß Menschen schöpferisch sind.

____

____

____

9. Nimm wahr, wie oft Du die folgenden Gedanken benutzt, um Deine Kreativität zu verleugnen oder zu vermeiden.

❍ Dieser Einfall ist bereits versucht worden.

❍ Sei realistisch. Dies ist zu radikal. Es ist ein guter Einfall, aber die Öffentlichkeit ist dafür noch nicht reif.

❍ Es gefällt mir einfach nicht. Ich habe keine Zeit, es zu tun. Laß uns ein bißchen darüber nachdenken.

❍ Wir haben das noch nie so gemacht.

❍ Laß es andere zuerst versuchen.

Fang an, diese Gedankenformen aus Deiner Erfahrung auszulöschen.

Qualität 15

Heilen

Meinen Körper, Verstand, Geist und meine Umgebung zu heilen – darum geht es für mich im Leben. Ich bin ein Heiler. Man bezeichnet mich so. Während ich dies schreibe, haben mehr als 50.000 Studenten bewußt einen Heilungsprozeß bei sich in Gang gesetzt, sei es, um sich von einem ernsten psychologischen Trauma zu heilen, das zu Drogenabhängigkeit, Mord oder anderen Verbrechen geführt hat oder sei es, um sich mit sich selbst wiederzuvereinigen, mit dem Gott im Innern, den wir alle hin und wieder leugnen.

Ich schaue mich immer nach Bereichen um, die Hilfe brauchen und verwandle sie in einen wundervollen Raum. Es ist mein Beruf zu heilen, und es macht mir Spaß. Ich weiß, daß ich geistig immer großartig in Form war. Hier und da treffe ich die Wahl, dies zu ignorieren, um das Spiel in Gang zu halten.

Mit meinem Körper ist das eine andere Geschichte. Ich bin da in chaotische Verhältnisse hineingeboren. Meine Mutter war immer »krank«. Sie war eine Spitzenkandidatin für die »Opfer Camps«. Mein Vater ist über 70 und »stirbt« nun schon seit 20 Jahren. Es ist zu schade, daß er seine wirklich gute Gesundheit niemals offen akzeptieren und genießen konnte, denn abgesehen von seinen »Gesundheitsdramen« war er immer in bester körperlicher Verfassung.

Für mich fing es an mit dem grauen Star. Diese Krankheit wurde durch das Wunder der Laser-Chirurgie geheilt. Ich habe meinen Bluthochdruck kuriert und nehme keine Medikamente mehr. Mit 37 hatte ich eine leichte Herzattacke und heute schlägt ein starkes Herz in meiner Brust. Verschiedene Hautstörungen sind besser geworden und erst kürzlich bin ich Diabetes dadurch losgeworden, daß ich meine entzündete Bauchspeicheldrüse geheilt habe und jetzt eine gesunde Diät befolge.

Die Heilung der Gefühle betrifft alle. Jeder hat damit zu kämpfen, dabei ist Heilung dort am leichtesten durchzuführen. Du mußt nur bereit sein zu akzeptieren, daß es keine Gefühle gibt, sondern einfach nur Liebe – Liebe als Bewußtseinszustand, nicht als Gefühl.

Ich heile ständig meine Beziehungen zu meinen Freunden und Geliebten. Es ist ein stetiger Vorgang. Ich habe eine heilsame und erfüllte Beziehung zu mir selbst, meinem Sohn und meinem Vater. Meine Mutter besteht immer noch darauf, daß sie Heilung braucht, wie sie es schon zu Lebzeiten tat. Von Zeit zu Zeit sucht sie noch diese Realität auf, und ich heile sie dann eben. Sie ist wirklich eines dieser klassischen Opfer.

Wenn ich einmal richtig viel Geld verdienen will, werde ich »Opfer Camps« eröffnen. Es gibt so viele Opfer, die sich weigern, ihre Macht zurückzuerobern und ewig damit fortfahren, jeden anderen für ihre Realität verantwortlich zu machen. – Die Idee ist einfach. Ich werde das beschissenste Stück Land kaufen, das ich finden kann, es mit Stacheldraht einzäunen, die meiste Zeit leer halten, sie aber in Reih und Glied warten lassen und einen Haufen Geld dafür verlangen, daß ich sie schließlich doch hereinlasse. Laß sie ruhig jammern und klagen. Ich tätschele ihnen einfach den Kopf und sage: »Du hast ja so recht«. Oder ich könnte einen neuen Workshop zum Thema »Ablehnung« anbieten, einen Batzen Geld dafür verlangen und mich dann niemals blicken lassen. Soweit zum Thema »Opfer«.

Es gibt keine Opfer. Liebe Dich selbst und werde geheilt.
Erinnere Dich, Bewußtsein ist ein wesentlicher Bestandteil des Heilungsprozesses. Sobald Du Dir bewußt wirst, daß die Heilung geschieht, bist Du geheilt. Schnelle Heilung geschieht durch Bewußtheit. Laß Deine Opferspiele einfach fallen und schließ Dich den Lebenden an.

Qualität 15

Heilen

Heilen: Das Wiedererlangen der Weisheit des Körpers, der Gefühle und des Geistes. Man braucht dazu Bewußtsein, geistige Verbindungen und Mut.

Bewußtsein wird normalerweise sowohl als Zustand wie als Fähigkeit lebenden Organismen zugeordnet. Nach meiner Erfahrung umfaßt Bewußtsein weit mehr als Menschen, Tiere und Pflanzen. Bewußtsein ist in unterschiedlicher Lebendigkeit oder Schwingung in allem vorhanden. Auch Holz und Kristalle tragen Bewußtsein in sich.

- **Als Fähigkeit** gehört Bewußtsein zu bestimmten lebenden Organismen. Es ermöglicht ihnen, sich der Existenz bewußt zu sein.

Bewußtsein **als eine Fähigkeit** ist das Phänomen von Gedanken: Bewußtheit, Wahrnehmung, Vorstellungskraft und Gefühl.

- **Als Zustand** ist Bewußtsein Bewußtheit – die Fähigkeit eines Organismus, wahrzunehmen und zu empfinden.

Bewußtsein **als Zustand** kann weder definiert noch durch Bezugnahme auf andere Begriffe analysiert werden. Es gibt keine anderen Begriffe, auf die es reduziert werden kann. Alles andere muß sich letztlich darauf beziehen. Es ist implizit und ursprünglich.

Bewußtsein erfährt man meines Erachtens als

- Intelligenz
- Sein
- Geist im religiösen Sinn.

Aus diesen Erfahrungen heraus komme ich zu der Schlußfolgerung:

1. Bewußtsein ist **die Bewußtheit von Bewußtheit**. Darin sind alle Möglichkeiten enthalten. Es ist nicht körperlich lokalisierbar.
2. Bewußtsein ist **Intelligenz**, die von einem physischen Körper oder einer lebenden Form aus handelt. Sie ist einzigartig und individuell.
3. Bewußtsein ist **schöpferisch**. Es erschafft Dinge, ist aber selbst kein Ding. Es ist intelligente Energie, die aus freier Wahl heraus körperliche Formen annimmt.
4. Bewußtsein ist die **intelligente Persönlichkeit**, das Individuum, das sich seiner Bewußtheit bewußt ist und sich in andere oder anderes hineindenkt.
5. Bewußtsein ist **unsterblich**. Es besitzt Fähigkeiten, die weit über das menschliche Maß hinausgehen. Es setzt diese Fähigkeiten entsprechend der jeweiligen Realität, die es verkörpert, ein.
6. Bewußtsein ist **Energie, die je nach Wahl an jedem beliebigen Ort freigesetzt werden kann**, im Sinne der »Lebendigkeit«. Es ist die Quelle des Lebens selbst, Intelligenz und Wissen, das den aktuellen Stand der menschlichen Evolution erfaßt.
7. Bewußtsein ist **Intelligenz, die Ereignisse (Resultate) erschaffen oder zerstören kann**, willentlich und aus freier Wahl.
8. Und schließlich bist **Du** Bewußtsein - bevor Du Dich selbst verleugnet und beschädigt hast - **Du als Liebe**.

Geistige Nähe: Gleiche Vorstellungen und Gedanken haben. Sie führt zu einer höheren Stufe von Wissen. Eine Vorliebe oder Liebe für einen Menschen oder einen Gegenstand.

Mut: Die Bereitschaft zu handeln, wenn die Möglichkeit zu versagen besteht.

Einer der einzigartigen Vorzüge lebendiger Beziehungen liegt in der Chance, einander bewußt zu heilen. Wenn Ihr Euch dessen nicht bewußt seid oder wenn Ihr nicht dazu bereit seid, dann werdet Ihr wahrscheinlich weiter unglücklich sein. **Es geht darum, einfach für Deinen Partner da zu sein, so daß er sich selbst durch Dich heilen kann**. Versuche nicht selbst die Heilung Deines Partners verursachen zu wollen.

Eine physische Wunde muß offen sein, um zu heilen. Pflaster haben Löcher, damit Luft an die Wunde gelangen kann. Um eine emotionale Wunde zu heilen, mußt Du ebenfalls offen, verletzlich und zugänglich sein.

Jedes Mal, wenn Du verletzt wirst, mußt Du mutig sein und Dich öffnen. Das ist nicht leicht. Die Möglichkeit besteht, daß Du wieder verletzt wirst. Aber es ist der einzige Weg zur Heilung. Die Alternative ist, sich zu verschließen, krank zu werden und zu sterben.

Verletzlichkeit ist ein wesentlicher Bestandteil des Heilungsprozesses. Viele Menschen glauben, es sei gefährlich und ein Zeichen von Schwäche, verletzlich zu sein. Dies gilt besonders für Männer. Du mußt jedoch sehr gesund und voller Vertrauen sein, um verletzlich zu sein. Du mußt Dich wirklich selbst lieben, um bereit zu sein, das Risiko einzugehen, verletzlich zu sein.

Die Möglichkeit, ungelöste emotionale und psychologische Traumata bewußt zu heilen, ist eine der großen Belohnungen einer lebendigen Beziehung, sowohl für Deinen Partner wie auch für Dich. Dies geschieht durch gegenseitiges Mitgefühl.

Mitgefühl bedeutet, daß Du Dir bewußt bist darüber, welchen Beitrag ein anderer Mensch zu Deinem Leben erbringt.

Diesen Heilungsprozeß in wichtigen Beziehungen nicht zu erwarten, ist naiv und unbewußt. Dann ist es an der Zeit, Dich zu fragen, ob Du wirklich bereit bist, Beziehungen einzugehen.
Wenn Du Heilung dagegen bewußt zuläßt, wird der Heilungsprozeß wirksam. Dein Partner wird in der aktuellen Beziehung zu Dir Heilung finden und nicht in der Beschwörung vergangener Beziehungen.
Wir erschaffen unsere Partner oft nach einem Bild, das wir uns von ihnen machen. Dann werden sie so. Anschließend werden wir dann böse und sagen: »Ich wußte gleich, daß Du Dich so verhalten würdest...«. Oder wir gehen in eine neue Beziehung und haben Angst, daß diese wieder genauso sein wird wie die letzte. Unweigerlich erschaffen wir dann die gleiche Beziehung und wir bekommen, was wir fürchten. Wir verhalten uns wieder genauso wie in der letzten Beziehung. Bis wir eines Tages aufwachen und sagen: »Ich habe schon wieder meine Mutter geheiratet!«

Um Dich zu heilen, mußt Du einige grundlegende Dinge tun.
Die folgenden Handlungen sind zur Heilung Deiner selbst und Deiner Beziehungen wesentlich:

1. **Du mußt Deine Beziehung zu Gott heilen, zur Existenz, zum »nicht verstehbaren kollektiven Verstand«, Deinem höheren Selbst – oder wie auch immer Du dieses Bewußtsein benennst, das die Menschheit seit Jahrtausenden zu erklären versucht.**

Du wirst keine Deiner Beziehungen in Freude und Ekstase erleben können, solange Du nicht Deinen Begriff von Gott geklärt hast.
Du gehst ansonsten durchs Leben und klagst Gott entweder an oder glaubst, daß Gott Dich bestrafen wird. Ich staune wirklich über die große Zahl derer, die Gott mit ängstlichen Augen sehen. Zum Beispiel:
❍ Viele verhalten sich unbewußt so, als wäre Gott ein Sadist.
❍ Dann gibt es diejenigen, die Gott immer um irgendetwas bitten, gerade so als wäre Gott ihr persönlicher Laufbursche.

- Und dann gibt es die, die aus einer bestimmten Paranoia heraus leben und glauben, daß Gott sie beobachtet und die höchste Autorität ist.

»Gott« war immer für uns Menschen schwer zu begreifen. Einige sind hinter Gott her und werden lebenslange Sucher; andere rennen vor ihm weg und landen bei den Gnostikern und Atheisten.
Die Wahrheit ist einfach die:

- Gott ist die Existenz.
- Gott *ist* einfach.
- Gott ist die Quelle von allem und deshalb auch Deine Quelle.

Sobald Du diese simplen Tatsachen einmal akzeptiert hast, wirst Du feststellen, wie dumm es ist, vor Deiner Quelle davonzulaufen.
Gott ist die Quelle, aus der alles und jeder kommt. Wenn Du keine gute Beziehung zu der Quelle hast, wie kannst Du dann eine gute Beziehung zu Menschen haben? Der Ursprung des Wortes »Gott« bedeutet »gut« und in einigen Sprachen gibt es für beides auch heute noch den gleichen Begriff. Vielleicht war genau das der folgenschwere Fehler, die beiden zu trennen, »Gott« und »gut« zu trennen.
Wie kannst Du Menschen lieben und Gott nicht? Wie kannst Du die Schöpfung lieben und nicht den Schöpfer? Du bist Teil der Quelle. Du und die Quelle sind untrennbar. Diejenigen von uns, die versuchen, sich von Gott zu trennen, sind wie Wellen, die versuchen, ohne den Ozean zu existieren.
Gott ist

- Existenz.
- Liebe.
- Lebendigkeit.
- einfach mehr von Dir.
- Deine Quelle.

2. **Selbstheilung kann erst dann geschehen, wenn Du Dein Leben in der Überzeugung lebst, daß Gedanken schöpferisch sind.**

Diese absolute Wahrheit führt zur Ekstase, durch den bewußten Akt, in Deinen Beziehungen zu heilen und zu verzeihen.

❍ Du, der Denkende, bist schöpferisch mit Deinen Gedanken.

❍ Du erschaffst die Gedanken, die Deine Beziehungen erschaffen.

❍ Negative Gedanken erschaffen negative Beziehungen, positive Gedanken erschaffen positive Beziehungen.

❍ Du bekommst immer das, was Du denkst.

Fang an, mit all Deinen unbewußten alten Gedanken zu arbeiten und sie zu klären – Gedanken wie etwa: »Alle Frauen sind wie meine Mutter« und »Alle Männer sind wie mein Vater«.

Diese alten grundlegenden Gedanken schaffen weitere verzerrte Gedanken wie: »Frauen sind mütterlich, behütend. Sie versuchen, mich einzufangen, ersticken mich, bringen mich um!«

Immer wieder vergißt Du dabei, daß Du der Denker bist, der mütterliche, kontrollierende, unterdrückende Frauen oder väterliche, kontrollierende, unterdrückende Männer erschaffen hat. Also bist Du auch in der Lage, unterstützende Frauen oder Männer zu erschaffen, die wirklich wollen, daß Du die Freiheit hast, Du selbst, gesund und kraftvoll zu sein.

Um Deine Beziehungen neu zu erschaffen, mußt Du immer wieder mit positiven Gedanken in Verbindung mit sinnlicher Wahrnehmung und den entsprechenden Gefühlen arbeiten. Schließlich werden diese neuen Gedanken Deine alten, überkommenen Denkmodelle ersetzen und sie für immer auslöschen.

3. **Du mußt Deine alten Beziehungen heilen und ihnen verzeihen.**

Jede ungelöste Beziehung aus der Vergangenheit beeinträchtigt die Lebendigkeit Deiner gegenwärtigen Beziehungen.

Wenn Du alten Beziehungen verzeihst, führt das zu unmittelbaren Glückserfahrungen in Deinen aktuellen Beziehungen.

Es ist lebenswichtig, all das, was mit Deinen Eltern noch ungelöst ist, zu klären. Laß Deine Weigerung, Deinen Eltern zu verzeihen, hinter Dir. Sobald Du Deinen Eltern verzeihst, was sie Dir angetan haben, spürst Du eine deutliche Veränderung. Alte, archaische Schmerzen werden zum Leben erweckt, damit Du sie jetzt bewußt heilen kannst. Dein aktueller Partner wird »es« Dir nicht länger antun. Vielleicht wirst Du auch nicht länger bereit sein, Dich so behandeln zu lassen und einen neuen Partner finden.

Deine aktuellen Beziehungen versuchen oft unbewußt, Dich zu heilen. Unwissentlich agieren sie negative Rollen aus; Rollen, die denen in Deinen früheren Beziehungen ähnlich sind. Du kannst diese Gelegenheit beim Schopf packen und Dir bewußtmachen, was geschieht, und Dich heilen.

Vor gar nicht langer Zeit traf ich eine phantastische Frau. Sie erweckte schnell eine überwältigende Liebe in mir. Sie fühlte das gleiche und so lebten wir eine Liebesaffäre zwischen Houston und Oslo.

Nach fünf Wochen jedoch fing ich an, Anzeichen eines schmerzlichen Verhaltens wahrzunehmen, das ich von früher kannte und das damals letztlich zu meiner Scheidung geführt hatte. Sie war plötzlich distanziert, reserviert, zeigte wenig Gefühl und hatte Angst zu sagen: »Ich liebe Dich!« Aber die Beziehung ging weiter, und wir beschlossen, uns in Cancun zu treffen. Auch wenn meine Leidenschaft für sie noch immer loderte, warnte mich mein Verstand immer wieder: »Noch so eine selbstsüchtige Hexe wie Deine Mutter!«, »Genauso ein gefühlsarmes Weib wie Deine Ex-Frau!«, »Du kennst so viele phantastische Frauen, die Dich wirklich lieben; warum willst Du sie überhaupt wiedersehen?«

Trotz dieser Warnungen ging ich hin. Es waren die schlimmsten und verletzendsten drei Tage, die ich je mit einer Frau verbracht habe. Sie redete, ging und hatte eine Figur wie meine Ex-Frau. Sie fing sogar an, so auszusehen. Nach drei Tagen Schmerz und Diskutiererei über den Schmerz packte ich meine Sachen und ging. Es wäre eine zu qualvolle Woche geworden.

Vor 25 Jahren brauchte ich drei Jahre, um meine Ehe zu verlassen, dieses Mal nur drei Tage.

Wenn Du offen und liebevoll geworden bist und verzeihen kannst, wirst Du merken, wie schwierig es ist, Menschen zu treffen, die dafür offen sind.

Ich schrieb ihr einen Brief und dankte ihr für die Gelegenheit, geheilt zu werden. Seitdem haben wir alles daran gesetzt, die Besessenheit in Freundschaft umzuwandeln.

4. **Du mußt Dich heilen, Dir verzeihen und Dich lieben.**

Ich brauchte Jahre, mir das klarzumachen, aber ich habe gelernt:

❍ Andere Menschen behandeln Dich grundsätzlich so, wie Du Dich selbst behandelst.

❍ Je schneller Du Dir verzeihen und Dich lieben kannst, um so schneller erschaffst Du für andere die Möglichkeit, Dich zu heilen.

Wenn Du Dich nicht magst oder wenn Du Dich sogar haßt, kann Dich niemand heilen. Du bist ein Opfer und Opfer sind unheilbare Skeptiker. Sie sind nicht bereit, geheilt oder geliebt zu werden.

Niemand weiß genug, um skeptisch zu sein. Wir verstehen zu wenig von uns selbst, wir wissen zu wenig über uns als Menschen, über unseren Verstand oder unsere Fähigkeiten, um skeptisch zu sein. Wir sind viel zu unwissend.

In den 12 Jahren meiner Arbeit als therapeutischer Leiter am Phoenix House beobachtete ich immer wieder, daß die erste und schwierigste Hürde für Suchtpersönlichkeiten darin bestand, daß die meisten nicht wußten, wie sie aufhören konnten, ein Opfer der Gesellschaft zu sein.

Sie wußten noch weniger, wie sie mit dem Leben, mit sich und ihrer Zukunft Spaß und Freude erleben sollten.

Um Süchte aufzulösen, mußt Du Deine »Opfermentalität« aufgeben.

Mit geringer Selbstachtung kannst Du keine Selbstliebe erleben. Du wirst diejenigen zurückweisen, die Dich lieben und akzeptieren, oder Du wirst dafür sorgen, daß sie Dich ablehnen. Vielleicht versuchst Du sogar, sie zu ändern oder Du glaubst insgeheim, daß sie lügen.

Liebe kann nur dann geschehen, wenn keine negativen Gedanken da sind.

Du mußt Dir selbst erlauben, durch Liebe geheilt zu werden. Diese Heilung beginnt, sobald Du anfängst zu denken, daß Du die/der »Richtige« **bist**, statt nach dem/der »Richtigen« **zu suchen**.

Um Dich zu heilen mußt Du:

❍ Dich selbst anerkennen.
❍ Deine Handlungen billigen.
❍ Deine Fähigkeiten bewundern.
❍ Dir selbst Vergnügen bereiten.
❍ Schuld und Scham fallen lassen.
❍ Deinen Körper lieben.
❍ Dir gönnen, was Du begehrst.
❍ anderen erlauben, Dich zu heilen und zu lieben.
❍ Deine Einzigartigkeit wahrnehmen.
❍ Armut aufgeben.
❍ Dich selbst belohnen.
❍ Dir selbst vertrauen und Dich nähren.
❍ Zuneigung und Sex genießen.
❍ negatives Denken umkehren.

5. **Laß verdeckte Wut und unterdrückte Negativität los!**

Mach Dir einfach klar, daß jede Krankheit, jedes Unwohlsein durch unterdrückte Wut und negative Gedanken erschaffen wird. Einer der

Gründe, warum unsere Liebesbeziehungen am besten dazu geeignet sind, uns zu heilen, liegt darin, daß Liebe all das zu Tage fördert, was sie nicht ist.

Liebe bringt Wut, Traurigkeit, Angst, Schmerz, Eifersucht, unkontrollierbare Ausbrüche und andere negative Erfahrungen zum Vorschein. Dies ist ein Heilungsprozeß.

Unsere aktuelle Erfahrung von Liebe reaktiviert all unsere vergangenen, negativen Erfahrungen mit ihr. Dieser Prozeß macht die vergessenen Erlebnisse unserer Geschichte bewußt. Er erlaubt uns, uns zu heilen. Letztlich heilt Liebe immer, wenn wir es nur zulassen.

Wir regen uns nie aus dem Grund auf, den wir dafür annehmen.

In der Gegenwart erleben wir immer wieder Wut und Groll aus der Vergangenheit, die wir noch loslassen müssen.

Wenn Du einmal die Vorzüge des Verzeihens erlebt hast, dann weißt Du, daß Schuld überhaupt keinen Wert hat.

6. **Gestehe Dir selbst immer die Wahrheit ein.**

Beachte, daß es *Dir* heißt. – In unserer Welt ist Wahrheit das Ergebnis individueller Wahrnehmung. Dadurch sind soviele Wahrheiten möglich, wie es Wahrnehmungen gibt. – Es ist vielleicht nicht immer klug, die Wahrheit zu sagen. Dir selbst die Wahrheit einzugestehen heilt jedoch immer. Wenn Du nicht die Wahrheit sagst, zeigt sich dies in Deinem Körper, Deiner Stimme, Deiner Sprache, in Deinem ganzen Auftreten. Es ist wirklich leicht zu erkennen, wenn jemand unaufrichtig ist. Er fühlt sich nicht wohl, denn Unaufrichtigkeit erschafft Unwohlsein, Krankheit. Denke daran, die Stimme und der Körper lügen nie. Oder besser, wir Menschen haben noch nicht gelernt, mit unserer Stimme und unserem Körper zu lügen.

Sich selbst die Wahrheit einzugestehen heilt.

❍ Verstehe, daß es Sicherheit schafft, Dir selbst die Wahrheit einzugestehen.

❍ Akzeptiere, daß Du Dich um so besser fühlst, je mehr Du Dir die Wahrheit eingestehst.

❍ Verstehe, daß Du sogar andere heilst, wenn Du Dir die Wahrheit eingestehst.

❍ Sie fühlen sich besser, denn plötzlich stimmen Deine Worte und Dein Verhalten überein.

Meisterschaft und Lebendigkeit sind nur in der Gegenwart möglich. Du bist nur dann in der Gegenwart, wenn Du Dir die Wahrheit eingestehst. Unwohlsein, Krankheit kann nicht in der Gegenwart existieren. In der Gegenwart wirst Du geheilt. In der Gegenwart gibt es keinen Schmerz. Fange also damit an, die Wahrheit schneller zu sehen.

7. **Hör auf, Dich zu wiederholen. Nimm wahr, daß Du dazu neigst, immer wieder Partner zu wählen, die für Dich die Stelle Deiner Eltern einnehmen.**

Erkenne dieses Wiederholungsmuster als eine Sucht. Wie oft hast Du Dir schon eingestehen müssen: »Oh mein Gott, ich habe wieder meinen Vater geheiratet!« Oder:»Ich schlafe schon wieder mit meiner Mutter!« Nimm wahr, wie sich – selbst mit einem neuen Partner – das alte Muster zu zeigen beginnt. Nimm wahr, wenn jemand, der überhaupt nichts mit Deiner Ex-Frau oder Deinem Ex-Mann zu tun hat, anfängt, sich zu verhalten wie sie, wenn er beginnt, auf Deine Bedürfnisse, Deine Reize zu antworten.

Dieses zwanghafte Verhalten setzt sich fort, denn die Botschaften und Absichten, die Deiner Sucht entspringen, sind unbewußt. Sie teilen sich direkt dem Unbewußten Deines neuen Partners mit.

❍ Werde also bewußt!

❍ Wache auf und finde heraus, wie Deine Suchtpersönlichkeit aussieht.

Um Deine Wiederholungsmuster zu entdecken, nimm wahr, wenn Du

❍ die Persönlichkeit Deiner Eltern wiedererschaffst.

❍ *ihre* Art von Beziehungen wiedererschaffst.

❍ die Art und Weise kopierst, wie sie miteinander umgingen.

❍ ihre Formen der Mißbilligung kopierst.

❍ Deinen Partner oder Deine Partnerin und/oder Deine Kinder benutzt, um es Deinen Eltern heimzuzahlen.

❍ darin schwelgst, Dich Deinem Gefährten gegenüber wie ein Kind zu verhalten.

❍ eine erfolgreiche, reibungslose und mühelose Beziehung nicht ertragen kannst und Dich dadurch bedroht fühlst, weil das Modell Deiner Eltern eine Beziehung voller Kampf und Schwierigkeiten war.

❍ sexuell blockiert bist oder Zuneigung nicht annimmst, weil Du Inzestgedanken mit Deinen Eltern unterdrückt hast.

❍ »Dich fertigmachst« und schuldig fühlst, weil Deine Eltern genau das taten.

Sei dir klar darüber, daß Du immer Beziehungen anziehst, die in Deine Muster passen. Zum Beispiel die Frau, die im Grunde ihres Herzens glaubt, »Männer verlassen mich!« – diese Frau wird Männer anziehen, die genau dieses Muster abspulen.

8. **Gib Schuld auf!**

Wir kennen Schuld schon so lange, daß die meisten sie für ein Gefühl halten. Schuld ist jedoch nichts anderes als eine Strategie. Schuld ist ein Gedanke, eine Methode, um andere dazu zu bewegen, etwas zu tun, was sie eigentlich nicht tun wollen, im Namen von »Pflicht«, »Zwang« und »höheren religiösen Erfordernissen«.

Die »Schuldigen« sind leicht zu identifizieren.

❍ Sie denken, Vergnügen sei etwas Schlechtes.

❍ Sie denken, Spaß sei eine Zeitverschwendung; etwas, dem man sich nur hingibt, wenn es nichts Wichtigeres zu tun gibt.
❍ Sie sind immer sehr verständnisvoll und vernünftig.
❍ Sie halten sich meist zurück.
❍ Sie sind skeptisch.
❍ Sie zeigen wenig Toleranz gegenüber Vergnügen.

Der schnellste Weg, Schuld zu heilen, liegt darin, Dir selbst und all Deinen Beziehungen zu verzeihen.

9. **Verschaffe Dir Klarheit über Sex, Eifersucht und Inzest.**

Sex:
❍ Werde Dir klar, daß Sex ein wundervolles, schöpferisches Handeln ist, das Dir erlaubt, Deine Form zu überschreiten.
❍ Werde Dir klar, daß Du sexuelles Vergnügen verdienst. Sex ist Spaß und Leidenschaft. Er ist eine Art Spiel für Erwachsene.
❍ Lösche **alle** Deine alten, archaischen sexuellen Glaubenssätze aus, die Dir im Wege stehen, Sex als Vergnügen zu erleben und zu genießen.

Eifersucht:
❍ Du heilst Eifersucht durch Selbstwert. Er drückt sich darin aus, daß Du es als einen Verlust für den anderen empfindest, wenn er Dich verläßt.
Eifersucht entsteht aus der Illusion, daß Du Körper, Genitalien und Verstand eines anderen besitzt oder ein Anrecht darauf hast.
Selbstwert drückt sich aus in der Macht und dem Bewußtsein, anzuerkennen, zu verbessern, zu korrigieren und ohne den Schmerz der Eifersucht eine bessere Beziehung als beim letzten Mal zu erschaffen.

Inzest:
Wenn Du Dir Deine Partner bewußt oder unbewußt so erschaffst, daß sie wie Dein Vater oder Deine Mutter sind, wirst Du durch unbewußte Inzestgedanken sexuell blockiert.
Inzest ist fast immer unbewußt. Je mehr Dein Partner in die Rolle Deines Vaters oder Deiner Mutter schlüpft, um so weniger seid ihr in der Lage, Sex miteinander zu genießen.
❍ Laß Deine Inzestschuld fallen!

Als Kind warst Du ein sinnliches Wesen, das berührt werden wollte. Du hast Dich selbst berührt und wurdest ständig berührt. Wenn Du gebadet wurdest, wurdest Du berührt, und das war sehr angenehm. Solange Du klein warst, schloß diese liebevolle Berührung Deine Genitalien mit ein, Du hast es sehr genossen. Dann, ganz plötzlich, ohne Vorwarnung hörte es auf. Man gab Dir keine Erklärung dafür. Vielleicht hast Du den Eindruck gewonnen, daß Du etwas falsch gemacht hast oder daß Genitalien ein Teil des Körpers sind, der nicht berührt werden darf.
Frühe sexuelle Neugierde und Spiele mit Geschwistern und Verwandten sind normal und natürlich. Inzest ist andererseits ein Begriff aus der Welt der Erwachsenen. Ein Kind hat kein Bewußtsein von Inzest. Neugierde ist nicht das gleiche wie Inzest. Hör also auf, Dich anzuklagen und Dich wegen Deiner sexuellen Neugierde schuldig zu fühlen.

10. **Lebe Deine Beziehungen so viel wie möglich in der Gegenwart.**
Du kannst nicht klären, was Du nicht mitteilen kannst.
❍ Tue niemals so, als ob Du über eine Aufregung hinweggekommen bist, wenn dies nicht wirklich stimmt. Stecke niemals Deine Gefühle weg oder Du wirst anfangen, jeden mit diesem Müll zu überschütten.
❍ Verzeihe bewußt und beginne jeden Tag als eine neue Beziehung. Reinige Dich von psychischem Müll!

Es ist einer der grundlegenden Irrtümer der Psychologie, daß Du Deinen Müll lesen mußt, bevor Du ihn wegwirfst. Laß ihn einfach los!

❍ Sei Dir klar, daß Deine Fähigkeit zu lieben und zu heilen von der Qualität Deiner Kommunikation abhängt.

Selbstentdeckung

Qualität 15
Heilen

Heilen: Das Wiedererlangen der Weisheit des Körpers, der Gefühle und des Geistes. Man braucht dazu Bewußtsein, geistige Verbindungen und Mut.

1. Nimm etwas aus Deiner Vergangenheit wahr, das Heilung braucht oder das Du gerade heilst. Wie z.B. Tod, Scheidung, Mißbrauch etc. Benenne drei!

____

____

____

Sei bereit, Dir diese unbewußten Erlebnisse bewußt zu machen.

2. Wisse, daß andere unter Umständen durch Dich ähnliche Traumata heilen. Wer? Benenne drei!

____

____

____

Wisse, daß Du dieser Heilung zugestimmt hast.

3. Erkenne Verhaltensmuster, die auf vergangenen Traumata beruhen. Nimm wahr, wie das Unbewußte auf Dich eingewirkt hat. Benenne drei Beispiele und beschreibe, wie sie Dich heute beeinflussen.

Ereignis ______________________________

Auswirkung ______________________________

Ereignis ______________________________

Auswirkung ______________________________

Ereignis ______________________________

Auswirkung ______________________________

4. Gehe das Risiko ein und erlaube Dir selbst, verletzlich zu sein. Sei bewußt und erlaube Dir Mitgefühl.

Erschaffe Deine Beziehungen durch schöpferisches Denken neu. Dieser Prozeß ist einfach. Du kannst ihn jeden Tag durchführen, so oft Du willst:

A. Denke einen **negativen** Gedanken, den Du zu einer Deiner Beziehungen hast.

B. Erschaffe einen neuen Gedanken, der diesen negativen Gedanken ersetzt und der Dir dann ein Gefühl von Wohlsein und Befriedigung verschafft.

C. Sobald Du ein klares Bild davon hast und Dich zufrieden fühlst, wiederhole dieses Bild in Deinem Geist etwa zwei Minuten lang und halte es fest.

5. Denke an jemanden, der Dir gerade jetzt die Gelegenheit bietet, Dich selbst zu heilen.

A. Denke jetzt an all die Qual, die er Dir bereitet hat und Dir immer noch bereitet. Erlaube Dir, diesen Schmerz zu fühlen, die Traurigkeit und den Verlust.

B. Atme nun tief durch und verzeihe ihm oder ihr. Laß den Wunsch los, mit ihm/ihr abzurechnen. Laß den Ärger gehen, laß ihn einfach hinwegschmelzen! Sei liebevoll!

Erwäge nun die Möglichkeit, ihr oder ihm dies auf eine nicht wertende, liebevolle Weise mitzuteilen.

Qualität 16

Verzeihen

Ich habe viele Jahre daran gearbeitet, anderen und auch mir selbst verzeihen zu können. Immer wenn ich mich fragte: »Wie lange muß ich das noch tun?« antwortete eine Stimme in mir: »Bis Du mich von mir befreit hast!«
Jahre später erst begriff ich, daß »Verzeihen« ewig währt. Es ist ein Prozeß, ein Bewußtseinszustand. Es ist nicht so, daß Du es einmal tust, und dann ist es vorbei. Es ist nicht so, wie wenn Du Deinen Blinddarm oder Deine Mandeln herausoperiert bekommst. Es ist mehr wie Atmen und Denken.
Es ist ein kontinuierlicher Prozeß, den Menschen zu verzeihen, die man liebt. Wenn sie gestorben sind, fällt es meist leichter, als wenn sie noch am Leben sind. Während sie leben, sind sie einfach sie selbst. Sie sind nicht, wie Du sie haben willst und sie verhalten sich immer wieder so, daß sie Dich verletzen. Du vergißt immer wieder, daß sie nicht Du sind, daß Du ihnen und Dir immer wieder verzeihen mußt. Aus diesem Grund sind alle toten religiösen Führer großartig. Sie machen nichts mehr falsch. Es ist leicht, perfekt zu sein, wenn Du meta-physisch bist – weshalb wir ja wohl auch die Herausforderung gewählt haben, einen Körper zu haben. In einer Beziehung zu sein erfordert normalerweise, daß Ihr im gleichen Raum körperlich präsent seid, daß Ihr sexuell seid und daß Ihr jetzt und hier Ihr selbst seid.

Ich habe in meinem Leben meinen Teil abbekommen an Menschen, die mich mißhandelt haben. Ich hatte einen Vater, der mir Angst machte. Mein bester Freund schlug mich zusammen wegen eines Gerüchtes, das eine Freundin in Umlauf gebracht hatte, weil es ihr gefiel, ihn eifersüchtig zu machen. Es gab einen engen Geschäftsfreund, der unser gesamtes Projekt an sich riß, indem er mein persönliches Leben der Öffentlichkeit preisgab zu einer Zeit, als es in Trümmern lag. Ich hatte genügend Gelegenheit, mich nachts im Schlaf herumzuwälzen und mit diesem und jenem abzurechnen. Aber in all diesen Träumen gab es auch den Wunsch, wieder mit ihnen verbunden zu sein, einen Vater zu haben, einen besten Freund zu haben, einen Kollegen zu haben.

Ich war damals 16, und mein bester Freund hieß »Little Joe«. Wir waren unzertrennlich. Wir gehörten zur gleichen Straßenbande in New York, und wir beschützten einander. Wir waren eins. Wenn irgendjemand einem von uns etwas antat, hatte er mit dem anderen zu rechnen. Eines Abends gingen wir alle zu einem Rockkonzert, zu einem dieser Auftritte von Alan Freed. Wir zwängten uns zusammen in einen 53er Chevy. Little Joe konnte nicht kommen. Der Wagen war mehr als voll. Weil ich Joe's bester Freund war, setzte sich sein Mädchen auf meinen Schoß. Die anderen Jungs fingen an, sie zu betatschen, so daß sie immer wieder kreischte: »Frankie, hilf mir!« und ich die Rolle des Beschützers übernahm.

Als ich am nächsten Tag den Süßkramladen betrat, in dem wir nach der Schule rumhingen, wartete Little Joe bereits auf mich. Als erstes gab er mir einen Kinnhaken, und ich ging völlig baff zu Boden. Er kreischte all diesen Blödsinn, daß ich hinter seiner Alten her wäre usw. In jenen Tagen war ich noch nicht gewieft genug zu erkennen, daß sie das absichtlich gesagt hatte, um ihn eifersüchtig zu machen und uns zu trennen. Sie war eifersüchtig, weil wir auch oft ohne sie unterwegs waren.

Das Leben war zu jener Zeit einfacher und brutaler. Ich erinnere mich, wie ich da lag, völlig schockiert. Ich konnte nicht glauben, was geschah. Ich rappelte mich auf, murmelte: »Du verstehst nicht!« und wollte noch immer nicht zurückschlagen, war noch immer bereit, ihm zu verzeihen. Dann schlug er mich wieder. Ich ging wieder zu Boden, und dann trat er nach mir. Ich habe noch immer die Narbe davon an meinem Ohr. Als ich dann den zweiten Schlag in den Unterleib bekam, geriet ich in Rage. Ich erinnere mich, daß ich mir einen Baseballschläger griff und auf ihn eindrosch.

Seitdem waren wir auseinander. Wir redeten monatelang nicht miteinander. Ich litt unendliche Qualen. Ich fühlte mich erniedrigt und überspielte es mit Wut, genau wie er. Wir stolzierten umeinander herum wie Pfauen, redeten nicht miteinander, sahen uns nicht einmal an. Brooklyn in den 50ern, das hieß, daß Deine Identität im wesentlichen davon abhing, wie gut Du den harten Kerl mimen konntest. Mit dem Gefühl von Verlust, dem Gefühl, Deinen besten Freund zu verlieren, konnte keiner von uns umgehen. Wir waren beide aus vielen Bandenkriegen mit nur wenig Kratzern hervorgegangen, weil wir uns gegenseitig geholfen hatten. Und nun hatten wir uns gegenseitig unsere schlimmsten Wunden zugefügt.

Lange Zeit noch wollte ich diese Beziehung heilen und ihm verzeihen. Ich tat es viele Male im Geist, aber ich war nicht in der Lage, mein Ego, meinen Stolz loszulassen und es ihm ins Gesicht zu sagen.

Dann eines Tages, Jahre später, sagte ein gemeinsamer Freund so nebenbei: »Hey Frankie, hast Du schon gehört, Little Joe ist tot.« Von diesem Tag an hatte ich ein ausgeprägtes Gefühl für Verlust, denn es hätte nicht so weit kommen müssen. Das war der große Schlag, der mich verwandelte. Ich weinte und schwor mir, von nun an aktiv zu verzeihen, es aktiv mitzuteilen, meine Beziehungen zu heilen.

Ich brauchte 20 Jahre, um meine Beziehung zu meinem Vater zu heilen und etwa 5 für die zu meinem ehemaligen Partner beim Phoenix

House, Mitch Rosenthal. Und es gab viele andere, Freunde und Geliebte. Ich glaube, wenn Du lebendig und aktiv bist, dann verletzen Dich Menschen, und Du verletzt sie. Mit Sicherheit kann man nicht so lebendig sein, wie ich es bin, ohne Menschen Schmerz zugefügt zu haben oder von ihnen zutiefst verletzt worden zu sein.
Also bin ich lebendig, verletze und werde verletzt. Ich verzeihe und heile dann so schnell wie möglich. Ich bin zutiefst verletzt worden. Manchmal denke ich, daß andere Menschen annehmen, daß ich unverwundbar sei. In Wirklichkeit bin ich sehr verletzlich. Ich komme jedoch leicht darüber hinweg, so schnell wie möglich, indem ich in einem Zustand von Vergebung und Verzeihen lebe.

Qualität 16

Verzeihen

Verzeihen: Der bewußte und stetige Prozeß, Ärger und Groll und auch den Wunsch nach Rache aufzugeben. Aufhören, böse zu sein. Macht und Kontrolle über andere loslassen.

Meistens erleben wir Verzeihen als einen einzelnen Akt, den wir einmal – oder manchmal mehr als einmal – einem anderen gewähren. Wir betrachten es oft als Kompromiß, eine Tat, die uns unsere Würde kosten kann.
Echte Vergebung ist jedoch kein einzelner Akt. Sie ist nicht einmal eine Entscheidung, die Du triffst. Du magst die entsprechenden Worte sogar aussprechen, ohne wirklich zu entscheiden, ob Du verzeihst oder nicht.

Verzeihen ist in Wahrheit ein Prozeß.

❍ Es ist eine Art zu sein.

❍ Es ist ein hoher Bewußtseinszustand, in den Du Dich begibst. Du wirst förmlich dazu und handelst aus ihm heraus.

❍ Es ist zentraler Bestandteil von Erleuchtung.

❍ Es ist der Zustand, leer und offen zu sein und nicht zu werten.

❍ Verzeihen bedeutet, das Bedürfnis fallenzulassen und die Macht aufzugeben, andere zu kontrollieren oder mit ihnen abzurechnen.

Meist erreichst Du diesen Zustand bewußt erst, nachdem Du eine Menge daran gearbeitet hast. Schließlich findest Du zu Dir selbst.

Wenn Du nicht von einer Ebene der Vergebung aus handelst,

❍ bist Du nicht der Mensch, der Du sein könntest.

❍ bist Du nicht das Wesen, das Du verkörpern könntest.

Nur wenn Du Deine hartnäckige Neigung, zu richten und nachtragend zu sein, hinter Dir läßt, kannst Du dahin gelangen, wo sich das Leben um Dich herum wahrhaftig sehr viel lustvoller und fröhlicher anfühlt. Es lohnt sich, die anfänglichen unangenehmen Gefühle, die auftreten, wenn Du Deinen Verstand von Groll reinigst, in Kauf zu nehmen. Du gelangst dadurch auf eine neue Ebene, von der aus Du mit jedem kommunizieren kannst.

Aufgrund dieser neuen Klarheit kannst Du mit jedem zusammen sein, ohne daß Dein Selbstvertrauen oder Deine Lebendigkeit beeinträchtigt werden durch

❍ die Form des anderen,

❍ sein Gehabe,

❍ sein richtendes Verhalten.

Wenn Du von einer bewußten Ebene des Verzeihens aus handelst, macht es keinen Unterschied, ob jemand schwarz oder weiß, Frau oder

Mann, jung oder alt, Araber oder Jude, Amerikaner oder Russe, homo oder hetero ist. Du bewegst Dich jenseits solcher Unterscheidungen, weil Du es selbst so willst und so gewählt hast.

❍ Du bewegst Dich nur dann auf der physischen Ebene, wenn Du dies willst.

Der wichtigste Prozeß in Zusammenhang mit Vergebung ist der, Deinen Eltern zu verzeihen. Ihn zu vollenden gibt Dir die Freiheit, Du selbst zu werden.

Es spielt keine Rolle, ob sie noch leben oder bereits tot sind.

Eigentlich ist es leichter, wenn Deine Eltern schon tot sind. Sie können Dich nicht mehr verletzen, deshalb sollte es leichter sein, mit ihnen abzuschließen. Ganz unabhängig davon, ob sie noch leben oder wie weit sie von Dir entfernt sind: **Es ist von allergrößter Bedeutung für Deine Lebendigkeit, Deinen Eltern zu verzeihen**.

Verzeihen erschafft in Dir die unmittelbare Erfahrung von

❍ Glück,

❍ Freude,

❍ Erleichterung,

❍ einem herrlichen Gefühl.

In unseren Seminaren gibt es immer wieder Menschen, die sich zunächst weigern, dies geschehen zu lassen. Oft höre ich ihren aus der Tiefe kommenden, negativen Gesang. Ihre Stimmen sind alle unterschiedlich und keine Geschichte gleicht der anderen. Aber was sie mir alle erzählen ist: »Nein, nein, ich werde ihnen nicht verzeihen. Ich lehne es ab, sie so leicht davonkommen zu lassen!«

All die, die diesen Weg nehmen, die es ablehnen zu verzeihen, wählen die Ignoranz, verharren im Groll und fühlen sich miserabel. Diese

Misere drückt sich unübersehbar in ihren schmerzverzerrten Gesichtern aus. Sie wird sie so lange begleiten, bis sie endlich loslassen.

Verzeihen ist eine Handlung, die Du für Dich selbst unternimmst. Derjenige, dem Du verzeihst, braucht nicht einmal zu wissen, daß Du ihm vergeben hast. Die Erlösung kommt auf jeden Fall. Die Freude ist unvermeidlich.

Es wird Dir helfen, wenn Du Dich daran erinnerst:

❍ Die Art und Weise, wie Du Menschen wahrnimmst, ist die Art und Weise, wie sie sind.

❍ Du erschaffst Dinge genau so, wie Du über sie denkst.

❍ Die Möglichkeit, Dein Denken über jemanden und Dich selbst zu verändern, ergibt sich durch Deine Bereitschaft, zu verzeihen.

Wenn Du verzeihen kannst, kannst Du humorvoll sein.
Du erlangst Deinen Sinn für Humor über Dich selbst und die Menschheit überhaupt zurück. Du verstehst, daß das Leben einfach eine Serie von Ereignissen und Umständen ist, die Du erschaffen hast. Du entdeckst darin große Schätze.
Dir wird klar:

❍ Auch Deine Eltern sind einer dieser »Umstände«.

❍ Weder Du noch sie haben irgendwelche Antragsformulare ausgefüllt, ihr habt einander einfach bekommen.

Solange Du Dich über »Umstände« aufregst, bleibst Du unwissend. Du gehst Deinem fähigen, liebevollen Ich aus dem Weg.
Die Brücke zu diesem bewußten und liebevollen Ich besteht darin, daß Du den Wert der Beziehungen zu Deinen Eltern und zu allen, die danach kamen, entdeckst.

Sei Dir immer bewußt:

❍ Verzeihen ist ein Prozeß, keine einzelne Handlung.

❍ In diesem Prozeß zu sein ist ein wichtiger Schlüssel zu Deiner Lebendigkeit.

Selbstentdeckung

Qualität 16
Verzeihen

Verzeihen: Der bewußte und stetige Prozeß, Ärger und Groll und auch den Wunsch nach Rache aufzugeben. Aufhören, böse zu sein. Macht und Kontrolle über andere loslassen.
Einfach damit aufhören, wütend zu sein.
Macht und Kontrolle über andere loslassen.

1. Erinnere Dich an Deine ersten Beziehungen und nimm wahr, wem Du nicht vergeben hast. Benenne drei.

____

____

____

2. Benenne die Hauptgründe, warum Du ihnen nicht vergibst.

____

____

____

3. Was müßtest Du tun oder werden, wenn Du ihnen verzeihst? Benenne drei mögliche Resultate Deiner Wahl.

Schließe nun Deine Augen, stelle Dir diese Menschen vor, schau ihnen in die Augen und verzeihe ihnen. Nimm wahr, wie Du Dich fühlst.

4. Wer hat noch immer Macht und Kontrolle über Dich? Warum verzeihst Du ihnen nicht? Nimm wahr, wie Du Dich fühlst.

---

5. Benenne drei Momente, in denen Du wirklich Freude fühltest, nachdem Du jemandem verziehen hattest.

---

6. Was hat Dein Verzeihen in anderen Beziehungen an verändertem Verhalten bewirkt?

Erkenne die Macht dieses In-Beziehung-Seins an.

7. Jetzt, in diesem Moment – was bist Du bereit, Deinen Eltern zu verzeihen?

8. Was bist Du jetzt bereit, Deinem Geliebten zu verzeihen?

9. Was bist Du jetzt bereit, Dir selbst zu verzeihen?

Qualität 17

Durchsetzungsvermögen und Selbstbewußtsein

Menschen, die mich heutzutage treffen, halten mich für extrem selbstbewußt und durchsetzungsfähig. Einige verwechseln dies sogar mit Aggressivität. Sie unterscheiden das nicht. In Wirklichkeit bin ich schüchtern, und ich habe gelernt, mich durchzusetzen, wenn es nötig ist.

Als junger Mensch war ich fast wie ein Einsiedler. Ich war voller Aggressionen. Ich mochte Aggressivität eigentlich überhaupt nicht, denn angesichts echter Gewalt mache ich mir in die Hosen vor Angst. Was körperliche Auseinandersetzungen angeht, bin ich ein Feigling, und darauf bin ich stolz. Ich habe in meinem Leben genug mit Gewalt zu tun gehabt, um zu wissen, daß sie mir Angst macht. Aber ich wuchs in einer Welt auf, in der es nicht möglich war, das zuzugeben.

Inzwischen gibt es nur noch sehr wenige, die dieses ruhige, anspruchslose, unsichere, zerbrechliche, empfindsame und sehr bescheidene Kind gekannt haben. Die meisten Menschen sehen nun nur diesen Mann da vorne, immer noch empfindsam und bescheiden, doch mit einer kraftvollen Intuition begabt und äußerst geschickt in dem, was er tut. Ich weiß, ich bin voller Vertrauen und unglaublich gut in dem, was ich tue.

Eines Tages im Jahre 1958 wanderte ich den Broadway entlang, wie üblich in meinen schwarzen Bohème-Gewändern. Ich war 17 und in großen Schwierigkeiten. Da sah ich diese Menschenschlange in der 78. Straße. Ich fragte jemanden, was da los sei. »Das ist das Moreno-Institut.« Ich fragte: »Und was ist das?« – »Hier macht man Psychodrama. Es ist wie ein psychologisches Spiel.« Ich ging hinein. Wenn ich heute darüber nachdenke, finde ich es unglaublich. Ich saß im Hintergrund und beobachtete, wie die Menschen auf die Bühne gingen und ihre persönlichen Dramen vor allen Leuten vorführten.
Ich ging regelmäßig hin, hielt mich immer im Hintergrund und trug meine Sonnenbrille. Eines Abends trat der Leiter des Psychodrama vor die Zuschauer, hielt seine Auflockerungsansprache, wies auf mich und sagte: »Du da! Du hast bisher kein einziges Wort gesagt. Was machst Du da hinten? Warum kommst Du immer wieder her? Was willst Du?« Und ich antwortete ihm: »Oh, Mann, laß mich bloß in Ruhe mit dem Mist! Ich schaue nur zu. Quatsch mich nicht an!« Er war Jacob Moreno, der Erfinder des Psychodrama. Bevor ich wußte, was geschah, stand ich oben auf der Bühne und spielte vor 80 Leuten mein Leben. Dies ging beinahe zwei Jahre so. Ich wurde Psychodramatiker, spielte den Widersacher, spiegelte, verdoppelte usw. Moreno und seine Leute waren die ersten, die mir beibrachten, mich selbst bewußt durchzusetzen. Psychodrama brachte eine Seite von mir zum Vorschein, die offensiv und voller Energie war.
Später bei Synanon wurde ich einer der vier »Zauberer«, die zu jeder der 20 Einrichtungen im Lande hingehen und die Leitung übernehmen konnten. Selbst die jeweiligen Leiter mußten uns Rechenschaft ablegen. Unsere Aufgabe war es, die Klienten und Betreuer mit Magie und Esprit zu begeistern. Wir taten das im sogenannten »Zauber-Raum«, der voller Bücher und Kassetten war. Wir konnten sogar alle laufenden Arbeiten unterbrechen und andere Aktivitäten anbieten. Ich liebte es, ein Zauberer zu sein.

Bei Synanon leitete ich gelegentlich Seminare, Encounter-Gruppen und verschiedene andere Aktivitäten. Ich war der Zeremonienmeister für offene Abende mit Hunderten von Gästen. Dort begegnete ich auch meiner Frau Christine. Sie kam zu einem der offenen Abende und war von diesem überzeugenden, strahlenden Mann so beeindruckt, daß sie ihn heiratete.

Sechs Jahre davor – meine Schwester kann es bezeugen – saß ich bei zugezogenen Vorgängen in meinem Zimmer und hörte mit geschlossenen Augen die Musik von MJQ, Bill Evans, Lambert, Hendricks and Ross, Miles und Chet Baker. Das war so ungefähr alles, worauf ich mich in dieser Welt einließ, bevor ich zu Synanon kam.

1967 schloß ich Freundschaft mit Elaine von Elaine' s Restaurant in New York. Sie plazierte mich oft an den Familientisch, den runden Tisch ganz vorne, wo sie Menschen Platz nehmen ließ, die sie zusammenbringen wollte. Ich fand mich plötzlich mitten im Gespräch mit Mario Puzo, Shirley McLaine, Dan Jenkins, Bruce J. Freedman, Shel Silverstein und anderen Literaten. Ich erinnere mich, daß ich einmal eine phantastische Unterhaltung mit einem außergewöhnlichen Mann führte. Nachdem er gegangen war, beugte ich mich zu Elaine rüber und fragte sie: »Wer war das?« – »Tennessee Williams«, antwortete sie. Ich gab schockiert zurück: »Ich dachte, der sei längst tot!«

Mit der Zeit fand ich Gefallen daran, mich in Gesellschaft zu begeben. Ich mußte einfach nur auf mein offensives Selbst umschalten. Ich schloß Freundschaft mit Ben Gazzara, Bobbie Morse und Dick Shawn. Ich traf Leute wie Lauren Bacall, John Lennon, Woody Allen und hatte keine Angst mehr.

Eines Tages aß Peter Duchin, den ich im Phoenix House als Freund gewonnen hatte, mit Jackie Kennedy zu Abend. Elaine lud mich ein, mich ihnen anzuschließen. Ich wurde nervös, mein reaktiver Verstand spulte ab: »Junge, Du wirst an diesem Tisch der Trottel sein!« Nun gut, Jackie Kennedy fragte mich, was ich denn so machte. Ich fing an zu erzählen und es stellte sich heraus, daß sie an Meditation interessiert war. Wir dominierten die Unterhaltung. Peter war sichtlich erbost. Er sah beinahe eifersüchtig aus und während sie mir weitere Fragen zu Meditation stellte, trat er mir unterm Tisch mehrere Male ans Bein, damit ich die Klappe hielt. Aber Jackie fragte immer weiter und ich antwortete voller Selbstbewußtsein – für mich ein ganz schöner Sprung von den Kopfhörern im verdunkelten Zimmer im Keller meines Elternhauses in Brooklyn.

Selbstbewußtsein ist eine erworbene Fähigkeit. Du kommst nicht damit auf die Welt. Tu etwas dafür, und Du bekommst sie.

Qualität 17

Durchsetzungsvermögen und Selbstbewußtsein

Selbstbewußtsein und Durchsetzungsvermögen: Die Fähigkeit, seine unendliche Kreativität auszudrücken, sie positiv zu bestätigen und zu zeigen und damit einen Beitrag zu seinen Beziehungen zu leisten.

Die Resultate, die Du in Deinem Leben erschaffst, hängen direkt davon ab, wie geschickt und selbstbewußt Du Deine Interessen durchzusetzen verstehst.

Die meisten von uns leiden darunter, ihr Leben lang gehemmt zu sein. Diese Hemmungen vermitteln uns die Botschaft, daß wir kein Recht dazu haben, selbstbestimmt zu sein und uns durchzusetzen. Deshalb werden wir ängstlich und unruhig, sobald diese lebenswichtige Fähigkeit einmal von uns verlangt wird.

Der größte Mythos bezüglich eines selbstbewußten Durchsetzungsvermögens ist die Annahme, daß Du es entweder hast oder es nicht hast.

❍ Selbstbewußtsein wird Dir nicht in die Wiege gelegt.

❍ Es ist keine Charaktereigenschaft.

❍ Es ist eine Fertigkeit, die Du lernen kannst, wenn Du es lernen willst.

Wenn in einer lebendigen Beziehung alle Beteiligten über genügend Selbstbewußtsein verfügen, entsteht daraus ein eingespieltes Team. Sie legen ihre Position dar und sind mutig genug, sich selbst zu bestätigen. Sie sind spontan aufrichtig. Sie bringen ihre Gefühle zum Ausdruck und halten die Beziehung in der Gegenwart lebendig. Sie bestehen auf ihren persönlichen Rechten und respektieren die Rechte ihrer Partner. Damit schaffen sie Würde für sich und andere. Sie gehen davon aus, daß alle Ergebnisse in ihrem Leben innerhalb »ihrer Realität« möglich sind, wenn sie nur bereit sind, sie zu erschaffen.

Es gibt tatsächlich nur drei Arten, wie Du in einer Beziehung sein kannst, nämlich:

❍ aggressiv sein

❍ selbstbewußt sein

❍ Dich unterlegen fühlen.

Aggressives Verhalten ist nichts anderes als nach außen gerichtete Wut. Wenn Du Dich unterlegen fühlst, richtest Du Deine Wut oder Angst nach innen.

Beide Formen führen zu unbewußten Resultaten. Sie beeinträchtigen all Deine Beziehungen.

Selbstbewußtes Handeln erschafft die Resultate, die Du anstrebst. Es trägt zur Selbstachtung und zum Wohlbefinden aller bei, die mit Dir in Beziehung sind.

Selbstbewußtsein und Durchsetzungsvermögen sind etwas anderes als Aggressivität. Du bist Dir immer der Rechte aller Beteiligten bewußt. Wenn Du dies verstanden hast und den Mut dazu aufbringst, werden sich Deine Beziehungen auszeichnen durch

❍ offene Intimität

❍ Selbstverwirklichung

❍ erfolgreiche Kommunikation

❍ Selbstachtung

❍ Kreativität.

In Deinen Beziehungen kommen neue Werte zum Vorschein.
Zuhause, in der Schule und am Arbeitsplatz gibt es heute deutlich mehr Aufrichtigkeit und Selbstbestimmung als früher. Zuweilen wird es allerdings noch immer als Aufsässigkeit mißverstanden. Die Frauen sind dabei, im Bett die sexuelle Initiative zu übernehmen. Die Männer werden von der Erwartungshaltung, den ersten Schritt tun zu müssen, »befreit«. Sie lernen nun, eher zu empfangen, statt Leistung zu erbringen. Sowohl Mann als auch Frau haben das Recht, mit Überzeugung »ja« oder »nein« zu sagen und dabei ihre Würde zu wahren.
Beide Geschlechter haben angefangen, ihr unterschiedliches Rollenverständnis auszugleichen. Beide können nähren und versorgen.
Um diese neuen Ideale zu erreichen, ist Selbstbewußtsein erforderlich – vor allem einem geliebten Menschen gegenüber.
Dazu gehört in erster Linie

❍ daß Du Dein »wahres Ich« zum Ausdruck bringst.

❍ Aufrichtigkeit.

❍ Direktheit und Standfestigkeit.

❍ Achtung vor den Rechten der anderen.

❍ Harmonie mit Deiner Umgebung.

❍ soziale Verantwortlichkeit und – am wichtigsten – Dich und andere zu fördern.

Die meisten von uns werden besonders dann ängstlich und unruhig, wenn eigentlich Selbstbewußtsein angemessen wäre. Wir wurden dazu erzogen, zu glauben, daß wir nicht das Recht haben, uns durchzusetzen. Wir verwechseln Durchsetzungsvermögen immer wieder mit Aggression.

Die Resultate, die Du in Deinem Leben erschaffst, hängen direkt davon ab, inwieweit es Dir gelingt, selbstbewußt und durchsetzungsfähig zu sein.

Die meisten von uns haben Hemmungen, sich durchzusetzen. Die Gründe dafür sind:

1. **Wir glauben, daß wir nicht das Recht hätten, uns durchzusetzen.** Das ist das Ergebnis einer lebenslangen Erziehung zur Zurückhaltung statt zu Selbstbewußtsein.

Die meisten von uns mußten sich ein Leben lang mit Sprüchen wie den folgenden herumschlagen:

- »Sei ruhig!«
- »Wage es nicht, mit Deiner Mutter/Deinem Vater so zu reden!«
- »Sag das bloß nicht nochmal!«
- »Ich will keinen Ton mehr hören!«
- »Hör auf zu heulen, oder ich gebe Dir einen Grund dafür!«
- »Halt den Mund, wenn ich mit Dir rede!«

2. **Es macht uns Angst, selbstbewußt aufzutreten.** Als Kinder wurden wir erniedrigt. Man jagte uns Angst vor Arbeit und Schule ein. Als Erwachsene spüren wir dann Angst, wann immer wir uns öffentlich zeigen sollen.

Wenn wir selbstbewußt auftraten

- wurde es plötzlich ganz still um uns herum.
- richtete sich alle Aufmerksamkeit auf uns.
- verließen uns Geliebte und Freunde.

❍ fühlten wir uns körperlich unwohl.

❍ wurden wir als Störenfriede ausgemacht. Man warf uns sogar vor, wir seien unchristlich oder einfach keine »guten Menschen«.

3. **Wir glauben, daß uns die Begabung fehlt, selbstbewußt und durchsetzungsfähig zu sein. Wir gehen irrigerweise davon aus, daß diese Fähigkeit nur bestimmten Persönlichkeiten eigen ist.** So gehen wir durchs Leben, ohne diese Fähigkeit in unseren Beziehungen zu entwickeln.

Wenn Du unfähig bist, Dich selbstbewußt durchzusetzen,

❍ hältst Du Dich solange zurück, bis Du vor Wut explodierst.

❍ bist Du gehemmt.

❍ gibst Du den Wünschen der anderen nach.

❍ behältst Du Deine Wünsche für Dich.

❍ zerstörst Du andere, um Deinen Willen zu bekommen.

❍ hast Du eine geringe Selbstachtung und bist unfähig, zu erschaffen.

4. **Schließlich wurde uns beigebracht, vernünftig zu sein sei ein besonders hoher und erstrebenswerter Bewußtseinszustand und Geduld sei die goldene Regel. Tatsächlich bist Du jedoch dann, wenn Du nur vernünftig bist, dem Tod so nahe, wie Du ihm nur sein kannst, solange Du noch atmest.**

Selbstbewußtes Handeln führt immer zu Resultaten. Denn:

1. Du handelst zum Besten Deiner ureigenen Interessen.
2. Du legst Deine Position dar und bestätigst Dich furchtlos selbst.
3. Du drückst Deine Gefühle aufrichtig aus. Du bist in der Gegenwart und erzeugst dadurch Glück und Spontaneität.
4. Du nimmst Deine persönlichen Rechte wahr, ohne die Rechte der anderen zu verletzen. Du erzeugst damit persönliche Macht und Würde für jeden.
5. Du erwirbst systematisch ein hohes Maß an Selbstachtung, was dazu führt, daß **alle Resultate** von Dir selbst realisiert werden.

Selbstbewußtsein bedeutet, positiv darzulegen, zu fordern, zu erklären und zu bestätigen. Dennoch erleben es die meisten Menschen als Wut und Aggression. Selbstbewußtes Durchsetzungsvermögen hat jedoch nichts damit zu tun, anderen Böses zuzufügen oder ihre Rechte und Gefühle zu verleugnen.
Tatsächlich wird Durchsetzungsvermögen oft schon früh entmutigt, weil es mit Aggression verwechselt wird. Das wirkt sich dann in allen Bereichen unseres Lebens negativ aus.

❍ Unsere **Familien** wirken hemmend. Die Kinder reagieren rebellisch und destruktiv, bauen unbewußt »Unfälle«, denn sie sind nicht fähig, sich offen durchzusetzen. Du hast Deinem Kind 18 Jahre lang erzählt: »Erhebe Deine Stimme nicht gegen Deinen Vater!« Dann leihst Du ihm Dein Auto, und es fährt es dann ganz »zufällig« zu Schrott.

❍ In unserem **Bildungssystem** werden die Schüler und Studenten in keiner Weise ermutigt, sich zu Wort zu melden, zu argumentieren oder eigene Gedanken zum Ausdruck zu bringen – vor allem, wenn ihr Denken sowohl dem des Lehrers als auch dem der Mitschüler überlegen ist. Pädagogen geben offen zu, daß die natürliche Spontaneität eines Kindes zu lernen nach der 4. oder 5. Klasse nachläßt. Wir verlangsamen die Intelligenz unserer Kinder. In den USA ist es sogar so weit gekommen, daß der durchschnittliche IQ der »Ausgeflippten« den der Schülerschaft übertrifft.

❍ In unseren **Betrieben** dürfen wir keinen Staub aufwirbeln, oder wir kriegen keine Gehaltserhöhung, Beförderung oder Sonderleistungen. Der Druck, das System zu unterstützen und zum Mitläufer zu werden, erschafft ein Heer toter jugendlicher Gesichter, die alle in den gleichen grauen Anzügen stecken und deren Unterhaltung sich darauf beschränkt, was sie als nächstes kaufen werden.

❍ Unsere **organisierten Religionen** predigen Sanftmütigkeit und Hingabe an eine höhere Kraft. Unglücklicherweise wird dies nicht als Hingabe an Gott, sondern an das Mittelmaß verstanden. Die Beispiele großer

Rebellen wie Buddha, Christus und Mohammed bringen die ureigenste Natur von Selbstbewußtsein und Durchsetzungsvermögen zum Ausdruck. Dennoch ist eine solche Haltung heutzutage nur außerhalb organisierter Religionen denkbar.
Religiös zu sein bedeutet statt dessen, unterwürfig zu sein. Um von religiösen Autoritäten akzeptiert zu werden, mußt Du Dich selbst aufopfern und verleugnen.

❍ Wenn Du eine romantische Liebesbeziehung haben willst, schließt Selbstbewußtsein – auch wenn es notwendig ist – immer das Risiko ein, daß Dein Partner Dich verläßt.
Dieser Gedanke erschreckt viele Menschen so sehr, daß sie ihre Selbstbewußtsein verlieren und am Ende genau das haben, was sie auf keinen Fall wollten: eine tote Beziehung.

All diese Lernerfahrungen, die sich gegen das Selbstbewußtsein richten, beeinträchtigen

❍ offene Intimität,
❍ Selbstverwirklichung,
❍ aufrichtige Kommunikation,
❍ Selbstachtung,
❍ Kreativität.

Noch immer wird in unserer Gesellschaft selbstbewußtes Durchsetzungsvermögen negativ bewertet. Wir neigen noch immer zur sozialen Vorstellung von der passiven, süßen, unterwürfigen, annehmenden, nährenden, sympathischen Frau und vom starken, aktiven, entschieden kühlen, beherrschenden, rationalen Mann.
Seit Beginn der 70er Jahre können wir beobachten, daß selbstbewußte, durchsetzungsfähige Frauen gesellschaftlich anerkannt und geschätzt werden. Ein neues Ideal von Offenheit und Aufrichtigkeit setzt sich langsam durch. Wenn dieses Ideal zunächst als aggressiv erlebt wird,

dann nur deshalb, weil wir noch nicht all die alten, destruktiven ethischen Vorstellungen fallengelassen haben. Nach und nach ersetzen wir diese Vorstellungen durch neue Werte, die uns wieder mit unserer Lebendigkeit in Kontakt bringen.

Die Männer sind dabei, das Muster des beschützenden Macho und alleinigen Versorgers aufzugeben. Sie sind bereit, aufrichtig und verletzlich zu sein.

Immer mehr Männer **bestehen** auf Selbstachtung und Respekt, statt in der Angst zu leben, beides zu verlieren. Je mehr sie in diese neue Bewußtheit hineinwachsen, spüren sie, daß die Errungenschaften, die aggressiv durchgesetzt worden sind, wenig bedeuten und nur kurzfristig Befriedigung verschaffen.

Männer entdecken, daß Intimität, vertrauensvolle Freundschaften, familiäre Nähe, Offenheit und Aufrichtigkeit dauerhafte und wichtige Errungenschaften sind.

Selbstbewußtsein heißt bereit sein, Wahlen zu treffen. Selbstbewußtsein ist die persönliche Kraft, das Maß an Selbstachtung, das Dich befähigt, Deine ureigenen Interessen zu verwirklichen. Es unterstützt Dich darin, Deine Wahl im Hinblick auf Karriere, Beziehungen, Lebensstil und Deine Zeit zu treffen.

Du kannst die Wahl treffen, die Initiative zu ergreifen, um

❍ Unterhaltungen in Gang zu bringen.
❍ Aktivitäten zu organisieren.
❍ am gesellschaftlichen Leben Anteil zu nehmen.
❍ andere um Unterstützung zu bitten.
❍ Dir zu vertrauen.

Du kannst wählen, zu Dir zu stehen, indem Du

❍ nein sagst.
❍ zeitliche Grenzen setzt.
❍ energetische Grenzen setzt.

❍ auf Kritik antwortest.
❍ auf Rückschläge antwortest.
❍ auf Wut und Ärger antwortest.
❍ Dich selbst zum Ausdruck bringst.

Du kannst aufrichtig Gefühle zum Ausdruck bringen, indem Du
❍ mißbilligst oder zustimmst.
❍ Deinen Ärger auf verantwortliche Weise zeigst.
❍ Zuneigung zeigst.
❍ Freundschaft zeigst.
❍ spontan bist.

Du mußt kompetent sein als
❍ Konsument wie auch als Verkäufer,
❍ als Angestellter wie auch als Arbeitgeber,
❍ als Elternteil wie auch als Kind,
❍ als Geliebte(r) und Ehepartner,
❍ als Bürger.

Am wichtigsten von allem aber ist, daß Du die Rechte aller Beteiligten respektierst, indem Du all das tust ohne
❍ andere unnötig zu kritisieren.
❍ unverantwortlich zu tratschen.
❍ Einschüchterungen.
❍ negative Beeinflussung.
❍ andere ohne deren Zustimmung zu kontrollieren.

Selbstbewußtsein ist positive Selbstbestätigung. Sie unterstützt und fördert alle Menschen, die an Deinem Leben teilhaben. Sie ermöglicht Dir zugleich, den Beitrag anderer zu Deinem Leben zu schätzen und anzuerkennen.

Jede Form von Beziehung – sei sie von Unterlegenheitsgefühlen, von Aggression oder von Selbstbewußtsein bestimmt – hat entsprechende Konsequenzen.

Wenn Du in einer Beziehung von Unterlegenheitsgefühlen bestimmt wirst,

❍ verleugnest Du Dich selbst.
❍ bist Du gehemmt.
❍ bist Du leicht verletzlich.
❍ bist Du ängstlich.
❍ lebst Du Dein Leben nach der Wahl und den Vorstellungen anderer.
❍ erschaffst Du Deine angestrebten Resultate nicht.

Wenn Du in einer Beziehung bist mit einem Menschen, der sich unterlegen fühlt,

❍ fühlst Du Dich schuldig.
❍ wirst Du wütend.
❍ bist Du nicht in der Lage, diese Beziehung zu schätzen.
❍ erschaffst Du Resultate meist auf Kosten und zum Nachteil des Partners, der sich zurückhält.

Wenn Du aggressiv in einer Beziehung bist,

❍ baust Du Dich auf Kosten Deines Partners auf.
❍ stellst Du Deine Negativität zur Schau.
❍ bevormundest Du andere.
❍ erschaffst Du Resultate, indem Du Deinen Partner verletzt.

Wenn Du Dich in einer Beziehung mit einem aggressiven Partner befindest,

❍ verleugnest Du Dich selbst.
❍ wirst Du verletzt.

❍ bist Du wütend.

❍ bist Du defensiv.

❍ fühlst Du Dich erniedrigt.

❍ erschaffst Du Deine gewählten Resultate nicht.

Jetzt. Das neue Modell. Die neue Matrix. Die einzig richtige Wahl: Du bist ein selbstbewußter, durchsetzungsfähiger Mensch.

❍ Du baust Dich selbst auf.

❍ Du zeigst Dich.

❍ Du fühlst Dich gut mit Dir und mit denen, mit denen Du eine Beziehung hast.

❍ Du triffst jeweils Deine eigene Wahl.

❍ Du erschaffst Deine gewählten Resultate.

Wenn Du mit einem selbstbestimmten Menschen in einer Beziehung bist,

❍ spürst Du, daß Ihr ebenbürtig seid.

Ihr baut Euch gegenseitig auf, Ihr zeigt Euch. Ihr fühlt Euch wohl mit Euch und mit denen, auf die Ihr Euch bezieht. Ihr trefft Eure eigenen Wahlen und erschafft Eure gewählten Resultate.

Einfach ausgedrückt: der selbstbestimmte Mensch verletzt absichtlich weder sich noch den Partner. Beide haben große Chancen, erfolgreich und glücklich zu sein.

»Dies klingt alles viel zu einfach«, magst Du vielleicht sagen. Es ist einfach. Aber wie jede Fertigkeit erfordert auch Selbstbewußtsein Praxis und Übung. Wenn Du wirklich ein selbstbewußter und durchsetzungsfähiger Mensch werden willst, beherzige und befolge diese zehn Verhaltensempfehlungen:

1. Drücke Dein wahres Selbst aus.
2. Sei aufrichtig mit Dir selbst.

3. Sei auch dann direkt und klar, wenn es Dir unbequem ist.
4. Sei Dir der Rechte und der Wahl von anderen bewußt.
5. Vergewissere Dich, daß Deine Gefühle, Deine Feststellungen und Deine Standpunkte identisch sind mit dem, was Du kommunizieren willst.
6. Es gibt so etwas wie non-verbales Zurücknehmen oder Abwerten dessen, was Du mit Worten sagst. Vergewissere Dich, daß auch Deine nonverbalen Botschaften – Augenkontakt, Tonlage, Pose, Gesichtsausdruck, Gesten, Aufmerksamkeit, Wahl des Zeitpunktes – übereinstimmen mit dem Resultat, das Du erschaffen willst.
7. Sei Dir der Umgebung bewußt, in der Du kommunizierst und versetze Dich innerlich in diese Umgebung hinein.
8. Sei verantwortlich gegenüber Dir selbst. Sei auch denen gegenüber verantwortlich, auf die Du Dich beziehst.
9. Laß Deine eigene Spontaneität und Natürlichkeit zum Ausdruck kommen. Sei Du selbst!
10. Fördere Dich und andere. Sorge dafür, daß die Energie zwischen Dir und denen, mit denen Du kommunizierst, steigt.

Selbstentdeckung

Qualität 17

Durchsetzungsvermögen und Selbstbewußtsein

Durchsetzungsvermögen und Selbstbewußtsein: Die Fähigkeit, seine unendliche Kreativität auszudrücken, sie positiv zu bestätigen und zu zeigen und damit einen Beitrag zu seinen Beziehungen zu leisten.

Die Resultate, die Du in Deinem Leben erschaffst, hängen direkt davon ab, inwieweit es Dir gelingt, selbstbewußt und durchsetzungsfähig zu sein.

1. Bewerte Dich selbst, inwieweit Du Dich normalerweise im Leben durchsetzt.

|_________|_________|_________|_________|

0 %   25 %   50 %   75 %   100 %

2. Benenne drei Menschen, denen gegenüber es Dir leichtfällt, selbstbewußt zu sein. Warum?

____

____

____

Danke ihnen dafür, daß sie Dir gestatten, Du selbst zu sein.

3. Benenne drei Menschen, denen gegenüber es Dir schwerfällt, selbstbewußt zu sein. Warum? Wen verkörpern sie für Dich?

___

___

___

4. Welche Macht haben diese Menschen über Dein Leben, daß Du Dich mit ihnen unwohl fühlst? Nenne drei Dinge, von denen Du befürchtest, daß Du sie verlierst.

___

___

___

5. In welchen Situationen in Deinem Leben bist Du aggressiv und wütend? Benenne drei und gib die Gründe an.

___

Warum? ___

___

Warum? ___

___

Warum? ___

6. Benenne drei Situationen, in denen Du Dich im Leben zurückhältst.

____

Warum? ____

____

Warum? ____

____

Warum? ____

7. Vervollständige die persönliche Bestandsaufnahme Deines Selbstbewußtseins, indem Du überprüfst, welches Verhalten Du in den folgenden Bereichen vorwiegend zeigst.

	Unterlegen	aggresiv	selbstbewußt
Eltern	[ ]	[ ]	[ ]
Freunde	[ ]	[ ]	[ ]
Mitarbeiter	[ ]	[ ]	[ ]
Untergebene	[ ]	[ ]	[ ]
Vorgesetzte	[ ]	[ ]	[ ]
Geliebte(r) /Ehepartner(in)	[ ]	[ ]	[ ]
Kinder	[ ]	[ ]	[ ]
Geschäftsleute	[ ]	[ ]	[ ]
Nachbarn	[ ]	[ ]	[ ]
Verwandte	[ ]	[ ]	[ ]
Religiöse Autoritäten	[ ]	[ ]	[ ]
Gesetzliche Autoritäten	[ ]	[ ]	[ ]
Medizinische Autoritäten	[ ]	[ ]	[ ]
Intellektuelle Autoritäten	[ ]	[ ]	[ ]

Qualität 18

Lachen, Humor und Verspieltheit

Mit Erholung und Humor habe ich meine ganz eigenen Erfahrungen gemacht. Ich bin kein großer Sportler. Mein schlechtes Augenlicht hinderte mich als Kind daran, da mitzumachen. Ich war immer dieser klassische Typ, den keiner in seiner Mannschaft haben wollte, weil man mit mir zu verlieren drohte. Deshalb wandte ich mich mehr nach innen. Ich gehe gerne in mich und beobachte die Komik von Situationen.

Meine Mutter war extrem scharfzüngig. Ihr Mundwerk nahm Dich regelrecht auseinander oder brachte Dich zum Lachen oder beides. Heute weiß ich, daß sie meinen Vater dazu bringen konnte, gewalttätig zu werden. Ich selbst habe für mich ihre Schlagfertigkeit und seine Gefühlsintensität gewählt, eine sehr machtvolle Kombination.

In den 50ern rauchten wir Haschisch und lachten dann so lange, bis wir uns auf dem Boden kugelten, unsere Bäuche hielten, nach Luft schnappten und nicht mehr damit aufhören konnten. Es war ein ansteckendes Gelächter. Wir machten auch einen Sport daraus, uns gegenseitig an verbaler Schlagfertigkeit zu übertreffen.

Während des Sommers arbeitete ich damals gelegentlich in den Catskill Mountains im Staat New York, in den »Jüdischen Alpen«, wie wir sie nannten. Humor bestimmte die Szene. Jerry Lewis fing dort an. Er wurde ein Star. Rodney Dangerfield trat jeden Abend auf, ebenso

Henny Youngman, Jackie Mason, Buddy Hackett und andere. Der New Yorker jüdische Humor packt mich immer wieder. Die Ironisierung von Beziehungen ist seine psychologische Wurzel. Der Film »Dirty Dancing« zeigt in etwa die Art Hotel, in der ich als Kellner in der Bar arbeitete. Wir tanzten dort zu Latino-Musik und auf der Bühne improvisierten Komiker. So hatten wir Nacht für Nacht, sieben Tage die Woche Witze über Witze und eine Menge Spaß.
Einer der ersten Witze, den ich dort mitbekam, ging so:
Ein Mann, der wirklich alles hatte – Macht, Gesundheit, Wohlstand, eine wundervolle Familie – war trotz allem von Unruhe getrieben und wollte unbedingt den Sinn des Lebens herausfinden. So gab er alles auf, was er hatte und begab sich auf eine Reise nach Indien. Nach Monaten der Wanderschaft und vielen Entbehrungen gelangte er schließlich zur Höhle des Meisters. Er fragte den Meister, der da einfach saß und meditierte: »Meister, ich habe alle meinen weltlichen Wohlstand aufgegeben, um den Sinn des Lebens zu finden. Was ist es?« Der Meister ließ sich Zeit und als er schließlich aufschaute, sah er dem Sucher in die Augen und sprach: »Das Leben ist eine Quelle.« Der Sucher war sprachlos und sagte böse: »Das ist alles? Ich gebe alles auf, wandere monatelang herum und alles, was Du mir erzählst, ist, daß das Leben eine Quelle sei! Das soll wirklich alles sein?«
Der Guru, aufgeschreckt durch die Zweifel des Suchers, fragte völlig verwirrt: »Stimmt das denn gar nicht?«
Oder das:
Der bärtige Rabbi stand mit seinen Leuten und einem steinernen Tablett in der Hand auf der Spitze eines Berges, erhob die Augen zum Himmel und rief: »Laß uns jetzt mal Klartext reden! Willst Du wirklich, daß wir uns die Enden unserer Schwänze abschneiden?«

Als ich in den 60ern zu studieren anfing, besuchte ich großartige Vorlesungen. Maslow war ein empfindsames Genie, aber er war überhaupt nicht lustig. Perls war unterhaltsam, aber nicht unbedingt lustig. Und Rogers ruhte einfach in sich und war sanft. Ich erinnere mich, daß ich mich oft langweilte, kaum bewußt zuhörte und einschlief.

Als ich dann selbst anfing, Vorträge zu halten und zu lehren, wollte ich, daß die Menschen etwas erlebten. So begann ich Witze einzustreuen und die Rolle des Narren zu spielen, um das »Clown-Chakra« der Zuhörer zu öffnen. Ich wurde ein Entertainer, ein Unterhalter, nicht nur ein Vortragender. Mein Freund Neil Diamond sagte: »Frankie, willkommen im Showbusiness!« Und er hatte recht.

Indem ich die Menschen zum Lachen bringe, nehme ich den Druck von ihnen. Ich kann sie mit erschreckenden Wahrheiten über sich selbst konfrontieren. Dadurch, daß ich ihnen ermögliche, über mich zu lachen, nehme ich ihnen die Spannung. Sie hören zu, statt anzufangen zu träumen.

Die Witze und Geschichten, die ich erzähle, drehen sich immer um das Thema, über das ich spreche. Indem ich Geschichten über mich erzähle und mich über mich selbst lustig mache, helfe ich, das Thema zu verdauen. Bis heute ist den meisten nicht wirklich klar, daß sie sich eine Art Bewußtseins-Nachtclub-Vorstellung anschauen.

Lange Zeit war ich mir selbst nicht darüber im klaren, was ich tat. Bis ich mir dann eines Tages den Film »Semi-Tuff« (nach dem Buch von Dan Jenkin) ansah. Es geht darin um die EST-Organisation, eine Bewußtseinsschule, die von Werner Erhard gegründet worden war. Kris Kristofferson spielt darin einen typischen EST-Hirni. Er zieht eine junge Frau da mit hinein, die von Jill Clayburgh gespielt wird. Burt Reynolds liebt sie, und um ihre Liebe zu gewinnen, läßt auch er sich auf EST. ein.

Ich habe Burt Reynolds immer gemocht. Er ist einer von den Burschen, die nicht zu kompliziert sind und die ausstrahlen, daß sie da sind, wenn Du sie brauchst. In dem Film ist er eigentlich ganz zufrieden mit sich, geht aber zu EST, um auszukundschaften, was dort läuft. Es gibt viele lustige Szenen mit ihm, vor allem, als er als Kursteilnehmer mit diesem Kursleiter, (der Werner Erhard sein soll), aneinandergerät. An dieser Stelle fiel es mir wie Schuppen von den Augen: »Ich will kein Lehrer wie Werner Erhard sein. Ich will eher wie Burt Reynolds sein und dennoch zugleich Lehrer. Wäre es nicht großartig, wenn Burt Reynolds nach vorne ginge und das Training dort leiten würde?« Seitdem war dies mein Modell zu lehren: einfach, natürlich und lustig, schlagfertig, ganz normal und ich selbst zu sein, ohne Vorgabe, ohne besondere Wichtigkeit und Geheimnistuerei. Studenten, die es nötig haben, ihre Lehrer zu mystifizieren, waren mir immer zuwider. Denn sie bleiben dabei ewig humorlose Sucher. Seit Tausenden von Jahren haben die Religionen den Charakter des humorlosen, anmaßenden Erleuchteten geschaffen, dem kein Mensch auch nur annähernd ähnlich sein kann. Warum sollte einer dem nacheifern wollen?

Mit Klarheit und Humor mache ich das Metaphysische faßbar und das Geheimnisvolle sichtbar. Es gibt so viele Lehrer und Gurus, die als Gefangene ihrer eigenen Erleuchtung nicht mehr in der Lage sind, mit ihren Studenten oder Schülern auszugehen und zu feiern. Am Esalen-Institut in Kalifornien erholten sich früher Lehrer und Studenten gemeinsam nackt in der Sauna. Heute erschaffen wir all diesen mystischen und falschen Imagemist. Typen werden aufgebaut und als perfekt verkauft. Kein Wunder, daß sich dann Leute an sie ranmachen und sie gar niederschießen, wie das in Amerika schon vorgekommen ist. Mit all ihrem Ich-bin-heiliger-als-Du-Scheiß fordern sie das ja geradezu heraus.

Das Ergebnis ist, daß religiöse Sucher leicht zu humorlosen Ignoranten werden, die sich vor »dem Bedeutenden« verneigen. Das Geheimnis besteht darin, sie dazu zu bringen, mit Dir zu lachen, nicht über Dich. Am einfachsten erreichst Du dies dadurch, daß Du über Dich selbst lachen kannst. Ich brauche niemals zu fürchten, daß irgend-

jemand mich niederschießt, weil ich mich bei jeder Darbietung »selbst niederschieße«. Ich biete mich als Zielscheibe an. Stell Dir einfach Burt Reynolds vor, wie er versucht, sich wichtig zu machen! Humor ist Ironie über den Zustand der Menschheit. Du schaust dem ins Auge, worum es im Leben eigentlich geht. Leben, das ist diese ungeheuer wichtige Frage: »Na und?«

Im Englischen buchstabieren wir »Guru«: Gee You Are You (Ha,Ha, Du bist Du!). Der Witz ist, daß das genau das ist, was alle Gurus auf jede Frage antworten. Das Geheimnis ist, diese Antwort jedes Mal neu und witzig zu formulieren. Genieße die Reise!

Qualität 18

Lachen, Humor und Verspieltheit

Lachen: Ein ekstatischer Bewußtseinszustand – jenseits von Gedanken.

Humor: Ein Zustand von Bewußtheit, in dem wir mit ironischem Vergnügen uns selbst und die gesamte Menschheit erleben.

Verspieltheit: Ein bewußter, kindlicher Zustand.

Zusammen ergeben diese Merkmale eine fröhliche Seinsweise:

❍ Du bist bereit, in Deinen Beziehungen närrisch und spielerisch zu sein und aus Deinem Gehirn auszusteigen – oder aus dem, was nach heutigem Wissensstand als Dein Gehirn angesehen wird.

❍ Ohne ernst zu sein, bist Du aufrichtig, lebendig und bereit, alles zu sein.

❍ Du gibst Dein Selbstbild von einem vernünftigen, rationalen, gefestigten Erwachsenen fröhlich auf. Du wirst kindlich, nicht kindisch.

Die meisten von uns glauben, Ernsthaftigkeit sei gleichbedeutend mit Aufrichtigkeit, Effektivität und Echtheit. Tatsächlich hat das recht wenig miteinander zu tun.
Ich kann mich nicht an einen Moment in meinem Leben erinnern, in dem Ernsthaftigkeit einen Wert dargestellt hätte. Ich habe mich hingesetzt und habe sie beobachtet, ich bin selbst ernsthaft damit umgegangen und habe ihren Wert untersucht. Inzwischen bin ich davon überzeugt, daß sie überhaupt keinen Wert an und für sich besitzt. Wenn Du sie bewußt betrachtest, wirst Du feststellen, daß Ernsthaftigkeit ein krankheitsorientiertes, zerstörerisches Verhalten ist.
Wenn Menschen Dich bitten, ihren Worten ernsthaft zu lauschen, dann antworte ihnen: »Nein, danke! Ich werde zuhören und das, was Du sagst, ernst nehmen, aber ich werde nicht ernsthaft sein.«
Arbeitgeber neigen dazu, von ihren Angestellten Ernsthaftigkeit zu verlangen, als ob gerade das ein Indiz für Produktivität und Kompetenz wäre. In Wirklichkeit aber produziert Ernsthaftigkeit Stagnation und Lethargie, dadurch sinkt letztlich die Produktivität.
Seit Jahren haben wir eine Fülle von Daten, die beweisen, daß Menschen schneller lernen, mehr behalten, produktiver und schöpferischer sind, wenn sie gut aufgelegt sind.
Sinn für Humor ist ein geistiger Zustand, in dem Du mit Menschen aufrichtig sein kannst, ohne sie zu verletzen. **Sinn für Humor heißt, darüber zu lachen, daß womöglich gar kein anderer göttlicher Plan für Dein Leben existiert als der, es Dir gutgehen zu lassen.** Wenn Du dies erkennst, weißt Du auch, daß Gott einfach will, daß Du Dein Leben genießt, denn er ist kein Sadist. Stell Dir einfach vor, daß Dir, wie allen von uns, aufgetragen wurde, Deine Rolle in der Göttlichen Komödie des Lebens zu spielen! Deine humorvolle Seite kennenzulernen hat viel damit zu tun, Dich selbst nicht allzu ernst zu nehmen.
Die Menschen, die aus ihrem Leben etwas machen, sind auch die, die lachen. Lachen liegt jenseits des Verstandes. Es heilt und ist für

Dein Überleben und für das Überleben Deiner Beziehungen von großer Bedeutung.
Wenn Du lachst, werden in Deinem Gehirn Beta-Endorphine ausgeschüttet, ähnlich denen, die produziert werden, wenn Du läufst. Diese Endorphine lassen Dich entspannen und offener werden. Du öffnest Dich für Gedanken, für den »nicht-verstehbaren kollektiven Verstand« und für die Kreativität, die dieser geistigen Verfassung innewohnt.
Wenn Du Deinen Sinn für Humor entwickelst,

❍ werden Deine Beziehungen spielerischer, spontaner und lebendiger.
❍ habt Ihr Spaß miteinander und erholt Euch.

Willst Du mit jemandem in einer Beziehung sein, der die ganze Zeit schwermütig ist? Sicher, das gibt es. Ich beobachte immer wieder, wie Verliebte in Restaurants sitzen und über ihre Beziehung reden, statt sie zu genießen. Hört auf damit, hört auf zu quatschen!

❍ Geht und lebt Eure Beziehung.
❍ Geht tanzen.
❍ Geht ins Kino.
❍ Schlaft miteinander.
❍ Erschafft gemeinsam.
❍ Seid einfach zusammen.
❍ Macht was! Irgendetwas!

Nehmt lieber Anteil aneinander und teilt Euch mit, statt zu beobachten und rumzumeckern.
All diese dauernden, ernsthaften Diskussionen werden Deine Lebendigkeit zerstören und jeden, der mit Dir in Beziehung steht. Wer bringt das in Dir hervor? Es muß jemand sein, der auf den Tod setzt! Mit diesem Menschen solltest Du weniger Zeit verbringen.
Tierischer Ernst und Wut sind in Wahrheit die Wurzel aller Krankheit. Umgekehrt ist Lachen das Heilmittel.

❍ Sei auf der Hut vor Ernsthaftigkeit.

❍ Sei bewußt und lache.

Beim Lachen verschwinden alle Gedanken. Lachen und die Abwesenheit von Gedanken sind untrennbare spriritugelle Qualitäten, die über Deinen Verstand hinausgehen. Sie sind Ausdruck des Lebens selbst. Sie sind Deine Lebendigkeit, Deine angeborene Natur. Sie sind metaphysische Qualitäten.

Beim unkontrollierten Lachen vibriert jede Zelle Deines Körpers. Es bringt Dich in einen Zustand tiefer Entspannung. Wir erleben es leider nur selten. Wer ruft unkontrolliertes Lachen in Dir hervor? Es muß jemand sein, den Du zutiefst liebst. Mit ihm oder ihr solltest Du mehr Zeit verbringen. Dieses totale, tiefe Lachen ist die aktive Form von Liebe. Du kannst echtes Lachen weder studieren noch üben. Man kann es nicht proben. Es ist natürlich, spontan, und jeder kann es. Es ist keine Vorbereitung möglich und nötig.

Verspieltheit und Lachen entstammen nicht Deinem Ego. Wenn Du Dich dabei voll hingibst, ist das wie eine außerkörperliche Erfahrung. Es ist so, als hätte Freude vollständig von Dir Besitz ergriffen. Wenn Du lachst, wirst Du in der Tat zu einem Kanal, einem Vehikel für den Ausdruck von Lebendigkeit – von Deiner Lebendigkeit. In unserer Gesellschaft gibt es kaum noch einen Platz, wo unkontrolliertes Lachen erlaubt ist. Wenn ich mich so umschaue, scheint es eher so, als ob Lachen sich gegen das Leben richte. Viele von uns regen sich auf, wenn wir zuviel lachen, wenn wir zulassen, daß andere zuviel lachen. Wir mißtrauen unkontrollierbarem Gelächter, denn es zerstreut unsere Gedanken – die Gedanken, die uns kontrollieren. Kaum einer mag es, außer Kontrolle zu geraten. Deshalb kontrollieren wir unser Lachen.

Du mußt erkennen, daß Lachen Ausdruck Deiner Lebendigkeit ist.

❍ Lachen ist heilende Energie. Sie strömt aus Deinem tiefsten Innern an die Oberfläche, um mit anderen geteilt zu werden.

❍ Echtes Lachen ist ansteckend. Auch seine heilende Wirkung steckt an.

Wenn das Denken aufhört, beginnt die Energie aufgrund der Entspannung zu fließen.

Wenn Du mit jemandem lachen kannst, gibt es nichts, was ihr beiden nicht überwinden könntet. Ihr seid stärker als jedes Problem oder Ereignis. Dein Leben und Deine Beziehungen sind nicht dazu da, Ernst zu verbreiten. Du verstehst und würdigst das Leben nur dann wirklich, wenn Du lachst.

Lachen ist ein hochentwickelter Bewußtseinszustand, den es nur bei Menschen und ihren unmittelbaren Vorfahren gibt.

Es ist sehr gut möglich, daß Lachen ein Weg zu Deinem Höheren Selbst ist. Vielleicht ist es sogar der einzig wahre Weg zu erleuchtetem Bewußtsein.

❍ Wenn Du lachst, bringst Du die Liebe selbst zum Ausdruck.

Den meisten von uns wurde jedoch beigebracht, Ernsthaftigkeit sei ausgesprochen wertvoll. Unglücklicherweise verwechseln wir Ernsthaftigkeit oft mit Empfindsamkeit, Interesse, Mitgefühl, Verpflichtung und Disziplin.

Unsere Gesellschaft bewertet »Reife« sehr hoch. Es gilt als Beweis für Reife, mit allem Wesentlichen ernsthaft umzugehen. Fröhlichkeit gilt als Frivolität, sie hat einen schlechten Ruf. Ernsthaftigkeit zeuge von Reife, sie sei gut und richtig – dieses Mißverständnis führt oft zu Jammern, Klagen, Langeweile. Es erzeugt das Gefühl, in der Falle zu sitzen.

Leider haben die meisten von uns gelernt, Ernsthaftigkeit sei ein anstrebenswerter Zustand, ein Zustand, der hoch geachtet werden müsse, eine Verpflichtung, die zwar schwierig, aber lebensnotwendig sei. Überall begegnet sie Dir. Wenn aber jeder ernst ist, wie können wir dann glücklich sein?

Wir kamen glücklich zur Welt. Alle unsere Gedanken beschäftigten sich mit unserem Glücksgefühl. Schließlich wurde dies zu Egoismus umgedeutet von Erwachsenen, die eifrig damit beschäftigt waren, sich Sorgen um die Welt zu machen. Dieses Muster haben wir ins Erwachsenenleben mit hinübergenommen. Oft wird es als Indikator für Erwachsensein schlechthin betrachtet.

❍ Wie oft hast Du Dich über das Glück eines Kindes, eines Geliebten, eines Freundes geärgert?

❍ Wie oft hast Du Dich in Deinem Leben darüber aufgeregt, daß jemand um Dich herum glücklich war?

Viele Erwachsene glauben nicht, daß die Welt oder das Leben besonders freudvoll seien. Das geben sie dann auch an ihre Kinder weiter. Wir pflanzen ihnen ein Glaubensmuster ein, das sie angeblich vor Leiden schützt. Auf beinahe berechnende Art zerstören wir damit die Lebensfreude und Lebendigkeit des Kindes.

Von den ersten Tagen unserer Kindheit bis zum Erwachsensein verwandelt sich unsere Vorstellung von Glück in

❍ Hoffnung (das christliche Wort für »Sorge«),

❍ Geld,

❍ Vergänglichkeit.

Schon früh im Leben erzählt man uns: »Sei nicht so egoistisch!«.

Langsam wachsen wir in die Vorstellung hinein, Freude über stetes, persönliches Glück zu erleben, sei falsch – oder doch zumindest unwichtiger als alles andere.

Uns wurde erzählt: »Nimm immer Rücksicht auf die anderen!«

Auf diese Art bekommen wir unterschwellig vermittelt, wir könnten die »anderen« glücklich machen, wenn wir leiden. Ein altes Lied dieser Sorte, an das wir uns alle erinnern, ist: »Iß Deinen Teller leer! In Indien sterben die Menschen an Hunger!« ...als ob der Hunger in der Welt verschwinden würde, wenn wir nur immer alles aufessen.

Ich habe diese Logik für mich einmal weitergesponnen: Vielleicht sollte ich mit allen attraktiven Frauen schlafen, die ich finden kann, um all der geilen Männer Kanadas willen. Als ich diesen absurden Gedanken allerdings äußerte, lachte kein Mensch. Im Gegenteil, ich wurde der Unmoral bezichtigt, was immer das heißen mag.

Auch Religion, die doch eigentlich vor allem fröhlich sein sollte, wurde den meisten von uns so ernsthaft vermittelt, als ob wir sie fürchten sollten. Früh lernten wir: »Dafür kommst Du in die Hölle!« – »Gott wird Dich dafür bestrafen!«

Ich freute mich nie sonderlich auf den Kirchgang. Ich wollte mit dieser allwissenden, strafenden Predigerei nichts zu tun haben. Wirklich, es gelang mir nicht, den Witz darin zu entdecken. Jetzt vielleicht eher, im Rückblick.

Ich hege schon lange den Verdacht, daß das Christentum durch das Kreuz repräsentiert wird, weil das für die meisten unwissenden Christen Schmerz, Tod und Leiden symbolisiert. Nur wenige scheinen zu erkennen, daß das Kreuz Transformation bedeutet – Jesus, der Mensch, der sich in Christusbewußtsein verwandelt.

Ich nehme auch an, daß Christus viel fröhlicher war, als sie uns glauben gemacht haben. Immer erzählen sie von seiner Ernsthaftigkeit, nie von seiner Verspieltheit. Jeder Mensch, der gutes Essen, Wein und geselliges Zusammensein mit Freunden schätzt, lacht auch. Es ist logisch, daß Christus sehr wohl Spaß an Humor hatte, auch wenn es keine Darstellungen von einem lachenden Christus gibt. Es ist doch wohl kaum möglich, daß ein Mann um die 30, der bei opulenten Festessen mit seinen Freunden Wein trinkt, nicht lacht.

In Wahrheit ist der göttliche Plan für Dein Leben, es Dir gutgehen zu lassen. Leider ist es beinahe ein Widerspruch in sich, Christ, Jude oder Moslem und gleichzeitig fröhlich zu sein.

Meistens haben wir gelernt, daß die Welt ein Ort des Leidens sei und daß auch wir als Teil davon zumindest hin und wieder leiden müssen, schon um in Einklang damit zu sein. Denn glücklich, fröhlich und voller Lachen zu sein, heißt unsensibel, gedankenlos oder sogar grausam denen gegenüber zu sein, die eifrig damit beschäftigt sind zu leiden.

Aus diesem Grund fühlen wir uns oft schuldig oder halten unser Lachen in Augenblicken des Glücks zurück. Unser Verstand funktioniert so.

Ich erinnere mich, daß in der Zeit, als ich ein junger Mann war, die Mädchen, denen ich mich sexuell näherte, mich in der Regel eine angemessene Zeit zurückwiesen, als ob sie zunächst ihr Gewissen befriedigen mußten, bevor sie anfangen konnten, sich zufriedenzustellen und eine gute Zeit zu haben.

Sex ist für die meisten zivilisierten Erdlinge eine ziemlich ernste Geschichte. Sie wälzen sich im Bett herum und machen Liebe, als kämen sie einer Pflicht nach. Wir verbergen oft, daß es uns gutgeht, haben Angst, in Ekstase die Kontrolle zu verlieren und lehnen es ab, uns unserem Vergnügen und Glück hinzugeben. Oder wir eifern romantischen Phantasien nach, die an eine angestaubte Kopie billiger Trivialfilmszenen erinnern.

Es ist kein Wunder, daß viele Menschen unglücklich sind. Stell Dir vor, Du bist so ernst, daß Du Dich selbst der Befriedigung durch einen Orgasmus beraubst. Eine Menge Leute tun das noch immer. Und selbst wenn sie einen Orgasmus haben, befällt sie der Ernst. Ihr Verstand sagt ihnen: »Es sieht nicht so aus, als ob das in Ordnung war. Was wird mein Partner denken?« – »Was, wenn die Kinder es hören?« Vielleicht fühlen sie sich gar schuldig, was in Wahrheit heißt, daß sie fürchten, andere könnten ihren Spaß an Sex mißbilligen. Wir haben es sogar geschafft, Schuld zu erschaffen, schon bevor Du überhaupt an Sex denkst, so daß Du in jedem Fall verlierst. »Mit oder ohne Sex, sei auf alle Fälle ernst!« lautet die tödliche Botschaft.

Diejenigen aber, die den Sex genießen

- ❍ weinen,
- ❍ schreien,
- ❍ lachen,
- ❍ kichern,
- ❍ kreischen,
- ❍ dramatisieren,
- ❍ plaudern und spielen.

Sie sind lebendig, und sie genießen das, was ihre Lebendigkeit erschaffen hat. Sie sind nie sicher, welche Gefühle an die Oberfläche gelangen. Aber die meisten denken noch immer, es sei besser, kontrolliert zu sein, weil sie sonst möglicherweise töricht aussehen. Und dann ist da natürlich »Gott, der große Voyeur«. Was würde er von all diesem Vergnügen halten?

Hunderttausende von Menschen geben an, daß sie sich sexuell unbefriedigt fühlen. Sie stecken in einer doppelten Zwickmühle: Wenn sie sich gehenlassen, fühlen sie sich schuldig. Wenn sie sich aber zurückhalten, berauben sie sich selbst und fühlen sich nunmehr dafür schuldig. Das gibt ihnen dann in jedem Fall die Möglichkeit, auf ihre Partner böse zu sein und ihnen vorzuwerfen, daß sie unbefriedigt bleiben.

Angesichts all Deiner Konditionierungen ist eine bestimmte Bereitschaft nötig, loszulassen und aufzuhören, ernst und berechnend zu sein. Wenn Du glücklich bist und plötzlich die ernste Stimme in Deinem Kopf anfängt, sich in Dein Vergnügen einzumischen, ignoriere sie. Erlaube ihr zu verschwinden. Gib dieser Ernsthaftigkeit keine Aufmerksamkeit mehr, die über simples Beobachten dessen, was ist, hinausgeht. **Aufmerksamkeit erschafft Formen, die Deinen Verstand füttern**. Das steigert Deine Aufmerksamkeit nur und verstärkt noch Deine Ernsthaftigkeit. Lausche statt dessen Deinem Lachen. Laß Dich davon umgarnen und nähere Dich so Deiner Lebendigkeit. Wenn Du Lebendigkeit zum

Ausdruck bringst, erlebst Du weder Ernst, noch Schmerz oder Schuld. Sobald aber Ernsthaftigkeit ins Spiel kommt, bewegst Du Dich von Deiner Lebendigkeit weg und hin zum Tod.
Wenn Du lachst, fallen Grenzen und Beschränkungen. Deine Energie verschmilzt mit der Existenz, und Du löst Dich im Leben auf.

❍ Versuche jetzt nicht, glücklicher zu sein oder mehr zu lachen!

❍ Hör auf zu üben. Sei einfach!

❍ Werde bewußter und Lachen wird ganz natürlich und von selbst entstehen.

❍ Gehe ganz in Deinem Leben auf, in Deiner Lebendigkeit und das Lachen wird plötzlich da sein. Lachen ist eine Überraschung.

Ein glücklicher Mensch denkt niemals über das Glücklichsein nach. Glück und Lachen entspringen nicht unserer Gedankenwelt, sie existieren jenseits dessen, was wir derzeit als unseren Verstand bezeichnen. Sie sind Seinszustände.

❍ Hör auf, krampfhaft lachen zu wollen. Wenn Du das tust, bist Du einfach mit vollem Ernst dabei, etwas einfangen zu wollen, das sich nicht fangen läßt.

❍ Setze Dich unmittelbar in Aktion, und Dein Ego wird dem Gelächter weichen.

❍ Laß so oft es geht davon ab, Dich wichtig zu machen. Werde Dir bewußt, daß dieses »Du bist wichtig« auf absurde Weise überbewertet wird. Begreife Dich statt dessen als **einzigartig im großen Geflecht der Dinge**.

❍ Hör auf damit, Dich um alles und jeden zu kümmern. In Wahrheit erfordert die Kunst des Glücks und des Lachens auch ein wenig gewählte Vergeßlichkeit.

Das größte Vergehen gegen Beziehungen ist die Vorstellung, sie müßten ernsthaft sein. In Deinen Beziehungen ernsthaft zu sein heißt, Deine Beziehungen abzuwürgen.

❍ Sei statt dessen aufrichtig!

❍ Sei statt dessen aufmerksam!

❍ Sei statt dessen bedachtsam!

❍ Sei statt dessen mitfühlend!

❍ Aber hör damit auf, ernsthaft zu sein. Ernsthaftigkeit ist eine Krankheit, die Du nicht nötig hast.

❍ Ernsthaftigkeit mag sich sehr wohl als die Quelle aller Krankheit herausstellen.

Ein lebendiger, gesunder Mensch kann nicht ernst sein. Es kann nur jemand ernst sein, der seine Wurzeln und seine Verbindung zur Existenz verloren hat.

Wenn Du einen Rosenbusch mit den Wurzeln ausreißt, stirbt er. Wenn Du einen Fisch aus dem Wasser ziehst, stirbt er. **Wenn Du aufhörst zu lachen, stirbst Du**.

❍ Riskiere es und bewege Dich von der Angst zum Lachen.

❍ Hör den Kindern zu. Lerne von ihnen, und sie werden von dem, was Du lernst, profitieren.

❍ Mach Dir diese Wahrheit klar – **Lachen ist das vergessene Gebet**. Gott und alles, was existiert, hört Dich immer dann, wenn Du lachst.

❍ Lösche alles aus Deinen Beziehungen, was Lachen verdammt.

❍ Mache Dir klar, daß es nichts zu diskutieren gibt, daß Worte nicht nötig sind, wenn Du und Dein Geliebter oder Deine Geliebte lachen.

❍ Hör damit auf, diese ernsten, toten Beziehungen zu modellieren. Eine Beziehung, die nicht regelmäßig in ausgedehntem Lachen wiedergeboren wird, stirbt.

Wenn Du total lachst, heilst und reinigst Du Dich. Für einen Moment bist Du wieder ein unschuldiges Kind, voller Wunder. Dann kommt plötzlich eine tiefe Stille – Augenblicke nach einem Sturm. Das passiert, wenn das Gehirn einen Moment lang aufgehört hat zu arbeiten. Du bist entspannt, ausgeruht und ohne Gedanken.

Würdige das viel öfter und nimm Deine Lebendigkeit wahr. Sobald Du feststellst, daß Du dabei bist, wirklich tief in den Ernst des Lebens zu sinken, riskiere noch einen Blick und lache im Wissen, daß Leben und Lachen untrennbar eins sind.

Lachen will geteilt sein

Lebe in Lachen,
auch wenn Du von Ernsthaften umgeben bist.

Umarme jemanden,
auch wenn Du von Ängstlichen umgeben bist.

Tanze mit Dir selbst,
auch wenn Du nur unter Paaren bist.

Lache laut heraus,
auch wenn Du unter den Vieldenkern bist.

Singe unter der Dusche und auf der Straße,
auch wenn Du von Tauben umgeben bist.

Lachen will geteilt sein.
Lachen zu teilen ist Liebe.

Selbstentdeckung

Qualität 18

Lachen, Humor und Verspieltheit

Lachen: Ein ekstatischer Bewußtseinszustand – jenseits von Gedanken.

Humor: Ein Zustand von Bewußtheit, in dem wir mit ironischem Vergnügen uns selbst und die gesamte Menschheit erleben.

Verspieltheit: Ein bewußter, kindlicher Zustand.

Zusammen ergeben diese Merkmale eine fröhliche Seinsweise:

❍ Du bist bereit, in Deinen Beziehungen närrisch und spielerisch zu sein und aus Deinem Gehirn auszusteigen – oder aus dem, was nach heutigem Wissensstand als Dein Gehirn angesehen wird.

❍ Ohne ernst zu sein, bist Du aufrichtig, lebendig und bereit, alles zu sein.

1. Nimm die Beziehungen in Deinem gegenwärtigen Leben wahr, in denen Du Humor, Lachen und Verspieltheit erlebst. Zähle drei auf.

____

____

____

Begreife, daß Du diese Beziehungen liebst.

2. Schließe Deine Augen und rufe Dir ins Gedächtnis, wie Du Dich fühlst, wenn Du Spaß hast. Nimm wahr, was oder wer Dich von diesem Lachen und dieser Lebendigkeit abbringt. Bist Du aus freier Wahl in dieser Beziehung? Wenn ja, warum?

____

____

____

Sei bereit, diese Beziehung in eine solche zu verwandeln, die Deine Lebendigkeit unterstützt.

3. Nimm wahr, wann Du anderen ihre Verspieltheit nimmst. Zähle drei Gelegenheiten auf und die Gründe dafür.

____

Warum? __________________________________

____

Warum? __________________________________

____

Warum? __________________________________

4. Schließe Deine Augen und erinnere Dich an das Lustigste, was Du je gemacht oder erlebt hast. Erlebe dieses Ereignis nun noch einmal und nimm wahr, wie Du Dich fühlst.

5. Nimm wahr, wo Dir in Deinem Leben erlaubt ist zu lachen. Zähle drei Plätze auf.

____

____

____

Gehe die bewußte Verpflichtung ein, dort öfter hinzugehen.

6. Nenne drei Menschen, die zu Dir einmal gesagt haben: »Das ist aber gar nicht lustig«.

____

____

____

Nimm das nicht mehr wichtig und nimm statt dessen wahr, wie lustig sie sind.

7. Welche Spiele spielst Du am liebsten? Zähle drei auf.

____

____

____

Spiele sie alle drei diese Woche wenigstens einmal.

8. Lausche dem Lachen Deiner Kindheit. Wie hast Du als Kind gelacht?

____

____

____

Erlaube Dir nun, loszulassen und in dieses unkontrollierte Lachen auszubrechen, das aus Deinem Bauch blubbert, bis Du Dich vollständig, geheilt und entspannt fühlst.

Lies erst und mach dann folgendes:

❍ Entspanne Dich.

❍ Schließe Deine Augen.

❍ Erlebe wieder das Zuhause Deiner frühsten Kindheit.

❍ Höre das Lachen Deiner Kindheit.

❍ Laß nun los und erlebe Deine natürliche Freude und Dein Lachen wieder.

Qualität 19

In Beziehung sein

Im Seminar »Lebendige Beziehungen« behandle ich diese Qualität zunächst als Phänomen auf der physischen, d.h. körperlichen Ebene. Doch eigentlich geht es um viel mehr als das. Es ist metaphysisch. Es ist eine spirituelle Qualität: das Wissen, daß wir alle nicht nur auf ganz offensichtlichen Ebenen zueinander in Bezug stehen – wie wir etwa alle zur Gattung Mensch gehören –, sondern daß wir darüber hinaus auch auf einer außergewöhnlichen Ebene jenseits dieser physikalischen Raum-Zeit-Realität miteinander verbunden sind.

Wenn wir aufhören, uns nur an der Realität zu orientieren, werden wir zu dem, was wir wirklich sind: multidimensionale Wesen, die gleichzeitig in unendlich vielen Realitäten jenseits von Raum und Zeit existieren.

An der Stelle im Seminar, die sich mit dem In-Beziehung-Sein beschäftigt, wechsle ich die Bewußtseinsebene. Ich kommuniziere nicht länger von meiner physischen Existenz aus; ich kommuniziere nicht länger mit der physischen Existenz der Anwesenden. Ich begebe mich vielmehr in eine Kommunion mit unserem kollektiven Selbst. Wir machen dann die Meditation »Gesichter in der Zeit«, die den Teilnehmern hilft, die Realität, die sie für sich akzeptiert haben, zu verlassen und zu einer anderen Ebene von Bewußtheit zu gelangen. Ihr

Bewußtsein wird dadurch frei, andere bekannte und unbekannte Wesen zu erforschen.

Diese Meditation mache ich seit 1958 regelmäßig. John C. Lilly hat sie mir beigebracht. Niemals hatte ich in mehr als 30 Jahren dabei zweimal das gleiche Erlebnis. Die körperliche Gestalt meines Gegenübers wird ein Kanal für andere Wesenheiten, die sich mir offenbaren. Dieses In-Beziehung-Sein auf höchster Ebene erlaubt auch Dir zu erleben, was ich all die Jahre hindurch erlebt habe:

- *Das Leben setzt sich aus einer unendlichen Anzahl von Leben zusammen.*
- *Leben ist kontinuierlich. Geburt und Tod sind nichts als Zeitgrenzen im Rahmen der ewigen Erfahrung von Leben.*
- *Das physische Leben existiert nicht unabhängig von den Gedanken dessen, der daran teilhat.*
- *Wir erschaffen unser Leben und unsere Beziehungen. Wir erkennen dies, sobald sie jenseits von Zeit geschehen.*
- *Jedes Leben erzeugt höheres Leben, das wiederum unzählige höhere Leben erschafft.*
- *Wir existieren in allen Leben gleichzeitig. Was uns von uns selbst trennt, ist unser Glaube.*
- *Wir sind nicht, was uns beigebracht wurde. Wir sind Bewußtsein, Leben, Gedanke, Energie, Licht, Liebe. Wir wandeln uns. Wir überschreiten Raum und Zeit, wir sind unsterblich. Wir sind Schöpfer, die die Wahl getroffen haben, zu dieser Zeit und zu diesem Raum in Beziehung zu sein.*

Ja! Du und ich, wir kennen uns, sonst würdest Du das hier nicht lesen. Wir stehen in Beziehung. Das ist es, was Erleuchtung wirklich bedeutet. – All die Gesichter in der Zeit kommen und gehen. All die Menschen in diesem Leben kommen und gehen. Sie schaffen Raum für andere, damit sie mit mir in Beziehung treten können. – Ich danke Euch allen für diesen Beitrag!

Qualität 19

In Beziehung sein

In Beziehung sein: Kein Anfang, kein Ende, nur Veränderung in Beziehungen. Verbunden sein. Aus freier Wahl mit jemandem oder etwas kommunizieren.

Veränderung: Die Gelegenheit, etwas zu verbessern. Von einem Zustand zu einem anderen gelangen. Etwas verwandeln oder anders machen. In der äußeren Form variieren. Kurz: ein neues Ergebnis erschaffen.

Das bewußte Erlebnis, daß es keinen Anfang und kein Ende gibt, daß es in Beziehungen nur Veränderung gibt, verändert die Erfahrung Deines Lebens insgesamt. Manchmal ist diese Bewußtheit so klar, daß die Zeit vertikal verläuft. Dann sind Vergangenheit, Gegenwart und Zukunft eins.

❍ Du bist die einzige Konstante in Deinem Leben.

❍ Alles andere ist Illusion.

Du wirst feststellen, daß es nur eine Handvoll Menschen gibt, die in Deinem Leben bis heute dauerhaft eine Rolle spielen. Es wird Zeit zu erkennen, daß dies besondere Menschen für Dich sind. Du liebst sie offensichtlich und sie lieben Dich. Du liebst diese Menschen so sehr, daß Du ihnen gestattest, sich mit Dir zu verändern, so wie sich Deine Beziehung zu ihnen verändert.

Andere Menschen kommen und gehen. Sie verändern sich und bewegen sich weiter. Das ist gut so. Stell Dir einmal vor, jeder, den Du je getroffen hast, wäre in Deinem Leben geblieben. Dann hätten viel weniger Menschen die Möglichkeit, zu Deinem Leben etwas beizutragen.

Menschen müssen kommen und gehen. Sie heilen sich selbst und Dich, einfach dadurch, daß Ihr miteinander in Beziehung steht. Sie teilen Bereiche ihres Lebens mit Dir. Wenn sie sich weiterbewegen und Dein Leben verlassen, geben sie anderen Menschen Raum, zu Deinem Leben beizutragen und Dich zu heilen. – Stell Dir einfach vor, wie es wäre, wenn sie alle blieben – wie dick Dein Adreßbuch sein müßte – all die Geburtstage, Hochzeiten und Beerdigungen. Warum bricht unsere Welt zusammen, warum regen wir uns jedes Mal auf, wenn jemand aus unserem Leben verschwindet? Weil wir mehr in Begriffen von **Ende und Beendigung** als von **Vollendung und Anerkennung** denken. Unser Leben und unsere Beziehungen verändern sich ständig. Das ist der Schlüssel.

Beziehungen verändern ständig ihre Form. Verwandlung ist die Fähigkeit, Erfahrungen jenseits von festen Formen zu machen. Das ganze Geheimnis liegt darin,

❍ sich dessen bewußt zu sein und
❍ mit Veränderungen zu rechnen.

Liebe und gegenseitiger Respekt sind dann die logische Konsequenz. Plötzlich erlebst Du Menschen, ohne darauf zu bestehen, daß es in Deinen Beziehungen einen Anfang, eine Mitte oder ein Ende geben muß. Du kannst sie in Deinem Leben haben, ohne sie definieren zu müssen. Beziehungen werden langfristig und faszinierend. Es entsteht Verbundenheit, Erregung und Abenteuer. Ihr respektiert einander. Wenn Du für jemanden auf diese Weise offen bist, trennst Du Dich nicht länger von anderen Menschen. Du machst Dir keine Sorgen, daß sie nicht genau die Form haben, in der Du sie haben willst. Unser Verstand denkt in Begriffen von Zeit: Anfang, Mitte und Ende. Er muß so denken, um zu funktionieren, um Dinge zu erledigen, um in der Schule oder mit der täglichen Arbeit klarzukommen, um eine Aufgabe zu lösen, um im materiellen Universum zu überleben.

Deshalb ist Übung erforderlich, um Dein Leben ohne Anfang, Mitte oder Ende zu erleben. Wenn Du Dich jedoch einmal in diese Richtung bewegst, wird Dein Leben alle möglichen neuen Bedeutungen annehmen. Es entsteht eine Form von Lebendigkeit, die Du bereits als Kind hattest – doch diesmal erschaffst Du sie bewußt selbst.

Wenn diese Qualität – kein Anfang und kein Ende – in Deinen Beziehungen vorhanden ist, wirst Du einfach zulassen, daß sie sich verwandeln. Kinder können erwachsen werden und mit ihren Eltern Freundschaft schließen. Elterliche Zustimmung ist nicht länger die Basis für diese Beziehung. Die Bewertungen verschwinden und Du lernst, mit jedem anderen so zu sein, wie Du bist.

Du gehst über das oberflächlich Offensichtliche hinaus. Du erkennst den roten Faden, die Verbundenheit, die alles durchzieht, auch Dein Leben. Du wirst Dich dramatisch verändern. Schließlich wird Dir klar, was Einstein wußte:

»Du kannst nichts beginnen, was bereits begonnen wurde; Du kannst nichts beenden, was ohne Ende ist!«

Einstein veränderte unsere Sicht der Welt völlig. Er bestärkte die Erkenntnis, daß unser Leben experimentell ist.

Meist definieren wir zunächst etwas, bevor wir es tun. Wir machen es uns mit unserem Bewertungskatalog bequem. Oder wir hören auf, Erfahrungen zu machen und winden uns in ständigem Grübeln dem Tod entgegen. Genau hier beginnt der Prozeß des Sterbens, genau hier verschwindet jede Form von Lebendigkeit.

Das Geheimnis, wie Du dieser Sackgasse entkommst, liegt darin, zunächst etwas zu tun und erst durch die Erfahrung zu Schlußfolgerungen zu kommen. Dadurch entdeckst Du eine allumfassende Verbundenheit – eine »innere Ordnung«.

❍ **Du bist in Beziehung** – jenseits aller Biologie.

❍ Du bist in der Lage, Dich auf Männer nicht nur als »Männer« und auf Frauen nicht nur als »Frauen« zu beziehen.

❍ Du beziehst Dich auf andere nicht in Kategorien, etwa als wohlhabend oder arm, als Europäer oder Amerikaner, als schwarz oder weiß.

Natürlich siehst Du diese Unterschiede und weißt sie auch zu schätzen. Wesentlich für Dich ist jedoch nicht das Äußerliche, sondern die innere Bindung. Diese Verbundenheit ist das, was Du wirklich bist. Wenn Du das erkennst und die Verbundenheit in Deinen Beziehungen enlebst, beginnen sie sich zu verändern. Einige werden stärker und fröhlicher. Andere lösen sich vielleicht auf. Womöglich läßt Du Dich sogar scheiden, was natürlich auch schmerzlich sein kann angesichts all Eurer gemeinsamen Erfahrungen, Eurer Kinder und Eures gemeinsamen Besitzes.

Nach meiner eigenen Erfahrung können Kinder meist den Schmerz einer Trennung verarbeiten. Es sind eher die Eltern, die sich damit schwertun. Natürlich versetzt eine Scheidung den Kindern zunächst einmal einen Schock. Vielleicht denken sie sogar, sie seien daran schuld. Eigentlich fürchten sie jedoch, die **selbstverständliche Liebe** eines der Elternteile zu verlieren.

Kinder sehen

❍ den roten Faden,

❍ das In-Beziehung-Sein,

❍ die Verbundenheit,

❍ das Unausgesprochene,

❍ und die Liebe.

Wenn sie die Sicherheit haben, daß beide Eltern sie lieben und weiterhin lieben werden, können sie mit dieser Veränderung, die wir als Scheidung bezeichnen, gut umgehen.

Kinder ändern ihre Spielregeln oft, behalten aber die Freunde. Erwachsene lassen Freunde und Geliebte fallen, nur um das Spiel am Laufen

zu halten. Die meisten Erwachsenen orientieren sich in unserer Gesellschaft mehr an der Form als am Wesen des Menschen.
Wir sind alle zunächst Wesen, menschliche Wesen. Wir müssen uns auf die äußere Form konzentrieren, um in der Welt zu funktionieren. Gleichzeitig müssen wir aber auch begreifen, daß wir in Wahrheit formlose Wesen sind, die sich in vertikaler Zeit kontinuierlich verwandeln. Du kannst dies auf jede mögliche Art erleben. Wenn Du den roten Faden des In-Beziehung-Seins nicht aus den Augen verlierst,

- verwandelt sich dieser Faden in Liebe und Respekt für andere Menschen, gleichgültig, in welcher Form oder Verwandlung sie sich gerade befinden.
- vollenden wir unsere Beziehungen bereitwillig, statt Angst vor ihrem Ende zu haben. Wir erschaffen neue und aufregende Erlebnisse.
- erleben wir neue Spiele und Verbindungen mit dem gleichen menschlichen Wesen. Mit anderen Menschen entstehen neue Verbindungen.
- werden wir schließlich zu dem, was wir wirklich sind – Teil eines Netzwerks formloser Wesen, die zusammen ein Gemeinsames bilden – ganz ähnlich wie Sterne einer Galaxis.

Selbstentdeckung

Qualität 19

In Beziehung sein

In Beziehung sein: Kein Anfang, kein Ende, nur Veränderung in Beziehungen. Verbunden sein. Aus freier Wahl mit jemandem oder etwas kommunizieren.

Veränderung: Die Gelegenheit, etwas zu verbessern. Von einem Zustand zu einem anderen gelangen. Etwas verwandeln oder anders machen. In der äußeren Form variieren. Kurz: ein neues Ergebnis erschaffen.

1. Benenne drei Situationen Deines Lebens, in denen Du Dich verbunden fühlst, in Kommunikation mit der Existenz (z.B. wenn Du einen Sonnenuntergang oder Sonnenaufgang betrachtest, Geschlechtsverkehr usw.)

Erkenne diese Verhaltensweisen an und lasse sie häufiger geschehen.

2. Was bist Du bereit zu verändern oder anders zu machen in Deinem jetzigen Leben? Benenne drei Dinge! Hast Du das denen, die davon betroffen sind, mitgeteilt?

---

3. In welchem Bereich Deines Lebens warst Du erfolgreich, weil Du die Fähigkeit und Bereitschaft gezeigt hast, eher Vollendung als »das Ende« zu erleben?

Erkenne nun die Menschen an, die bereit waren, das mit Dir zu tun.

4. Wie hat das Vorbild Deiner Eltern, ihre Art in Beziehung zu sein, Dich beschränkt?

---

5. Wie hat das Vorbild Deiner Eltern, ihre Art in Beziehung zu sein, Dich unterstützt?

6. Wie hast Du die Fähigkeit, in Beziehung zu sein, die Du als Kind gelernt hast, verbessert?

7. Wie beeinflußt die Denkweise Deiner Eltern noch immer Dich und Deine Beziehungen?

8. Wie beeinflußt Deine Art zu denken Deine Beziehungen?

9. Benenne, auf welche Art und Weise sich Dein Leben immer wieder verwandelt hat.

10. Benenne Menschen aus Deinem Leben, die Du jetzt als formlose Wesen erlebst, Wesen, mit denen Du Dich augenblicklich so stark verbunden fühlst, daß diese Verbindung aus einer anderen Zeit stammen muß.

Qualität 20

Die Präsenz von Liebe

Für mich ist Liebe, was immer Du sie gerade sein läßt. Sie ist ein Raum, den Du mit entsprechenden Gefühlen füllen kannst. Liebe ist etwas, das Du nutzen solltest. Ich denke, alles, was dazu nötig ist, ist Bewußtheit. Wenn ich meinen Sohn bewußt liebe, erlaubt mir dieses Bewußtsein, ihn bedingt oder bedingungslos zu lieben, je nachdem, was gerade angemessen und von Wert ist.

Nicht-gebundene, bewußte Liebe macht mir am meisten Spaß, denn sie ist ohne Bewertungen. Sie läßt mich die Freude der Liebe erleben, die Freude darüber, daß es diesen Menschen gibt. Das ist es. Seine oder ihre bloße Existenz ist genug. Es gibt diese Menschen in meinem Leben; mein Sohn, mein Vater, Tina, Veeresh, Vinny, Michael und andere. Sie rufen in mir die Erfahrung von Liebe wach, weil ich froh bin, daß es sie gibt. Wenn ich dies voll erleben kann, bin ich total lebendig und von der Welt begeistert.

Sich romantisch zu verlieben ist eine Illusion – allerdings keine schlechte. Da ich einfach weiß, daß diese Illusion sich verändern wird, springe ich direkt hinein, spiele so viel wie möglich, bevor das Spiel wieder vorbei ist. Wenn ich verliebt bin, weiß ich, daß ich voll leidenschaftlicher Lust bin und ich sage dann einer Geliebten auch mal: »Ich bin scharf auf Dich!«, was sie entweder anmacht oder nicht.

Bewußt zu sein zerstört Illusionen. Dafür kannst Du die Klarheit genießen, die sich daraus ergibt. Wenn jemand Dir sagt: »Ich liebe Dich!«, meint er sehr oft: »Ich habe Lust auf Dich!« oder »Ich brauche Dich!« oder »Ich will Dich kontrollieren und benutzen!«
Ich lasse die Illusion geschehen und genieße sie, solange sie eben dauert. Ich nehme und gebe so viel wie möglich. In solchen Beziehungen werde ich kaum jemals verletzt, denn ich weiß, was ich sage, wenn ich sage: »Ich liebe Dich!«. Ich meine: »Ich liebe Dich und Du hast großes Glück, daß ich Dir das gebe.«
Ja, das klingt selbstsüchtig, aber jede Liebe ist so. Denn unser Liebesobjekt – Mensch oder Ding – verkörpert etwas, das uns selbst wertvoll ist und das wir lieben. Seid also selbst-süchtig und liebt Euch selbst durch den anderen.

Qualität 20

Die Präsenz von Liebe

Liebe: Das Nichtvorhandensein aller negativen Gedanken und Gefühle. Leer sein.

Wenn Du Dir der Liebe in Deinem Innern bewußt bist,
❍ genügt die Liebe sich selbst. Sie ist an nichts gebunden.
❍ erkennst Du, daß Liebe aufhört Liebe zu sein, sobald sie an etwas gebunden ist. Sie wird zu Manipulation.
❍ erlebst Du Dich selbst als Liebe und es geschieht einfach, daß Du andere liebst. Du bist jenseits von Bewertungen.
❍ ist Dir klar, daß Deine Beziehungen eine Ausdehnung Deiner Liebe sind.

❍ haben Deine sexuellen Erlebnisse die Qualität der Liebe. Intimität geschieht einfach.

❍ strömt Liebe aus vielen Quellen auf Dich zu. Dadurch kannst Du vielen Liebe geben, auch denen, die aus Unwissenheit nicht in der Lage sind, Dich zu lieben.

❍ hast Du nur liebevolle Beziehungen, die Dich Dir selbst und anderen öffnen. Du hast keine Beziehungen, die nur scheinbar liebevoll sind, Dich niedergeschlagen machen und Deine Lebenserfahrung einengen.

Liebe ist ein Phänomen der Gegenwart. Sobald Liebe in die Zukunft projiziert wird, löst sie sich auf in Enttäuschung. Das Geheimnis ist, zu lieben und darauf zu achten, kein Versprechen daraus zu machen.

Es gibt zwei allgemeine Definitionen, mit denen wir Liebe beschreiben können:

❍ *Sich verlieben* - was von anderen abhängt,

❍ Dich selbst *als Liebe* erleben - ein Überfließen dessen, was Du bist.

Jedes Mal, wenn Du Dich *verliebst*, erliegst Du einer Illusion.
Ja, es macht Dich glücklich. Es würdigt Dich. Du hast das Erlebnis, etwas erreicht zu haben. Wenn Du Dich *entliebst,* ist auch das eine Illusion. Es macht Dich traurig. Es erniedrigt Dich und Du hast das Gefühl, etwas verloren zu haben.
Romantische Liebe als ein fortdauernder Zustand ist eine Illusion. Echte und lebendige Beziehungen sehen romantisch aus und die Beteiligten bringen wohl die Freude zum Ausdruck, die wir üblicherweise einer Romanze zuschreiben. Der Unterschied liegt darin, daß romantische Liebe nach einer gewissen Zeit immer ausbeuterische Züge annimmt. *Verliebte* lieben den anderen meist so sehr, daß sie selbst dagegen nur wenig zu geben haben.

Romantische Liebe kultiviert den Liebeskummer. Sie ist Liebe, die von Krisen und schmerzhaften Schocks geschüttelt wird. Dein ganzes Denken dreht sich nur noch um ihn oder sie. Du heulst und klapperst mit den Zähnen, Du wartest, phantasierst, bist eifersüchtig und wirst vielleicht sogar gewalttätig. Alles das ist nur ein schlechter Ersatz für echte Beziehungen, in denen Du die Chance hast, Liebe zu erfahren bzw. zu sein.

Auch wenn Liebe in Büchern und Filmen immer wieder romantisiert wird, ist es doch so, daß Du wirkliche Liebe vermeidest, sobald Du Dich auf romantische Liebe verläßt. Wenn Du nicht bereit bist, Dich selbst bewußt als Liebe zu erleben, schaffst Du Dir diesen Ersatz dafür.
Wahre Liebe ist wie ein Lichtstrahl in der Dunkelheit. Sie braucht den Raum, um zu strahlen. Sie braucht Freiheit.
Dich selbst *als Liebe* zu erleben ist authentisch und frei von Bedürftigkeit. Wenn Du dies erlebst, bist Du mit Dir allein genauso liebevoll wie zusammen mit anderen. Du singst unter der Dusche, auch wenn niemand da ist, der Dir zuhört.

Liebe genügt sich selbst. Sie kann nur miteinander geteilt, sie kann niemals besessen oder von einem anderen beansprucht werden.
❍ Liebe ist keine Handelsware.

Liebe zu sein ist ein beständiger und bewußter Zustand. Es liegt an Dir, Liebe zu teilen. Sie ist unabhängig von den Bedürfnissen Deines Partners und doch Teil Eurer beider Wirklichkeit. Eure Erfahrungen mit den Schwächen des anderen lösen sich auf. Eure Grenzen werden zur wechselseitigen Herausforderung. Liebe zu sein bedeutet, daß Du immer für Deinen Partner da bist. Das kannst Du nur, wenn Deine Liebe zu Dir selbst so überfließt, daß sie auch auf Deinen Geliebten übergeht.

Dann erlebst Du

- ❍ Liebe gemeinsam.
- ❍ die Kraft, bewußt wählen zu können und Dich auf einen Menschen einzulassen.
- ❍ die Bereitschaft, Liebe anzunehmen, solange Ihr beide die Wahl trefft, sie miteinander zu teilen.

Es gibt keine größere Errungenschaft als diese. Sie erfordert wachsende Bewußtheit und die Bereitschaft zu kommunizieren.

Wir geben immer zu, daß all unsere vergangenen Liebesgeschichten Illusionen waren, außer der, die sich gerade ereignet.
»Diesmal ist es die wahre Liebe«, sagen wir. »Diese Beziehung ist das Wahre«. Wenn sie dann vorübergeht, nehmen wir wieder an, daß auch sie nur eine Illusion war. Das passiert so lange, bis wir uns wirklich einlassen, bis wir uns gemeinsam unserer Liebe bewußt werden. Normalerweise tun wir das nicht. Lieber machen wir uns etwas vor und glauben, wir würden zu guter Letzt doch noch unseren »Seelenpartner« finden.

Niemand hat je seinen »Seelenpartner« gefunden. Die Seele braucht nicht nur keine Partner, für sie gilt überhaupt die Grenzenlosigkeit und die absolute Natur der Liebe.

Aber das erscheint Dir zu einfach. Also *verliebst* Du Dich. Das bist Du gewohnt, Du hast es oft genug gemacht. So hast Du zum Beispiel geliebt:

- ❍ Deine Mutter und Deinen Vater.
- ❍ Deine Katze oder Deinen Hund.
- ❍ Deine Freunde, Dein Auto, Deine Jeans.
- ❍ Deine Lieblingseiscreme.

Alle Gier, aller Ehrgeiz und alles Besitzstreben sind Dir bereits bekannt – lediglich die Objekte einer Illusion von Liebe haben gewechselt.
Sobald die Verliebtheit zwangsläufig nachläßt, näherst Du Dich der Realität des bewußten Alleinseins. Aber es dauert nicht lange und Du fällst zurück in den **unbewußten Zustand von Einsamkeit**. Wenn das Unbehagen in dieser Einsamkeit zu groß wird, fängst Du wieder an, Dich der Illusion von Verliebtheit hinzugeben.
Wach auf! Wenn das *Verliebtsein* das Wahre ist, wie kann dann *Einsamkeit* falsch sein? Das sind nur zwei Seiten derselben Medaille. *Verliebtsein* schließt die Erfahrung der Einsamkeit immer mit ein. Wähle das *Verliebtsein* und Du hast nur den einen Pol einer Gesamterfahrung gewählt. Der andere wird zwangsläufig folgen.
Um eine lebendige Beziehung zu erschaffen, mußt Du irgendwann diesen ewigen Kreislauf erkennen und durchbrechen. Richte Deine Aufmerksamkeit darauf und sei bereit, das hinter Dir zu lassen. Wenn Du weiter romantischen Regenbögen hinterherrennst, wirst Du erschöpft und müde werden. Du wirst niemals die Befriedigung erfahren, die entsteht,

❍ wenn Du die Pole vereinigst.
❍ wenn Du zuläßt, daß Einsamkeit und Verliebtheit sich in Alleinsein oder All-ein-sein verwandeln.

Sobald Du von Deinen ewigen und ermüdenden Illusionen von Verliebtheit genug hast, wirst Du sehen, daß

❍ Verliebtheit eine Form der Selbstvermeidung ist. Du löst Dich in einem anderen auf.
❍ Du die Liebe selbst bist, umgeben von Illusionen. Dann und nur dann kannst Du wählen, in einer Beziehung zu sein, die in ihren romantischen, kreativen Augenblicken erblüht, ohne sich hinter Romantik zu verstecken.
❍ Du in einer Beziehung bist, die weder Ablenkung noch Trost braucht.

Vor langer, langer Zeit: Die Dunkelheit kam zu Gott und sagte: »Hör mal! Ich bin erschöpft. Wo ich auch hingehe, folgt mir das Licht. Es verfolgt mich. Alles, was ich erreichen kann, ist, daß es hinter mir bleibt. Es belästigt mich seit Trillionen von Jahren. Bitte, Gott, sag dem Licht, es soll mir mal eine Pause gönnen, mich mal in Ruhe lassen!«
Gott sagte: »Okay, ich werde sehen, was ich machen kann!« Als die Dunkelheit verschwand, erschien das Licht vor Gott.
Gott sprach: »Hör zu, die Dunkelheit war gerade hier, um mir zu sagen, wie erschöpft sie ist, weil Du immer hinter ihr herrennst und sie nervst. Bitte, könntest Du es schaffen, sie mal in Ruhe zu lassen, sie einfach sein zu lassen, sie einfach zu schätzen und zu genießen?«
Das Licht schaute Gott mit einem verwirrten Blick an und sagte: »Worüber sprichst Du? Ich kenne keine Dunkelheit! Wo ist sie? Zeig sie mir! Ich verlange, daß sie herkommt und mir das ins Gesicht sagt! Ich habe keine Ahnung, wovon Du sprichst. Ich weiß nichts von der Dunkelheit!«
Da blickte Gott auf das Licht und sagte: »Okay, Du kannst gehen!«

Wenn Du Licht bist, kennst Du keine Dunkelheit. Wenn Du Liebe bist, kennst Du keine Einsamkeit.
Einsamkeit taucht nur auf, wenn Du jemanden mehr liebst als Dich selbst. Liebe kennt

- ❍ keine Einsamkeit
- ❍ keine Eifersucht
- ❍ keine Besitzansprüche
- ❍ keine Verliebtheit.

Triff die Wahl, Dir selbst die Quelle der Liebe zu sein. Du wirst Dich als Ozean erleben und nicht als eine der vielen kleinen Wellen, die an irgendeinen einsamen Strand geworfen werden.
Liebe ist Dein natürlicher Bewußtseinszustand.

❍ Sie ist wie Atmen.
❍ Sie ist Dein Herzschlag.
❍ Sie ist das Blut, das in Deinem Körper zirkuliert.
❍ Liebe ist Dein eigentliches Wesen, Dein innerster Kern, Deine Quelle.

Liebe ist das Nichtvorhandensein jedes negativen Gefühls. Sie ist eine feine, zerbrechliche Energie, eine subtile Präsenz, die Du leicht übersehen kannst. Sie wird überdeckt von all den schwereren Energien. Tatsächlich wird diese zarte Energie zerstört, weil die meisten sie nicht kennen und nicht wissen, was sie ist. Während wir insgeheim wünschen, wir wüßten es, geben wir einfach vor, es zu wissen. Wir haben Angst zuzugeben, daß wir es nicht wissen.
Während wir in dieser Illusion leben, leben wir mit anderen, die auch in Illusionen leben, ohne zu wissen, was Liebe ist.
Liebe ist eine Kunst in einer Welt, in der es nur wenige Künstler gibt. Wir werden mit der Fähigkeit zu lieben geboren. Die Fähigkeit, unsere Liebe zum Ausdruck zu bringen, ist uns jedoch nicht angeboren. Nur wenige können Liebe angemessen kommunizieren.
Jeder von uns wird mit einem Körper geboren. Doch nur wenige bringen ihm das Tanzen bei. Noch weniger Menschen sind in der Lage, ihm beizubringen, mit anderen zu tanzen. Um die Harmonie zu erschaffen, die Du brauchst, um mit einem anderen zu tanzen, mußt Du eine Wahl treffen. Sie entsteht nicht von selbst. Ebenso ist es mit der Liebe.
❍ Du mußt lernen, Liebe zu sein und Deinem Körper beizubringen, ein Liebender zu sein.

Hör auf zu warten! Fang an zu lieben! Das ist die einzige Art, Liebe zu lernen. Alles, was Du weißt, hast Du so gelernt. Du mußt es einfach tun. Es ist wie mit allem, was Du tust: Je öfter Du es machst, desto besser kannst Du es. – Versäume niemals die Gelegenheit zu lieben, indem Du auf den »Richtigen« wartest.

Liebe und sei offen für Liebe! So wirst Du die Kunst zu lieben erlernen. Die Menschen, mit denen Du diesen Weg der bewußten Liebe gemeinsam gehen kannst, werden sich von Dir angezogen fühlen.

Wenn wir Liebe als ungebunden betrachten, werden wir die vielen Arten von Liebe wahrnehmen, die wir erleben können. Meine persönliche Erfahrung hat mich nicht nur dazu geführt, die zu schätzen, die Liebe mit mir geteilt haben. Sie hat mir auch die Augen geöffnet für Phänomene, die offensichtlich universellen Charakter haben:

❍ Schnell und lustvoll

Es geschieht im allgemeinen in einem Zug, einem Flugzeug, in einer Sauna, bei einem Festessen oder am letzten Abend in der Stadt. Es ist immer »phantastisch«. Es ist eines dieser totalen Erlebnisse. Darüber nachzudenken würde es nur beeinträchtigen. Es ist eine dieser seltenen Gelegenheiten, die auch durch Wiederholungen nicht steigerungsfähig sind. Es ist nicht etwas, das Du tust, sondern etwas, das mit Dir geschieht.

❍ Schnell und ernsthaft

Diese Art von Beziehung ereignet sich meist in einer Umgebung, die Dir fremd ist, vielleicht sogar mit jemandem, der nicht einmal Deine Sprache spricht. Es mag Dich nach einem intensiven Workshop erwischen oder in einer anderen Situation, die nicht alltäglich ist. Kennzeichnend dafür ist eine schnell entstehende Intensität. Diese Art von Liebe verwandelt Dich meist, aber sie birgt auch die Gefahr von Schwierigkeiten oder tiefem Schmerz.

Wenn einer der beiden schnell etwas Ernstes, der andere aber die schnelle und lustvolle Variante will, gibt es wahrscheinlich bald Ärger, Schmerz, Verlust und Zurückweisung. Dann brauchst Du Monate, um darüber hinwegzukommen. Du verfällst für lange Zeit in ein Verhalten, jeden abzulehnen, der Dich auch nur im entferntesten daran erinnert.

❍ Langsam und lustvoll

Es ist, als ob Du dahinfließt. Der Schmerz verschwindet und Du wandelst auf Wolken. Ihr paßt so gut zueinander, daß ihr nicht mehr mitbekommt, wer wem was zukommen läßt.

All Deine Freunde und Deine Familie sind einverstanden. Das passiert so selten, daß Du nur einmal oder wenige Male im Leben in diesen Genuß kommst. Meist erlebst Du es, wenn Du jung, optimistisch und voller Liebe bist.

Besonders dann, wenn Du jung und naiv bist und die Schönheit einer solchen Erfahrung nicht entsprechend zu schätzen oder zu würdigen weißt, kann sie sich in ein chronisches Leiden verwandeln, aus dem Du nur schwer herauskommst.

Manchmal versuchst Du vielleicht, Dir diese Erfahrung zurückzuerobern. Aber es gelingt Dir nicht, weil Du zu kompliziert geworden bist.

❍ Langsam und ernsthaft

Nimm Dich davor in acht! Das kann Dich umbringen! Gesellschaft und Machtinstitutionen haben ein gesteigertes Interesse daran, daß Du Dich danach sehnst - schlimmer noch, daß Du es auch tust. Diese Art Beziehung ist mit Bedeutung überfrachtet und verworren. Manchmal ist sie zwar langweilig und trügerisch - aber letztendlich ehrenhaft - was immer das heißt. Sie ist vernünftig und langweilig und jeder wünscht sie Dir an den Hals. Wenn Du sie hast, können Mami und Papi beruhigt sterben.

Es ist die Nummer, die immer weniger Menschen ein zweites Mal mitmachen. Da gibt es diese Stimme, die sagt: »Mach' s nochmal!«. Und ein paar Narren tun das tatsächlich.

Das war' s denn auch schon. Oder wie wir als Kinder sagten: »Mehr hat sie nicht geschrieben!« Aber das reicht nicht. Es ist an der Zeit, etwas Neues zu erschaffen, eine fünfte Alternative, die sowohl schnell wie langsam, lustvoll wie bedachtsam, niemals ernst, immer aber bewußt ist.

❍ **Es ist an der Zeit, Liebende und Freunde zu sein.**

Das geschieht,

❍ wenn Du liebst und nicht einen einzigen Freund deshalb aufgibst. Freunde kommen mit Dir wie eine reiche Mitgift.

❍ wenn Ihr Euch nur aus freier Wahl trefft, nicht der Umstände oder irgendwelcher Verpflichtungen wegen.

❍ wenn Ihr Eure Zweifel äußert und sie sich in Vertrauen, Fürsorge und Anteilnahme verwandeln.

❍ wenn sich die Angst vor Intimität und Bindung auflöst, weil Dir klargeworden ist, daß Du so voll Liebe bist, daß es keinen anderen Ort gibt, wo Du lieber wärest.

❍ wenn Du mit einem/r sexuell erfahrenen Freund/in befriedigenden Sex erlebst und sich mit ihm oder ihr Pflichtgefühl und Angst in Leidenschaft und Lachen auflösen.

❍ wenn Ihr bereit seid, einander zu dienen und Mitgefühl entgegenzubringen, solange es sich nicht wie Pflicht und Zwang anfühlt.

❍ wenn Ärger und Streit Eure Liebe und Freundschaft nicht bedrohen.

❍ wenn Langeweile oder Unsicherheit in einer Umarmung hinwegschmelzen.

❍ wenn allein die Tatsache, daß es Deinen Geliebten gibt, in Dir ein Gefühl von Zugehörigkeit und Wohlbehagen erzeugt.

❍ wenn Eure Achtung voreinander alle Schwierigkeit überwindet, die Ihr einander bereitet.

❍ wenn Ihr Euch Begleiter und Weggefährten seid.

❍ wenn Ihr füreinander Spiegel seid, statt Euch gegenseitig verändern zu wollen.

❍ wenn Ihr gemeinsam durchs Leben reist, gleichgültig ob Ihr getrennt oder zusammen seid.

❍ wenn sich mit der Zeit eine Freundschaft entwickelt, auch wenn Dein Begleiter ein Geliebter ist.

Nur wenn Du diese Art Liebe erlebt hast, wirst Du völlig verstehen, was das heißt. Solange sei wachsam! Laß Deine(n) Geliebte(n) auch Deinen Freund oder Deine Freundin sein.

❍ Sei bewußt liebend.

❍ Seid Liebende und Freunde.

Wenn Ihr bewußt Liebende und Freunde seid, findet Ihr im anderen etwas von euch selbst. Und falls nötig, habt Ihr die Gelegenheit, Euch gegenseitig zu heilen. Ihr verkörpert jeweils die Werte des anderen.

Bewußt Liebende

❍ können im Bett lachen, kreischen, scherzen und spielen.

❍ lieben das Aussehen, den Duft und die Berührung des anderen.

❍ wissen, daß sie noch immer Freunde sind, auch wenn einer den anderen nicht mehr liebt.

❍ wissen, daß sexuelles Vergnügen ein Geschenk ist, das es zu genießen und zu feiern gilt.

Wenn bewußt Liebende auch Freunde sind, entsteht eine ganz bestimmte Qualität. Diese Qualität heißt Vertrauen. Es ist nicht die Art Vertrauen, die erzeugt wird, indem Ihr einander versprecht, Euch zu vertrauen. Es ist Vertrauen, das daraus entsteht, daß Ihr Euch kennenlernt.

❍ Wirkliches Vertrauen kann nur so entstehen.

❍ In einer lebendigen Beziehung verwandeln sich auftauchende Zweifel immer wieder in Vertrauen.

❍ Vertrauen kann man sich nicht versprechen. Das ist ebenso eine Illusion wie unvermitteltes, »blindes« Vertrauen. Das ist nur naiver blinder Glaube.

Wenn bewußt Liebende zugleich Freunde sind,

❍ ist Glaube nicht nötig. Vertrauen ist das Fundament für die Freundschaft ebenso wie für Liebe.

❍ sind sie zusammen, weil jeder dies für sich gewählt hat.

❍ ist die Beziehung von ihrer Wahl bestimmt, nicht von Erwartungen.

❍ wird die Liebe von Vertrauen unterstützt.

Natürlich enthält Liebe immer auch ein Element von Risiko. Wenn Du einmal verletzt worden bist, wählst Du vielleicht, »niemals wieder zu lieben«, aus dem Gefühl heraus, daß Du niemals wieder vertrauen kannst. Wenn Du durch Liebe verletzt worden bist, mag es Dir sogar einfach erscheinen, sie ganz aufzugeben und »Unabhängigkeit« zu einem Lebenstil zu erklären. Aber bevor Du beschließt, diesen Weg zu gehen, solltest Du Dir klarmachen, daß er nirgendwo hinführt.

Unabhängigkeit wurde in den 80er Jahren das neue Wort für Einsamkeit. Überspitzt ausgedrückt bedeutet Einsamkeit ein Sterben vor dem Tod. Denn diese Unabhängigkeit macht Wachstum unmöglich.

Ein solcher Rückzug vom Leben wird Deinen Geist zerstören. Du wirst schließlich ganz aufhören, Dir selbst zu vertrauen.

Wenn Du dagegen wechselseitige Bindungen eingehst und mit Deiner eigenen inneren Stärke und Deinem Selbstvertrauen in Konkakt bist, wirst Du immer von Geliebten und Freunden umgeben sein.

Erinnere Dich:

❍ Geh über bedingte und bedingungslose Liebe hinaus. Liebe bewußt!

❍ Es ist wichtig, zu lieben und Vertrauen zu lernen.

❍ Gerade wenn Du Enttäuschung, Schmerz oder sogar Verrat erlebst, wende Dich einem Geliebten und Freund zu.

❍ Es geht Dir dann am besten, wenn Du aus Dir herausgehst und einem anderen Vertrauen entgegenbringst.

❍ Ekstase ist Dir dann sicher, wenn Du etwas riskierst und dem Leben selbst vertraust.

Selbstentdeckung

Qualität 20

Die Präsenz von Liebe

Liebe: Das Nichtvorhandensein aller negativen Gedanken und Gefühle. Leer sein.

1. Wer oder was in Deinem Leben läßt Dich Liebe in ihrer reinsten Form erleben (z.B. mein Kind, meine Arbeit etc...)?

____

____

____

Erkenne sie heute einfach auf irgendeine Art dafür an.

2. Zähle die Beziehungen Deines Lebens auf, in denen Du nicht bewertet wirst.

____

____

____

Schließe Deine Augen! Stell Dir vor, wie sie bei Dir sind und Dir in die Augen schauen. Lasse Deine Gefühle zu.

3. Wen liebst Du manchmal bedingungslos, jenseits aller Bewertungen?

____

____

____

Akzeptiere nun, daß sie ein Aspekt Deiner selbst sind.

4. Bei wem setzt Du Liebe ein, um zu manipulieren (z.B. bei meinem Kind, meinem Ehepartner etc...)?

____

____

____

Gehe die bewußte Verpflichtung ein, dies ab sofort bewußt zu tun.

5. Rufe Dir Zeiten ins Gedächtnis zurück, als Deine sexuellen Erlebnisse die Qualität von Liebe hatten.

____

____

____

Nimm die Qualität von Würde und Achtung wahr, die Du erlebt hast.

6. Wen liebst Du, auch wenn dieser Mensch Dich nicht liebt?

Lasse nun Deinen Ärger und/oder Schmerz darüber los. Verzeihe ihm und liebe ihn weiterhin.

7. Schreibe ein »Liebesresümee«. Schließe darin, in kurzen Sätzen, alle die Zeiten ein, in denen Du geliebt hast. Beginne mit Deiner Geburt.

Meine eigene Geschichte

Die Entwicklung meines Bewußtseins ist – genau wie bei Dir – nun schon seit geraumer Zeit im Gange. Sie begann im New Yorker Stadtteil Brooklyn am 22. Juni 1941 um 9.21 Uhr. Ich war ein Kriegskind mit dem Rufnamen Francis, das durch grauen Star fast blind in etwas hineingeboren wurde, das die Italiener eine Parente nennen – eine große, weitverzweigte Familie.

Mein Vater, meine Mutter und meine Schwester lebten im obersten Stockwerk von zwei miteinander verbundenen Häusern. Tante Betty, Invalidin und deshalb immer zu Hause, lebte ein Stockwerk tiefer. Eine andere Tante, ein Onkel und zwei Cousins lebten im Erdgeschoß. Meine Großmutter, die mit zwei Onkeln und einer weiteren Tante nebenan wohnte, war das Oberhaupt der Familie.

Mein Vater und meine Mutter spielten deshalb wohl für mich eine etwas andere Rolle als für die meisten anderen Menschen. Erst später wurde mir klar, daß diese Großfamilie tatsächlich eine Menge Wahlmöglichkeiten bot. Wenn ich etwas zu essen brauchte oder Trost, ging ich immer zu den Frauen der Familie. Wenn ich Geld brauchte, ging ich zu dem Onkel, der Geld hatte. Wenn ich »Jungengespräche« führen wollte, ging ich meinen Onkel Joe besuchen, einen Junggesellen mit Sportwagen, bei dem ich auch mal fluchen konnte.

Ich hatte mehr Wahlmöglichkeiten als nur meine Mutter und meinen Vater und mein Leben spiegelt das wieder. Von früh an konnte ich die Lehren dieser Kindheitserfahrung auf vielerlei Arten nutzen, um Gruppen zu verstehen und zu organisieren.

Dieses Verständnis half mit bei der Gründung von Phoenix House in New York City, welches inzwischen das größte Drogenrehabilitationszentrum der Welt ist. Auch TNI, das Natale Institut, das 1980 in Houston gegründet wurde und das sich nun auch über Europa ausbreitet, hat sich aus diesem ausgeprägten Gefühl für eine große Familie entwickelt.

Als ich in New York aufwuchs, lernte ich diese Struktur für mein eigenes Überleben wirklich schätzen. Dieser Teil von Brooklyn – Bedford Stuyvesant genannt –, der zur Zeit meiner Geburt überwiegend italienisch war, wurde in den 50er Jahren zu einem rauhen und feindseligen Ort. Die Italiener lieferten den Iren blutige Straßenschlachten. Dann zogen die Schwarzen ein. Die Iren und Italiener verbündeten sich gegen die Schwarzen. Die Puertorikaner zogen ein. Die Schwarzen verbündeten sich mit uns gegen die Puertorikaner. Wie man sieht, waren immer die letzten, die einzogen, die Bösen.

Ich war eigentlich nie ein rauhes Kind, aber es war eine harte Nachbarschaft. Es gab Prüfungen, die wir zu bestehen hatten, einfach um dazuzugehören, wie etwa das Dächerspringen – vom Dach eines dreistöckigen Gebäudes zum nächsten. Oder wir mußten allein und mit Lockenwicklern im Haar durch den Central Park spazieren und jeden fertigmachen, der sich uns mit homosexuellen Absichten näherte. Oder wir lungerten beim Baseballstadion herum, warteten auf einen weiten Abschlag, um dann den Ball zu klauen.

Es war dieses Umfeld, das mich in die Turbulenzen meiner Kindheit stürzte: die Verwirrung über Gewalt, über meine Sexualität, die Schwierigkeit, meine Verwundbarkeit zu überwinden als kleiner, fast blinder Junge, der mit einer ordentlichen, kleinen Uniform jeden Tag in die katholische Schule ging. Ich lernte schnell, Freunde um mich zu scharen, die groß und stark waren. Durch meine Sprachgewandtheit verschaffte ich mir in unserer Gang einen besonderen Rang – als »Sprachrohr«.

Die Rassengewalt, oder genauer gesagt, die Rassenvorurteile machten unserem Großfamilienleben ein Ende. Als ich 12 Jahre alt war kaufte mein Vater ein Haus in der Nähe von Coney Island, an einer dreispurigen Straße in einem anderen Teil von Brooklyn. Das war eine ruhige, von der Mafia kontrollierte Straße, aber es wurden hinter verschlossenen Türen mehr Verbrechen verübt als in Bedford Stuyvesant auf offener Straße. Als meine Schwester und ich zum ersten Mal in diesem Haus saßen, schauten wir uns unsere Eltern an und sagten: »Das ist also die Alternative?« Unsere Familie war von 40 auf 4 Personen geschrumpft.

Eine ganze Weile ging es mir ziemlich schlecht. Als ich mich dann langsam in der neuen Nachbarschaft einzuleben begann, sah ich mich mit so Typen wie Ace konfrontiert, der im Süßigkeitenladen um die Ecke herumhing. Ace gab Dir fünf Dollar, wenn Du ihm erlaubtest, Dir auf die Schulter zu schlagen. Ich sah Kerle an Straßenecken herumstehen, die offensichtlich auf Rennpferde wetteten und mit Nummern handelten. Mein erster Job war dann auch, Schuhschachteln auszutragen, von denen mir gesagt wurde:»Schau bloß nicht rein!«

Als ich älter wurde, begann ich, die Dinge genauer zu sehen. Etwa Bäckereien, die in Wahrheit keine Bäckereien waren, sondern einfach Gebäude, in denen im Hinterzimmer gestohlene Waren und Wettbücher lagerten. Eines Tages befand ich mich in einem Frisiersalon, als plötzlich draußen ein Wagen anhielt, der nach Polizeiauto aussah. Sie riefen nach dem Typen, der direkt neben mir saß, schossen ihn nieder und brausten davon. Das gehörte zu jenem berüchtigten Bandenkrieg, der als Gallo-Profachi-Krieg in die Annalen einging. Ich erkannte nach und nach, was in dieser nach außen hin feinen, sauberen Nachbarschaft vor sich ging.

Ich lernte zu überleben, hart zu sein, Pool und andere, verrückte Spiele zu spielen, etwa sich ein Taxi über die Zehen rollen zu lassen. Ich konnte als Francis nicht überleben, und so malte ich »Frankie« quer über die Rückseite meiner schwarzen Motorradlederjacke. Nach einer traumatischen und erfolglosen chirurgischen Operation an meinem linken Auge wurde ich wegen meiner Augenbinde eine Zeitlang »Frankie, der Bandit« genannt. Ich hatte auch andere Namen, wie z.B. »Magoo« und »The Kid«, weil ich so klein war.

Mit 15/16 Jahren fing ich an, mit Alkohol und Drogen herumzuspielen.

Dies um so mehr, als ich nach der Augenoperation zwei Monate lang Schmerzmittel genommen hatte und davon abhängig geworden war. Außerdem nahm ich bestimmte Medikamente, um meine Pupillen zu erweitern, damit ich besser sehen konnte. Die Operation – schon für sich genommen eine Katastrophe – trug viel dazu bei, daß ich als Teenager mit Drogen in Kontakt kam.

Als ich mich dann von den Banden wegbewegte und mich der eher intellektuellen, gehobenen Mittelschicht zuwandte, die sich vor allem dem Jazz und dem Sex hingab, fing ich wirklich an zu experimentieren. Ich probierte einfach jede Droge aus, die zu kriegen war, einschließlich Marihuana, Alkohol, Meskalin, Peyote und LSD.

Es gab zu dieser Zeit keine »acid heads«, keine Vorbilder. Es war sogar legal. Ein paar von uns knallten sich LSD rein und gingen in den Zoo oder nach Coney Island und fuhren Achterbahn.

Als ich mich im »Fashion Institute of Technology« als Erstsemester für Innenarchitektur einschrieb, nahm ich nicht nur Drogen, sondern machte sie auch anderen zugänglich. Dies führte zu Konfrontationen in meiner Familie und zu Problemen mit den Behörden, was mir dann eine sechsmonatige Haft im Zuchthaus auf Riker's Island einbrachte. Ich wußte, ich mußte etwas tun, um das alles hinter mir zu lassen. Ich wußte, daß ich nicht zu den Heroin-Junkies paßte und ich erkannte auch, daß ich meine Umgebung wechseln mußte.

Auf Anregung einer Geliebten hin packte ich meine Sachen und meine umfangreiche Schallplattensammlung und machte mich Richtung Westküste auf. Ich war auf der Suche nach Hilfe, wollte einen klaren Kopf bekommen. Ich fand einen Platz namens Synanon, später weltweit das Modell für therapeutische Gemeinschaften. Ich wußte damals nicht, wie klar die Dinge werden würden.

Die kalifornische Szene an sich war schon eine Offenbarung. Hier war ich nun, dieser Kleine aus Brooklyn, saß an einem Strand in Santa Monica und bewunderte all diese Bikinimädchen.

»Junge« sagte ich, »das ist ja unglaublich! Ich hätte das schon vor Jahren machen sollen! Wenn das Therapie ist, bin ich dabei!« Am zweiten Tag nach meiner Ankunft saß ich auf einer Strandmauer, war immer noch völlig baff und schaute mir einfach den Pazifik und die Mädchen an. Da kam ein Mann mit langen, grauen, wehenden Haaren daher. Er hatte einen russischen Wolfshund mit langen, grauen, wehenden Haaren. Sie sahen sich sehr ähnlich.

Ich war jung und ein wenig befangen, zumal er mir direkt in die Augen sah und sagte: »Hallo, ich heiße Michael. In einem früheren Leben war ich Deine Mutter und ich bin hier, um Dir etwas beizubringen!«

Ich kam aus Brooklyn und war natürlich mißtrauisch. Ich vermutete, er sei schwul und wolle mir nur an die Hose. Also antwortete ich: »Was Du nicht sagst! Am besten, Du machst, daß Du weiter kommst!«.

Aber er lächelte nur und ging keineswegs weg. Er redete weiter und ich hielt weiter meine Widerstände aufrecht. Schließlich gab ich doch nach und folgte ihm zu einer riesigen Villa in Beverly Hills. Er führte mich in einen großen Raum, dessen Wände vom Boden bis zur Decke voll mit Bücherregalen waren. Er fing an, Bücher aus den Regalen zu fischen und sie mir zu reichen. »Lies dieses! Und dieses!« sagte er immer und immer wieder. Da war er nun und packte mich einfach mit Büchern voll.

Wegen meiner Augenprobleme hatte ich in meinem Leben kaum je ein Buch zu Ende gelesen. Ich konnte keine langen Texte lesen. So nahm ich also diese Bücher und las immer nur kurze Abschnitte. Da meine Augen dabei ermüdeten, war ich gezwungen, mich öfters zurückzulehnen, wobei ich über das, was ich gerade gelesen hatte, nachdachte. Das war der Beginn eines immer spannender werdenden Abenteuers, das mich zur kreativen Visualisierung führte, lange bevor die Psychologie sie entdeckte und ihr einen Namen gab.

Ich verbrachte nun viel Zeit mit Michael und erforschte neue, für mich bis dahin völlig unergründete Wissensbereiche, einschließlich vieler

Formen des Okkulten. Ich erlebte Energien, die ich niemals zuvor wahrgenommen hatte – Energien, die durch meinen Körper wallten und mich in tiefer Entspannung zurückließen. Mir war dabei gar nicht bewußt, daß ich einen spontanen Heilungsprozeß durchlebte.
Eines Tages gab mir Michael ein Buch. Es hieß: *Das Lied von Sonotaro.* »Nimm dieses Buch! Geh nach Hause und lies es!«
Ich aber schlug dieses Buch nicht auf. Es hatte etwas Erschreckendes an sich. Ich schaute es an, aber aus irgendeinem Grund schlug ich es nicht auf. Ich legte mich schlafen und dachte darüber nach. Dieses Buch versetzte mich in Panik. Viel später erst – meine Frau Christine war zur Arbeit gegangen, niemand war im Haus – ging ich zu dem Buch, schlug es auf und fing an, darin zu lesen. Bevor ich wußte, was los war, schrie ich, brüllte ich und sang ich den Text. Ich stand da, alleine in meinem Wohnzimmer und sang dieses Buch. Ich warf es durchs Zimmer, hängte mich ans Telefon und rief Michael an. Er war sofort am Apparat und sagte: »Hey, Frank, Du liest wohl das Buch. Singst Du schon in allen Sprachen?«
Es passierten viele Dinge dieser Art. Ich lernte und erlebte viel durch Michael. Er sagte in gewisser Weise auch die Gründung von Phoenix House voraus. Er konnte mir am Telefon über eine Entfernung von 3 000 Meilen hinweg Dinge sagen, die ich getan hatte und von denen er auf normale, physikalische Art nichts hätte wissen können. Und dann plötzlich war er verschwunden. Wir wissen nicht, wo er ist oder ob er noch unter uns weilt. Einige von uns glauben, daß er die fragmentarische Wesenheit ist, deren gechannelte Texte in den Büchern »Botschaften von Michael« veröffentlicht wurden.
Zur selben Zeit brachte mir Charles Dederich, der Mann, der Synanon gegründet hatte, das Zuhören bei. Dederich war der Erste, der an meine Mauern hämmerte und meinen Panzer knackte. Bis dahin hatte ich nie zugehört. Ich war verschlossen und unzugänglich. Aber ich lernte, nahm teil und wurde aus verschiedenen Gründen sehr gut in dem, was

später als »Encounter« bekannt wurde. Diese Bezeichnung hatte Carl Rogers dafür geschaffen, nachdem er die Vorgänge bei Synanon und anderen Gemeinschaften, die konfrontierende Therapien einsetzten, beobachtet hatte.

Das Esalen-Institut war ganz in der Nähe. Es war eine ungeheuer stimulierende Umgebung. Ich erlebte aus erster Hand viele der Konzepte und Wahrheiten, die in den späten 60ern Phoenix House aus der Taufe heben halfen und die heute integraler Bestandteil von TNI sind. Ich traf viele hervorragende Menschen und arbeitete mit ihnen, etwa Fritz Perls, Alan Watts und Abraham Maslow, mit dem ich studierte und dem ich mich sehr verbunden fühle.

Maslow war der legitime Vater des »Human Potential Movement« und meine Lehrzeit bei ihm hatte allergrößten Einfluß auf mein Leben und meine Arbeit.

Meine Arbeit bei Synanon reichte von der Einrichtung einer Gemeinschaft von Künstlern und Musikern in einem Lagerhaus an den Landungsbrücken von San Francisco bis hin zur Position des Leiters eines Gefängnisprojekts im staatlichen Zuchthaus von Nevada in Carson City. Im Jahre 1964, während meiner Zeit bei Synanon, lernte ich Mitch Rosenthal kennen, einen Offizier und Psychiater, der die Aufgabe übernommen hatte, in Oakland Vietnamveteranen bei der Wiedereingliederung zu unterstützen. Wir halfen ihm, Encounter-Gruppen für Heimkehrer einzurichten. Sie standen unter dem Schock des Krieges, waren meist süchtige, junge Kerle, von denen erwartet wurde, daß sie zu einem normalen Leben zurückfanden. Es war eine unglaubliche Erfahrung.

Synanon wuchs weiter und mit ihm mein Einfluß. Ich leitete Encounter-Gruppen mit bis zu 800 Menschen in San Francisco und war einer der vier Synameister geworden. Ich war erst 25 und obwohl ich Erfolg hatte, gute Arbeit leistete und in Mary Pickfords altem Haus am Strand lebte, hatte ich das Gefühl, daß für mich die Zeit gekommen war, in meine heimatlichen Gefilde zurückzukehren.

In den späten 60ern traf ich schließlich wieder in New York ein. Ich hatte keinen Job. Das erste, was ich tat, war, David Deitch zu besuchen, einen Freund, der mich zu Synanon gebracht hatte. Er empfahl mich an einen New Yorker Regierungskommissar weiter. Ich konnte es kaum glauben, als ich seinen Namen hörte. Es war Mitch Rosenthal, mit dem ich in Oakland gearbeitet hatte.

Und so kam es, daß ich für die Stadt New York zu arbeiten begann, als Leiter der staatlichen Programme der Abteilung für Suchtbekämpfung. Ich war 26 Jahre alt und verantwortlich für die Auswertung aller Anti-Drogen-Initiativen in New York City.

Ich übernahm die Aufgabe mit großer Begeisterung. Ich schaute mir all diese Initiativen und Programme an und traf da zum Beispiel auf ein Entgiftungsverfahren, bei dem Süchtige bewußtlos geschlagen wurden, bis das Gift aus ihrem Körper war; ein anderes wurde von Lesben durchgeführt, die ihre Patientinnen verführten; ein Drittes überlebte dadurch, daß Diebstahl geduldet wurde. Ich gab meine Beurteilung über diese Programme ab. Bei einer Versammlung im Rathaus empfahl ich, 95 Prozent der Programme einzustellen, denn sie waren entweder wirkungslos oder, was schlimmer war, schädlich. Man lachte mich für meinen Vorschlag aus. Als es mir nicht gelang, die Pointe zu entdecken, erklärte mir jemand: »Frank, Du verstehst nichts vom Zusammenspiel der unterschiedlichen Finanzfonds. Wir haben mit dem Bund eine 60/40 Vereinbarung. Pro 4 Dollar, um die Du die Programme kürzen willst, verlieren wir 6 Dollar!« Ich hatte meine erste große Lektion in Politik erhalten.

Doch dann traf ich fünf Leute, die es anders machten, völlig außerhalb jeder Bürokratie, im obersten Stockwerk eines Wohnhauses in der westlichen 84. Straße am Broadway. Sie lebten zusammen von der Wohlfahrt und versuchten, sich gegenseitig darin zu unterstützen, ohne Drogen zu bleiben. Wenn sie gefragt wurden, warum sie es auf diese Art machten, war ihre Antwort von einfacher, erfrischender Logik. Wenn sie in ein Krankenhaus gingen, würden sie nach 30 Tagen entlassen werden und schnurstracks wieder in ihre alte, miese Drogenumgebung zurückkommen. Und so beschlossen sie, ihre eigene Familie zu gründen. Es war eine gemeinschaftliche, unterstützende Methode von Suchtbehandlung.

Mit dieser Gruppe beschlossen Mitch und ich direkt zu arbeiten. Diese fünf Leute waren die eigentlichen Gründer und ihr Konzept war der Katalysator für die Entstehung von Phoenix House, welches heute die größte drogentherapeutische Gemeinschaft der Welt ist.

Ich wurde schließlich therapeutischer Leiter des Programms und Rosenthal wurde und ist noch immer geschäftsführender Direktor.

1967 fingen wir an und wurden innerhalb der folgenden zwei Jahre schnell größer. In dieser Zeit wurde ein ganzes Inselgefängnis in ein drogenfreies Zuhause für Drogenabhängige umgewandelt. Wir inszenierten riesige drogenfreie »Happenings« mit Rockmusik und erhielten enorme Unterstützung.

In diesen ersten Jahren genoß ich es sehr, meine Energie in dieses Projekt zu stecken. Aber obwohl wir Erfolg hatten, wurde mir klar, daß wir Leute entließen, die der Meinung waren, daß es jenseits von Abstinenz nichts gebe. Sie kamen von der einen Droge weg und wurden etwa Alkoholiker. Dabei wurden Programmänderungen immer schwieriger. Es sah so aus, als ob Phoenix House zu genau der Bürokratie geworden war, gegen die es gegründet worden war. Ich sah ein, daß es an der Zeit war, daß sich in meinem eigenen Leben etwas ändern sollte. Es wurde klar, daß ich mich mehr verändert hatte als unser Projekt.

Ich fing an, mehr Zeit mit anderen Lehrern zu verbringen und wurde viel offener für das, was ich »Bewußtseinskram« nannte.

Eines Tages spazierte ich durch den »Bodhi-Tree-Buchladen« in Los Angeles. Dort fiel mir ein schmales, kleines Buch ins Auge. Es hieß: »Laß los, was Du gar nicht hast«. Ich sagte mir: »Großartig! Genau mein Fall!« Es war von einem Mann namens Muktananda. Für meine Begriffe sah er wie ein Jazzmusiker oder Transvestit aus. Er trug eine kleine Wollkappe und eine Sonnenbrille und ich nahm ihn nicht so schrecklich ernst. Genausowenig dachte ich, daß das Buch von irgendeiner Brisanz sei. Es enthielt jedoch einen Kommentar von Ram Dass, den ich gut fand. Er sagte, Muktananda habe ihn in einem Zimmer herumfliegen lassen. Ich sagte mir: »Das ist interessant! Das würde ich gerne ausprobieren!«

Ich war ein sehr beschäftigter Mann, leitete das Phoenix House, trug dreiteilige Anzüge, schleppte einen Diplomatenkoffer mit mir herum und hatte eine Limousine mit Fahrer, die mich brachte, wo immer ich hinmußte. Ich war zugleich auch sehr gelangweilt und unglücklich. Es gab etwas in mir, das nicht zur Ruhe kam. Damals wußte ich nicht, was es war, da ich ja nun – wie ich glaubte – alles hatte, was man nur haben konnte.

Ich schrieb Muktananda einen Brief, daß ich ihn gerne treffen würde. Seine Mitarbeiter antworteten, daß er sich freuen würde, mich noch am gleichen Wochenende zu sehen. Ich mußte wegen einer Vortragsverpflichtung in Pittsburgh leider absagen.

Dieser Vortrag fing ganz gut an. Aber als ich mitten drin war, wirbelte mir aus dem Nichts ein Mantra durch den Kopf: »Baba baba baba baba baba.« Ich versuchte, mich auf den Vortrag zu konzentrieren, aber diese Worte, »baba baba baba«, störten meine Konzentration. Schließlich ging ich zu den Organisatoren und sagte: »Hört zu, ein Notfall ist eingetreten! Ich muß gehen!«. Sie waren sichtlich empört. Ich sagte, sie sollten ihr Honorar behalten und ging.

Ich rief Carlton an, meinen Fahrer, und als ich nach New York kam, holte er mich vom Flughafen ab. Ich beschloß, Muktananda zu überraschen und unangekündigt zu erscheinen.

Wir fuhren die Auffahrt zum Ashram hinauf und eine Frau öffnete die Wagentür. Sie war damals Muktanandas Übersetzerin Malti und ist heute die spirituelle Meisterin Guru Mayi Chidvilasanda. Ohne zu zögern sagte sie: »Frank Natale! Baba wird sehr erfreut sein, Sie hier zu haben!«

Ich verbrachte schließlich drei Tage in einem Raum, um den Mann zu sehen, den alle Baba nannten. Um mich herum sangen die Menschen, die den Ashram besuchten. Nach drei Tagen war ich vollkommen glücklich in diesem Raum. Ich hatte völlig vergessen, warum ich gekommen war. Ich hatte alle möglichen Fragen gehabt und viele Themen, die ich mit Muktananda diskutieren wollte. Plötzlich schien alles relativ unwichtig zu sein. Er kam hin und wieder herein, berührte Leute mit Pfauenfedern am Kopf und sie sanken sofort in Meditation. Endlich kam jemand zu mir und sagte: »Baba will Dich in einer Stunde sehen!«

»Nun,« sagte ich, »das ist in Ordnung! Aber ich brauche ihn nicht mehr zu sehen. Ich habe keine Fragen an ihn, habe ihm nichts zu sagen. Sag ihm doch einfach, das hier ist ein großartiger Platz und es ginge mir wirklich sehr gut, aber ich muß wieder zur Arbeit. Ich habe einen Job, weißt Du!«

Sie bestanden darauf, daß ich ihn sah, und sie sagten auch, ich sollte darauf vorbereitet sein, ihm eine Frage zu stellen. Als ich dann mit anderen, die ihn sehen wollten, in einem Wartezimmer saß, versuchte ich, eine Frage zu finden, aber mir fiel keine ein. Dann sagte mein Verstand: »Sag ihm, daß Du lernen willst, was er kann!« Eine andere Stimme sagte: »Du Egomane! Dieser Mann ist ein Heiliger. Du bist kaum drei Tage hier und willst wissen, wie man Menschen unmittelbar in Meditation versetzt?«

Mein Eltern-Ich gewann die Oberhand und unterdrückte die Frage. Als ich schließlich in das Zimmer zu Muktananda ging, war ich in einem Zustand von Seligkeit. Wir küßten einander die Füße und streichelten uns gegenseitig mit Pfauenfedern. Wir hatten eine wundervolle Zeit zusammen, machten uns gegenseitig Komplimente über unsere Arbeit – alles mit Hilfe einer Übersetzerin. Als es Zeit wurde, zu gehen, verneigten wir uns und er sagte noch ein paar Worte auf Hindi. Malti, die

Übersetzerin, schaute auf und sagte: »Übrigens, Frank, Baba sagt, wenn Du in Shaktipat (Energiearbeit) eingeweiht werden willst, komm noch sieben Mal wieder!«

Das war die Frage, die ich unterdrückt hatte. Ich hatte sie ihm niemals gestellt. Auch heute noch bekomme ich eine Gänsehaut, wenn ich daran denke.

Dann sagte ich mir: »Wow, nur noch sieben Mal! Das geht ja ganz einfach!«. Ich war in so heiterer Stimmung, daß ich in mein Zimmer stürmte, meine Sachen packte, mich in meinen dreiteiligen Anzug schmiß und zur Limousine rannte. Carlton, mein Fahrer, stand da, starrte mich an und brach in schallendes Gelächter aus. Ich schaute mich um und alle um mich herum lachten. Ich war vollkommen verwirrt, bis Carlton auf meine Füße zeigte und sagte: »Du hast ja gar keine Schuhe an!«

Ich trug also den dreiteiligen Anzug, hatte einen Diplomatenkoffer in der einen Hand und keine Schuhe an meinen Füßen. Die Schuhe standen noch immer in Muktanandas Zimmer.

Natürlich verbrachte ich viel Zeit in diesem Ashram. Ich kam viel öfter als siebenmal zurück. Ich kam ihm sehr nahe und wir waren sehr liebevoll miteinander. Ich half mit, für Muktananda die Ashrams in Los Angeles und in New York aufzubauen.

In jenen Jahren begegnete ich auch den Bewußtseinslehren von L. Ron Hubbard. Ich beschäftigte mich eingehend mit »Command Processing«, einer direkten Form der Kommunikation mit dem Unbewußten, und mit anderen Methoden von ihm.

In den späten 70ern verließ ich Phoenix House. Ich saß wieder am Strand, wußte nicht, was ich tun sollte und dachte über all meine Erfahrungen nach.

Ein Jahr lang reiste ich herum und veranstalte Seminare. Eines davon in Houston, da mich Leute, mit denen ich früher schon in Houston gearbeitet hatte, gebeten hatten, wiederzukommen.

Schließlich blieb ich dort und gründete TNI, das Natale Institut. Heute ist TNI meine Arbeit und diese Arbeit bedeutet für mich, ganz gewöhnlichen, gesunden Menschen zu helfen, mit ihren Beziehungen in Einklang zu kommen und in ihrem Leben das zu erschaffen, was sie wirklich wollen.

Als ich 37 war, ließ ich mich letzten Endes davon überzeugen, auf die neueste, lasergesteuerte, mikrochirurgische Technik zu setzen, um meine Sehkraft zu verbessern. Seit jener ersten Operation in meiner Jugend hatte die Wissenschaft einen langen Weg zurückgelegt, und es funktionierte. Obgleich mir mein linkes Auge noch immer verschwommene Bilder liefert, hat die Sehkraft meines rechten Auges so immens zugenommen, daß ich nun insgesamt viel besser sehen kann.

Die meiste Zeit meines Lebens war ich fast blind gewesen. Ich hatte daraus auch bestimmte Vorteile geschöpft. Unter anderem wurde ich zu einem »wandelnden Streßanalysator« und entwickelte die Fähigkeit, Körpersprache zu lesen. In meinem introvertierten Exil lernte und entwickelte ich Techniken, die mich befähigten, Gedanken anderer zu empfangen und Energien zu erkennen und umzuwandeln.

Die Gewohnheit, wenig zu lesen und viel darüber nachzudenken hat mich auch dazu geführt, mich vor allem mit bedeutungsvollen Büchern zu befassen. Schon mit 20 hatte ich Ausflüge in die Welt der Philosophie, Religion, Psychologie und Wissenschaft unternommen.

Diese Gewohnheiten brachten mich auch dazu, mich auf das Wesentliche zu konzentrieren, auf das logisch Prägnante und Wertvollste. Daraus hat sich auch die Struktur dieses Buches entwickelt.

Die Buchhandlungen quellen heute über vor Selbsthilfeangeboten – Bücher, die von einer wachsenden Zahl von wißbegierigen Erwachsenen gekauft und mit einem ernsthaften Interesse an Selbstveränderung gelesen werden. Diese Bücher werden meist in der Hoffnung gekauft, daß sie helfen, ein ganz bestimmtes, gewünschtes Ergebnis zu erzielen. »Ich sollte abnehmen! Vielleicht hilft mir das!« – »Ich muß Gott finden!

Vielleicht hilft mir das!« – »Ich wünschte, ich könnte was für meine Ehe tun! Vielleicht hilft mir dieses Buch!«

Selbsthilfebücher helfen uns vielleicht nicht so, wie wir es gerne hätten oder verändern nicht so viel, wie erhofft. Viele zeigen den Gewinn, den der Autor für sich aus seiner Innenschau gezogen hat und oft erweisen sich diese Bücher für eine bestimmte Zeit auch für den Leser von Wert. Dennoch werden eine Menge Leute, die ernsthaft an Selbstveränderung interessiert sind, allzu oft zu dem, was ich »Salon-Metaphysiker« nenne. Sie nehmen das Lesen selbst schon als Errungenschaft. Sie lesen diese Bücher so oft, bis sie die Begriffe und Methoden beherrschen. Meist endet es damit, daß sie ein abstoßendes und zuweilen zerstörerisches Autoritätsspiel spielen. Sie verpassen so völlig die Ekstase ihrer eigenen Verwandlung.

Selbstentdeckungsbücher wie dieses sind jedoch für ein neues Zeitalter der Selbstbestimmung gemacht. Sie müssen erlebt und erfahren werden. Ansonsten riskieren wir, eine weitere unbewußte Generation von Suchern zu erschaffen, die wieder einmal die Sprache der Verwandlung nur auf den Lippen tragen und in der Ignoranz ihrer Ahnen weiterschlafen.

Aus diesem Grund ist **Lebendige Beziehungen** ein **Selbstentdeckungsbuch**, das Du nicht nur lesen, sondern auch praktisch anwenden solltest. Es wurde entworfen, um Dir bei Deinen Bemühungen zur Selbstveränderung beizustehen. Ich kann Dir aufgrund meiner persönlichen Erfahrung und meiner Unterrichtserfahrung nur versichern, daß es Dir helfen wird, **wenn Du zu diesem Wandel bereit bist**.

Es ist die Absicht dieses Buches, Dir dabei zu helfen, Deine Beziehungen erfolgreich zu verwandeln und zu erkennen, daß Du Dein Leben durch Deine freie und bewußte Wahl intensiv und lebendig gestalten kannst.

Anhang

Kreativ visualisieren

Frank Natale hat zu diesem Buch vier spezielle Meditationen entwickelt. Sie gehören zum Buch und sind in diesem Zusammenhang von besonderem Wert. Jede einzelne dauert in etwa 30 Minuten und führt in einen Zustand tiefer Entspannung, in dem Du bereit bist,

- die Qualitäten lebendiger Beziehungen bewußt zu erleben.
- eine neue Dimension von Offenheit und Empfänglichkeit in Deine Beziehungen zu bringen.
- mit Deinem höheren Selbst in Kontakt zu sein.

Die Wirkung der Cassetten läßt sich noch steigern, indem Du Affirmationen, Bilder und Symbole benutzt und den Raum entsprechend gestaltest.

Beziehungen – vier geführte Meditationen von Frank Natale

A) Deine ideale Beziehung

B) Heilen in lebendigen Beziehungen

C) Verzeihen in lebendigen Beziehungen

D) In Beziehung sein

2 MC SL-552, 4x 30 Min., DM 49,80

Diese Cassetten sind auch im Verlag Simon + Leutner erschienen. Sie sind über den Buchhandel oder direkt über den Verlag erhältlich.

Das Natale Institut (TNI)

TNI ist ein internationales Netzwerk von Bildungs-Instituten. Es ist in 11 Ländern angesiedelt und bietet Seminare, Trainings und Vorträge, um Menschen zu befähigen, ihre Gedanken Wirklichkeit werden zu lassen. TNI-Seminare richten sich erstens an jene, die die Wahl getroffen haben, metaphysisch zu denken. Zweitens an die, die sich und andere heilen wollen. Drittens an Menschen, die Macht haben und bereit sind, sie zu offenbaren und viertens an jene, die noch damit beschäftigt sind, sie wiederzuerlangen, indem sie sich von ihrer Mentalität des »Zeig es mir, und ich glaube es« zu einem Bewußtsein des »Glaub es, und es wird sich zeigen« hinbewegen.

Das Institut wurde von Frank Natale gegründet. Als Leiter wacht er über den Unterrichtsplan, der die Teilnehmer wirksam in die Lage versetzt, ihre Macht als Schöpfer, Heiler, Lehrer und Metaphysiker zurückzuerobern.

TNI vermittelt seinen Teilnehmern Macht

Den Teilnehmern von Kursen und Seminaren steht bei TNI umfangreiches Kursmaterial zur Verfügung. Sie erlangen ein größeres Selbstwertgefühl. Sie lernen, wirksamer zu kommunizieren. Sie lernen, Streß und Angst in positive Energie umzuwandeln und aus Zielen konkrete Ergebnisse zu machen.

Durch den Einsatz von Arbeitsbüchern, Kassetten und Visualisierungen zeigt das Unterrichtsmaterial seine Wirkungen noch lange, nachdem ein Seminar abgeschlossen wurde.

TNI strebt Klarheit, Orientierung und Handeln an.

TNI bringt die enorm komplexen Welten der Psychologie, Metaphysik und der einfachen, alten Magie in einen leicht verständlichen, klaren

Zusammenhang, damit sie genutzt werden können, um Ziele zu klären und deren Verwirklichung zu erreichen.

»Deine Realität existiert nicht getrennt von Deinen Gedanken. Du bist es, der die Gedanken denkt, die die Handlungen erschaffen, welche alle Resultate in Deinem Leben manifestieren. Realität folgt immer den Gedanken.« Frank Natale

Absicht und Ziele von TNI

Wir sind interessiert an Studenten, die ihre Probleme als selbst-geschaffene Grenzen ansehen, als Grenzen, die es zu überschreiten gilt, um mehr Freude, Lebendigkeit und Glück im Leben zu verwirklichen.
Unsere Arbeit, unsere Seminare und Kurse laden dazu ein, sich auszudehnen und stärker zu werden. Wir erschaffen ein Umfeld für Menschen, in dem sie

- ❍ daran arbeiten können, ihre Macht wiederzuentdecken und auszuweiten.
- ❍ die Möglichkeit haben, ihr Leben zu verändern.
- ❍ ihre schöpferische Kraft zu neuem Leben erwecken können und Verantwortung als Schöpfer übernehmen.
- ❍ lernen, ihre Beziehungen mehr zu lieben und zu fördern.
- ❍ lernen, in Arbeit und Erholung erfolgreich zu sein.
- ❍ ihren Horizont erweitern und die Wahl treffen, bewußter zu sein.

Um dies zu erreichen, finden unsere Seminare in einer Atmosphäre von Wärme, Respekt und Wertschätzung gegenüber der menschlichen Würde statt.
Es gibt keine überlangen Sitzungen, keine körperliche Erschöpfung oder persönlichen Angriffe.

❍ Es wird von niemandem verlangt, seine Urteile oder Standpunkte fallenzulassen. Statt dessen bieten wir Informationen und Erfahrungen an, die die Transformation alter Standpunkte ermöglichen.

❍ Verstand und Denken werden nicht verurteilt. Wir feiern statt dessen die unerkannte Macht unseres Bewußtseins und treffen die Wahl zu denken.

❍ Wir sind keine Therapeuten. Wir befassen uns nicht mit Behandlungen oder damit, zu »reparieren« und »in Ordnung zu bringen«.

❍ Wir sind vielmehr Begleiter, Wegweiser, die durch unser eigenes Beispiel Richtungen weisen. Wir modellieren neue Paradigmen und Werte. Wir sind Wächter, Kameraden, Kollegen und Freunde, die beraten, unterstützen, lehren, trainieren und anleiten als Begleiter, als die Ältesten des Stammes der Menschheit.

»Wir wollen Lehrer ausbilden, die andere in die Lage versetzen, zu offenbaren, zu heilen, zu erschaffen, zu lachen, zu lieben und zu leben!«

Frank Natale

TNI-Adressen

TNI international
Haarlemmerstraat 116
NL 1013 EX Amsterdam
Tel. 0031/20/623 33 781

TNI Deutschland
Markus A. Klepper
Bettinastraße 2a
14193 Berlin
030/652 538

TNI Österreich
Mastery Verein
Madya B. Ahlfeld
Funkhgasse 13
A-3021 Pressbaum
Tel. 0222/3692363

TNI Hamburg
MULTIVERSITY
Mariam Barsch
Karolinenstraße 7
20357 Hamburg
Tel. 040/4305104

CONNECTION
MEDIEN GmbH
Sugata Schneider
Hauptstraße 5
84494 Niedertaufkirchen
Tel. 08639/600925

WALDHAUS-
ZENTRUM
Sarito Wenzel
CH-3432 Lützelflüh
Tel. 034/610705

THE NATALE INSTITUTE

Frank Natale selbst sowie von ihm ausgebildete Lehrer leiten Abend-, Wochenend- und mehrwöchige Seminare und Trainings überall in Europa, Amerika und Asien.

Seminarreihe »Life Skills«

Resultate

Die Bereitschaft zu erschaffen

Erfolgreiche Kommunikation

Die Erfahrung, verstanden zu werden

Selbstwert

Die Kraft im Innern

Lebendige Beziehungen

Die 20 Qualitäten lebendiger Beziehungen

Würdevolle Sexualität

Erkenne Deinen Ursprung an

Seminarreihe »Skills for the New Age«

Manifesting

Ein Kurs in schöpferischem Bewußtsein

Vom Affen zum Engel

Die Entwicklung unseres Bewußtseins

Das planetarische Bewußtsein

Wir erobern unsere Macht zurück

Channeling

Das neue Seminar über Meditation

Spirituelle Partnerschaft

Innere Göttinnen und Götter

Selbstheilung

Energie, Licht und die Schwingung von Liebe

Intensiv-Gruppen

The One Experience

Eine achttägige Reise zu Deinem Ursprung

Trainings

Life Skills Training

Das TNI-Jahrestraining

Geführte Visualisierungen mit Frank Natale

Wir umarmen unser Höheres Selbst

Diese Meditationsserie entstammt dem Seminar »Erfolgreiche Kommunikation«. Sie wurde konzipiert, um eine intime Kommunikation mit dem zauberhaften, weisen und kraftvollen Aspekt unseres Selbst aufzubauen, den wir früh zu verleugnen gelernt haben.

Die Hüterin des Wassers

Diese Serie stammt aus dem Seminar »Würdevolle Sexualität«. Sie bringt Dich in Kontakt mit Deiner weiblichen Seite, der »Anima«.

Die Kraft im Innern

Die Visualisierungen dieser Serie aus dem Seminar »Selbstwert« erschaffen einen Raum, in dem Du Deine Wertvorstellungen und Normen überprüfen und neu bestimmen kannst. Sie ermöglichen Dir, alte Wunden zu heilen, überkommene Wertvorstellungen »auszulöschen« und ein neues Selbstbild zu erschaffen, das Deinen Vorstellungen entspricht.

Wir heilen uns selbst

Diese Serie aus dem Seminar »Heilen – Die Schwingung der Liebe« öffnet einen Kanal, durch den die heilende Energie, zu der wir alle Zugang haben, durch Dich zu fließen beginnt.

Vorträge von Frank Natale

Die aktuelle Themenliste kann direkt bei TNI angefordert werden.

Meditationskassetten »Bi-Lateraler Einklang« ®

Diese Kasetten wurden mit einer speziellen Technik produziert, um Gehirnwellenmuster auf einfachem Weg zu verändern. Sie enthalten Naturklänge, die einen tiefen, heilenden Entspannungszustand hervorrufen, der schließlich zu Bi-lateralem Einklang führt. In diesem kreativen Bewußtseinszustand schwingen beide Hirnhemisphären in Balance zueinander, die unterschiedlichen Gehirnfrequenzen werden optimal aufeinander eingestimmt.

Diese Kassetten fördern Entspannung und Konzentration und unterstützen dadurch Kreativität und bewußtes, zielgerichtetes Denken. Folgende Titel sind derzeit lieferbar: Das OM – Das Meer – Die Bambusflöte – Die Meerjungfrauen von Atlantis – Das kosmische OM

Weitere Informationen und Bestellungen über:
TNI Deutschland

Samuel Avital
Mimenspiel
Die Kunst der Körpersprache

Roland Bäurle
Körpertypen
Vom Typentrauma zum Traumtypen

R.Bahro, A.Holl u.a.
Radikalität im Heiligenschein

Hilde Beck-Avellis
Fibel des autogenen Trainings

Inge Biermann
AtemWege
Atemarbeit nach Langenbeck

Hautnah
Erfahrungen aus der Atemarbeit

Hans Cousto
Die Oktave
Das Urgesetz der Harmonie

Klänge Bilder Welten
Musik im Einklang mit der Natur

Orpheus Handbuch
Die Rhythmen der Erde

Fritz Dobretzberger
Farbmusik
Eine kombinierte Farben- und Musiklehre

Encu
Der kosmische Clown
Eine unterhaltsame Einführung in die Astrologie

Hans-Curt Flemming
Sprünge
Gedichte und Geschichten

Suchbilder
... Gedichte und Photographien

Annäherung
Gedichte

Blätter vom fliegenden Märchenbuch
Geschichten für Kinder

Eluan Ghazahl
Der heilige Tanz
Einführung in den orientalischen Tanz

Ulrich Gressieker
Vaterschaft
oder wie ich schwanger wurde

Jenny James
Männer im Bett

Hartmut Müller
Spiel Tarot - Spiel Leben
Schule des intuitiven Tarot

Heile Deine Gedanken
Das Mind-Clearing Buch